D1684019

SCORPIO

Mira Mayer
Conrad Mayer

Die Botschaft der Seele

SCORPIO

FSC Mix
Produktgruppe aus vorbildlich
bewirtschafteten Wäldern und
anderen kontrollierten Herkünften
Zert.-Nr. SGS-COC-1940
www.fsc.org
© 1996 Forest Stewardship Council

© 2010 Scorpio Verlag GmbH & Co. KG, Berlin · München
Umschlaggestaltung: Hauptmann & Kompanie
Werbeagentur, Zürich
Satz: BuchHaus Robert Gigler, München
Druck und Bindung: GGP Media GmbH, Pößneck

ISBN 978-3-942166-03-4

www.scorpio-verlag.de

Inhaltsverzeichnis

Einleitung von Conrad Mayer   7

Vorwort von Orimar   12

KAPITEL 1:   Das Prinzip der Einheit   14

KAPITEL 2:   Bewusstwerdung   33

KAPITEL 3:   Befreiung und Erleuchtung   46

KAPITEL 4:   Gesellschaftliche Veränderungen   62

KAPITEL 5:   Seinszustand der Seelenwelt   73

KAPITEL 6:   Der seelische Begleiter   95

KAPITEL 7:   Die Negation der Seelenwelt und ihre Folgen   114

KAPITEL 8:   Der Stimme der Seele Gehör verschaffen   123

KAPITEL 9:   Aufbruch in die Seelenwelt   140

KAPITEL 10:	Vollendung der Schöpfung?	158
KAPITEL 11:	Zeitdimensionen	181
KAPITEL 12:	Überwindung der Urängste	216
KAPITEL 13:	Transformation	236
KAPITEL 14:	Aussichten auf eine neue Dimension	265
KAPITEL 15:	Konsequenzen und andere Welten	283
KAPITEL 16:	Schweben und ähnliche Zustände oder: Seelentipps für den Alltag	301
KAPITEL 17:	Mentales Training oder: Das Einüben einer neuen Identität in Verbindung mit der Seele	318
KAPITEL 18:	Erfahrungsaustausch	329
KAPITEL 19:	Zusammenfassung und Ausblick	344

Sämtliche Übungen zu diesem Buch finden Sie als pdf zum Downloaden auf **www.scorpio-verlag.de** bei der Buchbeschreibung unter »Verlagsprogramm«.

Einleitung von Conrad Mayer

Als Diplomkaufmann und Hotelier hatte ich mich selbst immer als logisch denkenden Menschen betrachtet, der seine Probleme allein mit der Kraft des Geistes löst. An einem schicksalhaften Punkt meines Lebens begann ich an dieser Überzeugung zu zweifeln und die sich häufenden, aber noch verstreuten Botschaften zu überdenken, die mich in eine andere Richtung wiesen. Eines dieser Schlüsselereignisse war ein Buch, das mir meine Schwester 1987 schenkte und das ich erst zwei Jahre später zu lesen begann. Ich brauchte zwei weitere Jahre, um es durchzulesen und zu verinnerlichen. Es heißt »Gespräche mit Seth« (von dem amerikanischen Medium Jane Roberts, 1929–1984) und wirkte auf mich so, als ob das Sammelsurium von Fragmenten, an das ich bis dato glaubte, sich auf einmal wie in einem Mosaik zusammenfügte. Natürlich dauerte dieser Entwicklungsprozess mehrere Jahre und wurde begleitet von einem parallelen »Schlüsselereignis«: der Begegnung mit einer Frau, deren mediale Fähigkeiten sich uns beiden erst im Laufe unseres gemeinsamen Lebens schrittweise erschlossen. Meiner Frau Mira.

Begonnen hat diese gemeinsame Entwicklung mit geheimnisvoll-spielerischen »spiritistischen Sitzungen« mit denen Mira erstmals Mitte der 1980er-Jahre durch einen Dorfpfarrer bei Berchtesgaden in Berührung gekommen war. So experimentierten wir – zum Teil auch mit unseren Freunden und Verwandten – mit sanftem Gruseln munter herum und staunten über bestimmte, uns unerklärliche Phänomene. Wir erhielten z. B. Durchgaben aus dem Leben unserer beteiligten Freunde, die korrekt waren, die wir aber gar nicht wissen konnten, weil sie nicht ausgesprochen worden waren. 1990 – unsere erste Tochter Laura war gerade ein halbes Jahr alt – retteten Miras Vorahnungen bei einem Autounfall unser dreier Leben. Spätestens ab diesem Zeitpunkt nahm ich die sich abzeichnende »übersinnliche Begabung« meiner Frau sehr ernst. Unsere Séancen erhielten Schritt für Schritt eine höhere Qualität. So kamen wir mit historischen Persönlichkeiten und Gegebenheiten in »spiritistische« Berührung, wobei der verblüffende Gehalt der Informationen zumindest nicht zu widerlegen war.

Dazu kam, dass meine Frau die Botschaften, die sich uns in den Séancen oft nur mühsam buchstabierend über das rutschende Glas mitteilten, zunehmend vorab in ihrem Kopf »hörte«. Im September 1994 empfing Mira dann auf dem Castello Aragonese auf Ischia die Beichte einer Nonne aus dem siebzehnten Jahrhundert, die wie ein Roman vor unseren Augen ablief. Mira »sah« ab diesem Zeitpunkt auch zunehmend Bilder, die wir dann über unsere Sitzungen präzisieren konnten.

Meine Aufgabe sah ich darin, sie in ihrer Fähigkeit zu bestärken und ihr zu helfen, die Frequenzen, die sie empfing, zu kanalisieren. So wurden nicht nur Geschichten und Bilder von fremden Seelen für Mira und mich und damit die ganze Familie allgegenwärtig, wir erhielten auch Einblicke in eigene, »frühere« Inkarnationen.

Eine Zeit lang benutzten wir das Glas noch gleichsam als Bestätigung für das »Gehörte«, wobei ich mit der rechten Hand Buchstabe für Buchstabe mitschrieb, ohne den linken Zeigefinger vom Glas zu nehmen. Die von Mira mit geschlossenen Augen in einer Art Halbtrance durchgegebenen Texte wurden aber immer komplexer und gehaltvoller, sodass ich kaum mehr mit dem Schreiben mitkam.

Die Texte, die Mira bzw. eine sich seit etwa 1999 herauskristallisierende »seelische Persönlichkeit«, die wir zunächst »MiCo« tauften, in »Dreiergesprächen« klar und bestimmt durchgab, notierte ich wortgenau und in Windeseile mit. Am Ende einer Séance lagen dann oft bis zu fünfzehn eng beschriebene DIN-A4-Seiten vor uns, die für uns persönlich wertvolles »psychotherapeutisches« Material enthielten, soweit das für unsere Selbsterkenntnis zielführend war. Wobei ein »Ziel« für uns erst nach vielen weiteren Jahren erkennbar wurde: Die Veröffentlichung dieses Buchs.

Aber eins nach dem anderen.

Nachdem uns das Mitschreiben zu langsam geworden war, verwenden wir seit November 2003 ein Diktiergerät und seit Ende 2005 eine Spracherkennungssoftware, anhand derer ich »Miras« Diktate bzw. die Durchgaben korrigiere.

Schon Ende 2004 hat »MiCo« zu unserer Überraschung in einer Séance angekündigt, ein Buch diktieren zu wollen. Damit begann unser größtes spirituelles Abenteuer. Am 28. August 2005 folgte das erste Buchdiktat, in dem uns »MiCo«, der sich gleich zu Beginn erstmals den Namen »Orimar« gegeben hatte, die Vorgehensweise erläuterte, die Anzahl der Kapitel mit neunzehn angab und uns damit vor eine schwere intellektuelle Aufgabe stellte. Denn wir erhielten Zeile für Zeile ein Buch diktiert, von dessen bevorstehendem Inhalt wir *keinerlei Ahnung* hatten. Dieses unglaubliche Phänomen machte uns zeitweilig so zu schaffen, dass unser rebellierender Verstand uns immer wieder zu Unterbrechungen zwang, in denen wir unsere Zweifel verarbeiten mussten.

Auch wenn es für die Leserin und den Leser genauso schwer zu verstehen sein mag wie für uns: Keine Zeile dieses Buches ist von uns bewusst oder geplant geschrieben worden, weder von Mira noch von Conrad Mayer. Die Tonalität der Durchgaben entspricht auch nicht unserer Art zu formulieren. Orimar hat einen ganz eigenen Charakter und eine ganz eigene, manchmal altmodische Sprache. Wir haben am Buchtext im Nachhinein lediglich private Anmerkungen gestrichen und behutsame sprachliche Korrekturen vorgenommen, wo es uns für das bessere Verständnis der Leser sinnvoll erschien, wobei Mira immer bei Orimar nachgefragt und sich sein Einverständnis dazu geholt hat. Das hat die Überarbeitungszeit auf fast ein Jahr hingezogen.

Wenn mir jemand vor Jahren diese Entwicklung bis zum heutigen Tag vorausgesagt hätte, hätte ich ihm keinen Glauben geschenkt. Ich habe gelernt, die Stimme meiner Seele sprechen zu hören, auch wenn es oft ein harter Weg war. Denn trotz oder gerade wegen der jahrelangen, fast täglichen »geistigen« Beschäftigung mit dem hier vorliegenden Material war es in meiner Rolle als Textverarbeiter und kritischer Fragesteller, der sich stets in die Lage der Leser versetzt hat, auch sehr mühselig, die Zweifel meines Geistes einzugrenzen und aufzulösen. So gibt es heute für uns persönlich kein Thema mehr, zu dem wir Orimar nicht befragen und er uns bereitwillig, geduldig und in der ihm eigenen charmanten Ironie Ratschläge erteilt. In Bezug auf unsere Menschheitsentwicklung kann ich damit jetzt aber auch nicht mehr den Kopf in den Sand stecken, wie ich es früher hie und da getan habe. Leider bin ich immer noch keineswegs »erleuchtet« und empfinde eine oft drückende Mitverantwortung für unsere Welt.

Aber auch wenn mein Leben dadurch komplexer und arbeitsreicher geworden ist, bin ich ein anderer Mensch geworden.

Ich wünsche mir, dass auch Sie nach der Lektüre dieses ungewöhnlichen Buches Ihre Seele sprechen hören und ein anderer Mensch geworden sind.

München, im November 2009

Sitzung vom 28. August 2005 mit erstem Buchdiktat
Vorwort von Orimar

Zunächst möchte ich mich mit meinem Namen vorstellen. Er lautet Orimar. Ich bin eine Energiepersönlichkeit, die sich nicht mehr materialisiert auf dieser Erde. Die Welt, in der ich lebe, verständigt sich nicht mittels der Sprache, die die Menschen auf der Erde benutzen.

Ich möchte als Energiepersönlichkeit daher über zwei Menschen mit medialen Fähigkeiten zu Ihnen sprechen: Das Thema, dessen ich mich hier annehmen möchte, ist der Titel dieses Buches »Botschaft der Seele«. Wir können auch sagen »Stimme« *Eurer* aller Seelen, *Ihrer* aller Seelen.

Jeder Mensch ist sich darüber bewusst, dass er mit einem Körper lebt. Menschen denken, Menschen fühlen. Doch wo sitzt die Seele? Und mit welcher Sprache äußert sie sich? Auf welche innere *Stimme* kann der Mensch hören? Und was kommt *nach* diesem Leben?

Das sind Fragen, derer sich schon viele Menschen angenommen haben und auch heute noch annehmen, und es gibt auch einige, die sich dieser Fragen in anderer Weise angenommen haben, die behaupten, es gäbe Inkarnationen, es gäbe nicht nur *ein* Leben, sondern mehrere, wir hätten eine Seele *außerhalb* unseres Körpers, und diese Seele würde uns über *viele* Leben begleiten, würde uns führen.

Es ist gleichgültig, in welchem Lebensabschnitt ich als Mensch mich mit diesen Fragen beschäftige. Ob ich das schon als Kind tue, als Jugendlicher, als Erwachsener oder erst im Alter. Irgendwann im Leben stellt sich jeder Mensch die Frage: Was ist, wenn ich sterbe? Bin ich da einfach nur auf dem Friedhof? Was geschieht mit mir? Bleibt etwas übrig? Habe ich eine Gemeinschaft, in die ich dann eingehe?

Das sind Fragen, nach deren Antworten Eure Religionen seit Jahrtausenden suchen.

Ich möchte mir nicht anmaßen, sie in letzter Konsequenz zu beantworten. Ich möchte nur einen Weg für die Stimme Eurer Seele freimachen, einen Weg für jeden Menschen, mit seiner Stimme zu sprechen, seine Stimme zu hören, zu aktivieren, lebendig zu halten und damit den Sinn im Leben zu erschaffen oder zu vertiefen.

KAPITEL 1:
Das Prinzip der Einheit

Dieses erste Kapitel lautet: »Das Prinzip der Einheit«. Damit will ich sagen: Ihr Menschen seid Seelenwesen. Ihr bekommt bei Eurer Geburt einen Körper zur Verfügung gestellt. Eure Seele existiert bereits *vorher* und *unabhängig* von Eurem Körper. Eure Seele tritt sozusagen in den Körper ein. Seelenwesen seid Ihr unabhängig vom Körper und unabhängig von einem körperlichen Leben. Das bedeutet: Die Seele existiert *vorher*, *währenddessen* und *nachher*. Der Tod ist keine endgültige, sondern nur eine *körperlich* abschließende Erfahrung.

Einheit bedeutet Einheit von Körper, Geist und Seele. Zumeist lebt Ihr Menschen lediglich eine Einheit von Körper und Geist, vielfach sogar nur Körper oder nur Geist.

Körper und Geist entfernen sich voneinander in Krankheitssituationen, in denen der Körper für den Geist Probleme ausarbeitet und *ver*arbeitet. Hier kann nicht mehr von Einheit gesprochen werden. In Einheit befindet Ihr Euch lediglich dann, wenn der Körper, der Geist und die Seele miteinander harmonieren. Diese Einheit geht leider häufig verloren aus **traditionellen, geschichtlichen** und **gesellschaftlichen** Gründen.

Traditionell deswegen, weil Ihr es nicht gewohnt seid, Euch als Seelenwesen zu betrachten. Es wird Euch nicht beigebracht, weder in der Schule noch im täglichen Leben, weder in der Arbeit noch in der Religion. Es gibt einige religiöse Strömungen, die das Konzept der Seele integriert haben, aber die sind leider eher selten.

In der **Geschichte** der westlichen Welt existiert die Seele *nicht*. In der Geschichte existieren Menschen, die geboren werden, wachsen, leben, sterben, Gemeinschaften, Völker, Volksstämme, die vielfach in Kriege verwickelt sind, in Völkerwanderungen aufgehen, aber auch große landwirtschaftliche und zivilisatorische Entwicklungen hervorbringen. Wenn das Wort »Seele« in Eurer Lektüre überhaupt einmal genannt wurde, dann lediglich in Gedichtform oder aber in Prosa oder in Abhandlungen von Medizinern, die nachzuweisen versuchten, dass es *keine* Seele gibt.

Auch in **gesellschaftlicher** Hinsicht existiert die Seele nicht; lediglich für einen kleinen Teil von »modernen Menschen«, die ein wenig in esoterischem Denken experimentieren. Dieses Denken gibt es in Eurer Gesellschaft vielleicht seit 35 Jahren, und es wird nicht sonderlich ernst genommen.

In Eurer Welt existieren Menschen unterschiedlichster Couleur, unterschiedlichster Bildung und Herkunft mit unterschiedlichsten Berufen. Ihr führt die unterschiedlichsten Leben mit den unterschiedlichsten Ansprüchen.

Eine Gemeinsamkeit findet sich nur in den Fragen:
 Welchen Sinn hat mein Leben?
 Was geschieht mit mir *nach* dem Tod?
 Gibt es ein Leben nach dem Tod?
 Wo bin ich dann?

Was existiert neben meinem Körper und neben meinem Geist?

Mit welchen Stimmen *in* mir spreche ich, wenn ich Hilfe suche und keinen anderen Menschen zum Reden habe, wenn ich mich in problematischen Lebenssituationen befinde, wenn ich mich mit dem Tod von Angehörigen auseinandersetzen muss oder mit schweren Krankheiten oder mit Schicksalsschlägen, mit Unfällen und dergleichen?

Es ist doch etwas *neben* meinem Geist vorhanden!

Ich habe doch noch eine andere Stimme in mir!

Es gibt kleine Gruppen, die sich mit einem Leben nach dem Tod oder auch mit dem Vorhandensein einer Seele auseinandersetzen, die Bücher dazu lesen, die versuchen, eine Form von Glauben für sich selbst und die mit ihnen gemeinsam denkenden und lebenden Menschen aufzubauen. Für diese Menschen werden die Informationen, die ich jetzt hier formuliere, zunächst nichts Neues sein, denn für *sie* existiert die Seele und für *sie* ist klar, dass es ein Leben nach dem Tod gibt.

Für die meisten Menschen auf der Erde ist das aber *nicht* der Fall. Und jetzt spreche ich in erster Linie von Menschen, die in vermeintlich hoch entwickelten Zivilisationen leben. Die wenigen Naturvölker, die auf der Erde noch annähernd so leben, wie sie es vor Jahrhunderten getan haben, sind ihrem Dasein nach dem Tod und auch ihrer Seele sehr viel näher, auch wenn sie es vielleicht nicht so bezeichnen, wie ich das jetzt tue. Aber dort besteht noch ein tiefes Einverständnis mit dem Gefühl, verbunden zu sein mit dem Universum, mit *allem*, was ist, verbunden zu sein mit der Welt und allen Lebewesen, aber auch mit der allseits vorhandenen Energie, die uns umfasst, die uns umschließt und die unsere Existenz erst möglich macht.

Ihr Menschen seid Energiewesen. Ihr habt einen Körper, der mit *Lebensenergie* aufrechterhalten wird. Diese Lebensenergie stammt aus Eurer Seele. Ohne diese Lebensenergie wäre Euer Körper nicht in der Lage, ein Leben lang in dieser Form zu existieren. Ich sage es melodramatisch: Ohne Eure Lebensenergie würde er zu Staub zerfallen!

Was aber ist nun Lebensenergie?

Um Lebensenergie zu erläutern, beginne ich mit dem kleinsten Euch bekannten Wesen, dem Einzeller. Wodurch erhält diese Zelle den Impuls zu leben? Was bringt diese Zelle dazu, ihr Leben aufrechtzuerhalten? Was erhält eine Amöbe am Leben? Was lässt einen Schmetterling existieren? Was lässt einen Hund steinalt werden, und was bringt Euch Menschen dazu, ein siebzig, achtzig, neunzig Jahre langes Leben zu führen? Welcher Impuls steckt dahinter? Welcher Impuls steckt hinter dem Dasein Eurer Erde, Eurer gesamten Welt, Eures Universums? Habt Ihr Euch schon einmal Gedanken darüber gemacht, welche Energieform das alles am Leben erhält? Warum sollte das alles einfach *so* existieren, ohne einen dahinterstehenden Impuls? Was ist *Euer* Impuls, am Leben zu bleiben? Warum führt Ihr Euer Leben bis zum Tode? Was macht den Sinn dieses Lebens aus? – wobei die Frage nach dem Sinn eine hintergründige Frage ist.

Aber was, welcher Impuls hält Euch *vordergründig* aufrecht? Welcher Impuls sagt Euren Zellen – im Knie, im Oberschenkel, im Darm, im Herzen – weiter für Euch zu funktionieren, Euch leben zu lassen? Welcher Impuls hält dieses Leben zusammen in dieser so komplizierten Form? Haltet Ihr es für möglich, dass diese vielen komplizierten Lebensformen, die es auf Eurer Erde gibt, alle ohne einen Impuls funktionieren – die Christen nennen es »ohne einen göttlichen Funken«??

Schaut ganz tief in Euer Inneres und stellt Euch diese Frage ...

Ich beantworte sie Euch: *Nichts* in Eurem Universum und auch außerhalb *Eures* Universums funktioniert ohne einen willentlichen Impuls. Und dieser willentliche Impuls geht über Euer menschliches Leben hinaus. Euer menschliches Leben allein wäre für diese multifunktionale Impulsgebung viel zu simpel. Das ist sehr krass formuliert, aber es entspricht den Tatsachen. Es bedarf eines *multidimensionalen Impulses*, um ein solches Erdendasein aufrechtzuerhalten. Diesen Impuls bezeichnet Ihr vielfach als Gott, als Allah oder als Jahwe, da Ihr dafür keine andere Ausdrucksweise und keine andere Erklärung gefunden habt.

Kommen wir zurück zum Prinzip der Einheit. Das Prinzip der Einheit besteht darin, dass *jedes* Wesen eine Einheit aus Körper, Geist und Seele darstellt. Ich bezeichne diese drei Teile daher so, weil sie für Euch auf diese Weise am besten verständlich sind. Für *mich* und meine nicht-materialisierten »Weggenossen« würde ich es anders bezeichnen. Wir benötigen keinen Körper, und für uns gibt es nichts anderes als die Seele.

Der menschliche Körper ist *der* Teil Eurer Einheit, der sich materialisiert hat auf dieser Erde, geboren wird, sich vermehrt oder auch nicht, Erfahrungen macht, alt wird und stirbt – vermeintlich für *ein* Leben.

Der Geist ist *der* Teil Eurer Einheit, der Euch täglich begleitet, der im Inneren Fragen stellt, der Eure Gedanken in vernünftige oder unvernünftige Bahnen lenkt, der Euch zornig, trotzig, glücklich, hilfsbereit, eifersüchtig usw. sein lässt, ist *der* Teil Eures Bewusstseins, der mit dem *materiellen* Dasein des Körpers direkt verbunden ist, *der* Teil, der Euch bewusster sein lässt als ein Tier. Der Geist ist aber *auch* für Eure Gefühlslage verantwortlich. Er lässt Euch traurig, fröhlich oder glücklich sein. Er ist *direkt* mit Eurem Leben verbunden.

Eure Seele ist *der* Teil Eurer Einheit, der zwar mit Eurem körperlichen Dasein verbunden ist, der aber auch über das körperliche Dasein hinaus existiert. Eure Seele existiert
vor Eurer Geburt,
während Eures Lebens,
während Eures Todes,
nach Eurem Tod,
vor einem neuen Leben,
während eines neuen Lebens,
nach einem neuen Leben.
Eure Seele ist *der* Teil Eurer Einheit, der auch *ohne* materialisierte Form auskommt, der auch das Ziel hat, *ohne* eine materialisierte Form weiter zu existieren, der das Ziel hat, zu lernen *über* ein Leben hinaus, über *mehrere* Leben hinaus, über *Jahrhunderte* Eurer Zeitrechnung hinweg, über *Universen* hinweg, in unterschiedlichsten Daseinsformen.

Die Seele ist *der* Teil Eurer Einheit, der am wenigsten an das irdische Dasein gebunden ist, der frei als Energieeinheit »neben« Eurem körperlichen Dasein existiert, der über Wissen, über Informationen verfügt, über die Euer Körper und Euer Geist *allein nie* verfügen könnten, der Zugang zum Wissen des »Alles-was-ist« hat, zum Wissen des Göttlichen oder wie auch immer Ihr es formulieren möchtet.

Dieses *Prinzip der Dreieinigkeit* bezeichne ich für Euer besseres Verständnis jetzt und hier als »göttliches Prinzip«. Für jemanden, dem der Begriff »göttlich« nicht behagt, bezeichne ich es als den gerichteten Impuls, der »Alles-was-ist« zum Leben erweckt, am Leben erhält und zur Weiterentwicklung anregt, antreibt oder befördert. Dieser Impuls ist der Ursprung des Lebens in *der* Form, die Ihr hier auf Erden vorfindet, ist aber auch der Ursprung des Lebens außerhalb Eurer sichtbaren Welt, in der für Euch nicht sichtbaren, aber nichtsdestotrotz existierenden energetischen Welt, aus der *ich* stamme.

In *Eurer* Welt existiert menschliches, tierisches, pflanzliches, sächliches Leben gemäß dem Prinzip der Dreieinigkeit aus Körper, Geist und Seele.

Im Moment der Überwindung des materiellen Daseins tritt eine Entfernung vom Prinzip dieser Einheit ein, eine Entfernung vom körperlichen und geistigen Dasein, *niemals* aber vom seelischen. Das seelische Dasein ist eine durchgehende Komponente. Die Seele existiert immerdar, vor, während und nach dem körperlichen und geistigen Dasein.

Die Seele existiert in einer individualisierten Form. Nichtsdestotrotz existiert sie auch in Verbindung zu anderen Seelen und zu anderen Daseinsformen wie beispielsweise der meinigen, *rein* energetischen Daseinsform. Seelen existieren im Verbund und individualisiert. Sie sind sich ihrer selbst jederzeit bewusst.

Weder vor, während noch nach einem materialisierten Leben gehen Informationen oder auch Erinnerungen verloren! Die Seele weiß alles und bewahrt alles. Aber die Seele nimmt nicht nur *die* Informationen in sich auf, die aus ihren eigenen, materialisierten Daseinsformen entspringen, sondern auch *die*, die aus den Daseinsformen anderer Seelen und aus anderen, wie auch immer gearteten energetischen Existenzen entspringen.
Die Seelen haben Zugang zum Allwissen.

Informationen gehen nicht verloren! Erinnerungen gehen nicht verloren! Seelen haben Zugang zu allen Informationen und allen Erinnerungen und allen Vorstellungen. Ihr könnt Euch das materiell vorstellen wie eine große Bibliothek, zu der die Seelen *jederzeit* Zutritt haben und aus der sie sich alle Informationen auswählen können, die sie benötigen für ihr Wachstum, ihre Erinnerungen, ihre Weiterentwicklung. Sie haben *jederzeit* Zugang, nur *nutzen* sie sie nicht jederzeit. Und sie erinnern sich in ihren materiellen Daseinsformen auch *nicht* an dieses Wissen und *nicht* an diesen Zugang, und *wenn* sie sich erinnern, dann lediglich in den Situationen, in denen sie meditativ oder medial arbeiten oder im Moment des Todes oder der Ekstase.

Vonseiten der Seele besteht die Möglichkeit, das Allwissen für die jeweilige materialisierte Daseinsform, für den Körper und den Geist, in *selektiver* Form, das heißt in Einzelfällen zu Hilfe zu nehmen. Die Gesamtheit der Informationen, das Allwissen steht der *Seele* jederzeit zur Verfügung, nur stellt die Seele es dem jeweiligen Individuum nicht zur Verfügung, um es nicht zu überfordern.

Je mehr sich das Individuum seiner Seele im Laufe seines Lebens bewusst wird, umso mehr besteht die Möglichkeit für die Seele, die Informationsflut durchsickern zu lassen, nach und nach, in weisen Abschnitten. Das ist das, was Ihr jetzt gerade tut, indem Ihr dieses Buch lest.

Ende des ersten Buchdiktats vom 28. August 2005

Sitzung vom 4. September 2005 mit zweitem Buchdiktat

In der letzten Sitzung haben wir damit geendet, dass eine kleine Gruppe von Menschen sich mit dem *Wort* und der *Beschaffenheit* der Seele beschäftigt.

Das Dasein der Menschen auf diesem Planeten gliedert sich in *Entwicklungskomponenten*. Die *körperlichen* Entwicklungskomponenten sind geboren, werden aufwachsen, sich mit einem anderen Menschenwesen für ein Zusammenleben entscheiden, Kinder in die Welt setzen, reifen und sterben.

Eure *geistige* Entwicklung konzentriert sich auf Eure *Schulen*, danach auf Ausbildung oder Weiterentwicklung an Universitäten und der anschließenden *Ausübung* eines Berufes.

Die Entwicklung, die Ihr allerdings generell außer Acht lasst und die nur für sehr wenige Menschen existiert, die Entwicklung, die Ihr überhaupt nicht betrachtet, ist Eure *Seelen*entwicklung! Eure Seelenentwicklung wird von Euch nicht einmal in unterschiedliche *Stufen* eingeteilt. Für diese Form der Entwicklung existiert keinerlei *Sprachebene*.

Dagegen ist Eure Sprache, die die körperliche Entwicklung bezeichnet, sehr klar abgegrenzt: Baby, Kleinkind, Kindergartenkind, Vorschulkind, Schulkind, Jugendlicher in Schule oder Ausbildung, Erwachsener, der seinen Beruf ausübt, Erwachsener, der eine Verbindung eingeht, der eine Familie gründet ... Das sind *körperlich-geistige* Ebenen.

In welchem Zustand befindet sich Eure Seele? Dafür habt Ihr keinerlei Einteilung und auch keine Sprache. Diese Entwicklung ist so nachhaltig ausgegrenzt aus Eurem Leben, dass wir hier wirklich *Ursachenforschung* betreiben müssen, wenn wir vom Status quo der Existenz der Seele ausgehen. Für Euch Menschen ist sie im Laufe der Jahrhunderte und Jahrtausende schlichtweg verloren gegangen. Ihr habt sie lediglich im Bereich des Glaubens, der Religion in einer bestimmten Akzeptanzstufe untergebracht, abgelegt wie in einem Aktenordner.

»Leben« könnt Ihr mit Eurer Seele *nicht*. Das hört sich jetzt sehr abwertend an, ich meine damit aber, dass für Euch, wenn Ihr Euch ins *öffentliche* Leben begebt, in *gesellschaftliche* Zusammenhänge, die Begriffe Seele, Seelenentwicklung, Seelenarbeit oder Erleuchtung *nicht* existieren.

Ich möchte hiermit nicht behaupten, dass Menschen sich auf ihrem *persönlichen* Entwicklungsweg, in ihrer Persönlichkeitssphäre nicht mit ihrer Seele beschäftigen. Das wäre in der Tat falsch. In seinem Inneren setzt sich jeder Mensch mehrfach, manchmal sogar häufig in seinem Leben mit der Frage nach seiner Seele, nach seiner seelischen Entwicklung, nach dem Sinn seines Lebens, nach dem tieferen Sinn dessen, was er im Leben erreichen will, auseinander!

Nur in Eurem *Zusammen*leben werden diese Fragen sehr selten gestellt und fast nie beantwortet. Als *Gemeinschaft* seid Ihr vermeintlich *keine* Seelenwesen. Als Gemeinschaft seid Ihr momentan lediglich eine Einheit von Körper und Geist. Und auch das wird in Worten vielfach anders ausgedrückt. Nicht einmal das Wort »Geist« wird gerne in den Mund genommen, da es mit Hokuspokus in Verbindung gebracht wird und man gar nicht so genau definieren kann, was dieser Begriff überhaupt bedeutet. Geschweige denn, dass Ihr das Wort »Seele« erwähnt! In Eurem gesellschaftlichen Leben definiert Ihr Euch Menschen in erster Linie als *körperliche* Wesen, die mit Intelligenz ausgestattet sind, vielleicht noch mit Mitgefühl, mit Verständnis, mit mütterlichen oder väterlichen Empfindungen, aber weiter nichts!

Das ist etwas, das Euch rundweg abschneidet von der Entwicklung, die Wesen nehmen können, die an Energie, an Seele, an das kosmische All-Eins der Seelenenergiegemeinschaft glauben. Wesen, die an eine Gemeinschaft von Energiewesen, von Seelenwesen glauben, an eine Gemeinschaft von Wesen, die eine Entwicklung *außerhalb* des körperlichen Daseins nehmen können, die das Universum auch *jenseits* aller Planeten bevölkern, immer bevölkert haben und immer bevölkern werden, die Überblick haben über unterschiedlichste Entwicklungsstufen menschlicher, tierischer und pflanzlicher Daseinsformen, Wesen, die *jenseits* von Eifersucht, Ehrgeiz, Liebe, Stress, Einsamkeit, jenseits von menschlichen Bedürfnissen stehen, die sich aber gemeinsam entwickeln und sich dieser Entwicklung bewusst sind, haben unmittelbaren Anteil am All-Eins.

Dieser *Glaube* erst macht sie zu einer Gemeinschaft, und an dieser Gemeinschaft könnt Ihr Menschen teilhaben, auch an dieser *Wissens*gemeinschaft, denn ihr Wissen ist allumfassend. Ihr seid von jeher Teil dieser Gemeinschaft, seid Euch dessen aber nur sehr selten bewusst.

Im Laufe von Jahrtausenden haben sich immer wieder unterschiedliche Lehrer, Boten, Propheten oder wie Ihr sie auch immer nennen möchtet, mit Euch Menschenwesen in Verbindung gesetzt. Aber etwas haben sie bislang nicht vollbracht: Sie haben Euch *nicht* vermitteln können, dass Eure Verbindung zu dieser Seelenenergiegemeinschaft oder, wenn es Euch lieber ist, zu dieser göttlichen Energie (weil diese Worte für Euch mehr Bedeutung haben und Ihr sie einordnen könnt), *immer* existiert, *nie* unterbrochen werden kann und nur Ihr Menschen dazu neigt, sie durch Eure willentlich beschränkte Bewusstheit stetig zu unterbrechen.

An dieser Stelle möchte ich zu Eurem besseren Verständnis einige *Definitionen* einfügen, nämlich zunächst einmal die Definition der Worte »Geist«, »Seele«, »Gott« und »Energie«.

Erstens: **Geist.**
Geist ist das Wort für die Intelligenz des menschlichen Wesens. Ein menschliches Wesen ist mit einem Geist ausgestattet. Der Geist lenkt den Instinkt oder die Intuition in Bah-

nen. Der Geist lässt Euch ein in Ordnung und nicht in Chaos vollzogenes Leben führen. Er lässt Euch Menschen in Prinzipien leben, die Euch zu körperlichem und geistigem Wachstum führen. Er lässt Euch streben nach Weiterentwicklung, wobei sich die Weiterentwicklung auf die Entwicklung des *Körpers* und der *Intelligenz* beschränkt. Er versucht, *Gefühle* in Bahnen zu lenken, und übermittelt Impulse vom Körper an die Außenwelt oder vom Körper an die geistige Zentrale, Euer Gehirn.

Der Geist ist Euer Bewusstsein. Dieses Bewusstsein hat sich im Laufe der Jahrhunderte Eures Erdendaseins in gewisser Hinsicht *verselbstständigt*. Es hat Euch Menschenwesen über Jahrhunderte hinweg suggeriert, selbstständig zu sein, um seine Bedeutung in Eurem Dasein zu verfestigen. Der Geist befindet sich aber nicht an einem Ort im Gehirn, in den Nervenleitungen oder an der Peripherie, das heißt an der Hautoberfläche, sondern er ist Euer Bewusstsein. Auch *Geist* ist Energie, das heißt nicht-sichtbare, nicht-fühlbare, nicht-fassbare, nicht-ertastbare, aber *gerichtete*, *abgrenzbare* Energie. Abgrenzbar bedeutet: Für uns *nicht*-körperlich manifestierte Seelenwesen ist *eine* geistige Energie von einer *anderen* geistigen Energie *abgrenzbar*.

Um in Euren Begriffen zu sprechen: Wir sehen unterschiedliche Geistesenergien, Ihr Menschen seht sie nicht! Aber Ihr seid Euch Eurer Unterschiedlichkeit im Geiste, im Bewusstsein *bewusst*.

Das von Euch Menschen bezeichnete *Ego* ist nur ein *Teil* des jeweils einzelnen menschlichen Bewusstseins, also nur ein *Teil* Eures Geistes. Das Ego umfasst *willentliche* Äußerungen, *gerichtete* Energie, die sich in Kommunikation befindet. Der Geist beinhaltet aber – nach unserer Definition – auch *ungerichtete* Energien, die ins Bewusstsein übergehen, aber nicht ausagiert werden.

Zweitens: **Seele**.

Die *Seele* steht in stetigem Austausch, in stetiger Verbindung mit dem Geist eines Menschen, aber sie ist mehr als das Selbstbewusstsein eines Menschen, mehr als das Ego, mehr als der Geist. Sie umfasst ein Wissen und eine Empfindungsdimension, die dem Geist zumeist verschlossen ist, die sie ihm aber zeitweilig vorsichtig in kleinen Stückchen anbietet und eröffnet. Die Seele ist *reine* Energie und geht eine energetische Verbindung mit Körper und Geist ein. Diese Verbindung ist eine lockere, die sich während des Schlafes vertieft und während des Wachbewusstseins manchmal kurzfristig, während des gesamten körperlichen Lebens aber niemals vollständig löst.

Die Seele steht in Verbindung mit allem, was *außer*halb des jeweiligen Menschen existiert. Das heißt, sie steht in Verbindung mit allen anderen Seelen der vielen anderen Menschen auf dieser Welt, aber auch mit den Seelen der Pflanzen, der Tiere und mit energetischen Wesen, die nicht körperlich manifestiert sind.

Die Seele ist nicht die *Grundlage* des Geistes, aber die *Voraussetzung*! Jeder Geist, jeder Körper basiert auf einer einzelnen Seele. Mit »einzelner Seele« ist »Einzigartigkeit« gemeint. Jedes Seelenwesen ist sich seiner Einzigartigkeit bewusst. Dieses Seelenwesen geht *körperliche* Verbindungen ein, schafft körperlich-geistige Wesen, um sich und seine Entwicklungswünsche zu verwirklichen. Kein Geist, kein Körper ohne eine Seele!

Es bedarf einer Seele, um einen menschlichen Organismus zum Leben zu erwecken. Und es bedarf einer *seelischen* Entscheidung, um einen Körper und einen Geist am Leben zu erhalten. Entscheidet sich die Seele für einen Tod, so sterben Körper und Geist, die *Seele* aber nicht! Sie geht nur andere Verbindungen ein – neue oder auch alte.

Diese Informationen sind für einige Menschen auf dieser Welt nicht neu, und zwar deshalb, weil sie sich mit einem *anderen Boten* beschäftigt und von ihm Informationen erhalten haben.

(»*Wer sind solche Boten?*«)

Damit ist zum Beispiel Seth gemeint. *(Das amerikanische Medium Jane Roberts, 1929–1984, empfing über Jahrzehnte in Trancezuständen phänomenale Botschaften eines »Energiepersönlichkeitskerns, der nicht mehr in der physischen Form zentriert ist«. Diese geistige Persönlichkeit nannte sich Seth. Seine Botschaften hat sie in mehreren, viel beachteten Büchern veröffentlicht.)*

(»*War Jesus Christus auch einer dieser Boten?*«)

Auch Jesus war ein Bote, der aber in seiner Sprache und in seiner Sinnhaftigkeit dem Zeitgeschmack, der geschichtlichen Situation entsprach.

(»*Wie ist das bei einem komatösen Zustand? Koma ist ja eine Zwischenform zwischen Leben und Tod. Aus welchem Grunde wählt eine Seele einen solchen Zustand?*«)

Koma ist das seelische Dasein *jenseits* der Aktivität des Geistes. Der Geist ist gestorben, und die *Seele* betrachtet das körperliche Dasein ohne Geist.

(»*Und das ist das Ziel der Seele, weswegen sie sich in diesen Zustand versetzt?! Heißt das in letzter Konsequenz für die Angehörigen: Maschinen abstellen oder weiter am Netz lassen?*«)

Du möchtest eine allgemeingültige Entscheidung für einen nicht allgemeingültigen Fall von mir haben. Jede Familie reagiert anders und auch jede *Seele* reagiert anders. Denn die *Erfahrung*, die sich die Seele ausgesucht hat zu machen, kann sowohl die eines schnellen Todes durch schnell abgeschaltete Geräte sein, als auch die Erfahrung eines langsamen Dahinsiechens. Beides sind Erfahrungen, die sie möglicherweise machen möchte.

(»*Das heißt, je nachdem, wie eine Familie in der jeweiligen Einzelsituation reagiert, ist* das *die Wahl der Seele. Die Familie trägt also dafür letztlich nicht die Verantwortung, auch wenn sie sie empfindet, sondern die Seele führt sozusagen oder will diese Erfahrung machen, wie die Entscheidung auch immer ausfallen mag?!*«)

Das, lieber Conrad, ist eine sehr weitgehende Antwort und sie fällt mir schwer! Familienmitglieder begleiten ein menschliches Wesen bis in den Tod hinein. *Verantwortung* für den Tod, die Art des Todes, die Zeit des Eintritts des Todes oder auch das vermeintlich lange Dahinsiechen, Verantwortung haben sie dafür in keinem Falle. Sie sind nur die freundschaftlichen Begleiter auf dem Weg. Die Entscheidung trifft die Seele allein für sich! Die Familie vermöchte nicht zu verhindern, dass die Seele sich für den Tod des Körpers entscheidet, auch wenn sie gegen das Abstellen der Geräte votieren würde. Die Seele würde einen anderen Ausweg finden, um den Körper sterben zu lassen. Verantwortung und Entscheidung liegen *immer* bei der einzelnen Seele.

Drittens: **Energie.**
Was ist Energie? Wo ist sie? Wo fängt sie an? Wo hört sie auf? *(Ironisch:)* Mit Energie meine ich *nicht* Brennstoff, ich meine *nicht* Benzin. Ich meine auch nicht essenzielle Fettsäuren!

Energie ist der göttliche Impuls, der auf dieser Welt alles am Laufen hält, der auf dieser Welt die Menschen *leben* lässt, die Menschen *sterben* lässt, die Pflanzen leben, wachsen und sterben lässt. Genauso ist es für Tiere, aber auch für Gegenstände. Energie erhält alles auf dieser Welt am Leben. Ohne diese Energie gäbe es kein Leben auf dieser Welt, und ohne diese Energie könnten sich Seelen nicht entscheiden, sich zu manifestieren. Es bedarf dieser Energie, es bedarf dieses göttlichen Impulses. Die Seelen gehören dieser Energie an, sie sind mit dieser Energie verbunden, aber auch sie könnten ohne diese Energie nicht existieren.

(*»Seelen sind nicht gleich Energie? Ist Energie dann der Stoff, den die Seelen benutzen?«*)

Seelen sind energetische Wesen, aber sie bedürfen eines Impulses, um sich ihrer Entwicklung zu erfreuen. Ohne diesen Impuls gäbe es keine seelische Entwicklung. Dieser Impuls ist sozusagen der Urgrund der Entstehung allen Daseins. Die Seelen sind mit diesem Impuls verbunden und entwickeln sich aus ihm heraus. Das sind Begrifflichkeiten, die für Euch schwer nachzuvollziehen sind, aber wenn ich anstatt Impuls oder Energie das Wort »Gott« benutze, wird es für Euch sicher deutlich.

(*»Ist Gott Energie oder Seele?«*)

Gott ist alles! Energie, Seele, Welt, Körper, Pflanze, alles! Beantwortet das Deine Frage?

(*»Mir scheint die Energie in dem Sinne etwas* seelenlos *zu sein. Das heißt, Energie ist der Brennstoff, mit dem die Seelen sich vorwärtsbewegen, von dem sie abhängig sind. Gott ist für mich aber* nicht *nur ein solcher ›Brennstoff‹.«*)

Du hast mir nicht zugehört, lieber Conrad! Die Energie ist der *Urgrund* allen Daseins! Der Urgrund, die Basis allen Lebens, die Basis all dessen, was existiert, sowohl sichtbar als auch unsichtbar! Energie ist nicht seelenlos, sondern Energie ist die **Allseele**, aus der sich die einzelnen Seelen vervielfältigen, entwickeln und herausschälen! *Ohne* diesen göttlichen Impuls, ohne diese All-Energie gäbe es keine Seele! Seelen sind energetische Manifestationen des göttlichen Impulses, einzelne energetische Manifestationen eines *all*göttlichen Impulses – »allgöttlich« im Sinne von »*alles umfassend*«.

Unser Kapitel trägt den Namen »Das Prinzip der Einheit«. Es ist unabdingbar für Eure weitere Entwicklung als Menschheit, als Erdenwesen, für die Entwicklung Eurer Welt, für Eure *persönliche* Entwicklung und für Eure Entwicklung als Gemeinschaft, dass Ihr Euch dieser Einheit von Körper, Geist und Seele bewusst werdet, dass diese Einheit für Euch zu Eurem täglichen Leben, zu Eurem täglichen Dasein, zu Eurer täglichen Entwicklung dazugehört, so wie es für Euch selbstverständlich ist, dass Ihr über einen Körper verfügt und ein mit Intelligenz ausgestattetes Wesen seid. Ihr seid Wesen, die mit Seele ausgestattet sind, und diese Seele erhält Euch am Leben. Diese Seele verschafft Euch die Verbindung zum All-Eins, zu Gott oder wie immer Ihr diese Energie nennen möchtet. Ohne die Seele wäre Euer Dasein *unerträglich*!

(»Und nicht möglich!?«)

Nicht möglich sowieso, aber auch unerträglich! In dem Moment, in dem Ihr Euch öffnet für diese Information, dass Ihr *Seelen*wesen seid, die sich in einem Körper mit einem Geist manifestieren, wird Euer Leben licht und hell. Es erhält einen Sinn, und Ihr seid nicht mehr allein, denn Ihr seid angebunden an die göttliche Energie. Ihr seid göttliche Wesen, die sich *entschieden* haben, für eine Weile auf dieser Erde, in diesem Körper zu existieren. Betrachtet Ihr dieses Leben, das Ihr jetzt führt, aus dem Wissen heraus, ein göttliches Wesen zu sein, mit einer *Seele* ausgestattet, die über einen Körper verfügt, sich für eine bestimmte Zeit in einem Körper mit einem Geist manifestiert hat, so wird Euch zum ersten Mal klar, welchen Sinn dieses Dasein hat. Und es wird Euch klar, das es keinerlei Sinn macht, dieses Leben zu vergeuden, dieses Leben zu verschenken oder aus diesem Leben einen *Kampf* zu machen.

Hiermit schließe ich dieses Kapitel. Es ist wichtig, dass Ihr Menschen Euch bewusst werdet, dass Ihr seelische Wesen seid, die sich *körperlich* manifestiert haben, *in* einem Körper *mit* einem Geist.

(»*Noch einmal eine provokative Frage: Wer entscheidet über die Beendigung eines Lebens auf Erden, also des körperlich-geistigen Daseins? Die Seele oder der Geist? Und vor allen Dingen, zu welchem Zeitpunkt in menschlichen Dimensionen wird diese Entscheidung getroffen? Erst zum Zeitpunkt des Todes oder schon vorher? Ist es vorherbestimmt? Entscheidet die Seele sich schon vor Beginn ihrer körperlich-geistig-seelischen Einheit dazu, eine bestimmte Erfahrung zu machen, oder sind das spontane oder aus der Situation oder vielleicht einer Entwicklung heraus erwachsende ›Weggabelungen‹?*«)

Vielen Dank für diese Frage! Sie ist in der Tat provokant, da sie aus mir Aussagen hervorlockt, die ich zu diesem Zeitpunkt noch *nicht* gewillt war zu machen.

Eine Seele entscheidet zum Eintritt in den Körper in groben Zügen, wie dieses Leben aussehen soll. Das ist keine Vorherbestimmung, denn es obliegt der Seele, die Entscheidung *während* des Lebens zu revidieren. Und diese Revidierung, diese »Revision« erfolgt häufig, denn eine Seele existiert nicht *allein*, sondern im *Verbund*. Vor allen Dingen aber erfolgen Revisionen aufgrund der Neugierde, eine andere Erfahrung zu machen als die, die sich die Seele vorher vorgestellt hat zu machen. Das erkläre ich jetzt alles im zeitlichen Rahmen, aber ohne den *zeitlichen* Rahmen vermöchte ich nicht, Euch diese Erklärung vollständig zu vermitteln. Daher bediene ich mich des zeitlichen Rahmens, den es aber für die Seele nicht gibt. Für die Seele gibt es keine Zeit.

Es gibt keine Vergangenheit, keine Gegenwart, keine Zukunft. Es gibt nur Erfahrungsspektren.

Also, noch einmal: Es gibt Leben, die *vor* Beginn des körperlich-geistigen Lebens von den Seelen in ihrem Weg strukturiert und entschieden wurden.

An wichtigen Gabelungen des Lebens, des jeweiligen körperlich-geistigen Daseins, besteht für die Seele aber auch die Möglichkeit, die Entscheidung zu revidieren. Die Seele ist *frei*, unterschiedliche Wege zu gehen, unterschiedliche Erfahrungen zu machen, unterschiedliche Wahrscheinlichkeiten eines Lebens auszuagieren. Das heißt, sie kann ein körperliches Leben so oder so verlaufen lassen und so oder so enden lassen. Sie kann sich auch vorstellen, einen anderen Lebensweg einzuschlagen, und körperlich wird nichtsdestotrotz die *vorab* entschiedene Lebenslinie verfolgt. Für die Seele existieren alle Möglichkeiten!

Ende des zweiten Buchdiktats vom 4. September 2005

Sitzung vom 11. September 2005 mit drittem Buchdiktat

KAPITEL 2:
Bewusstwerdung

In Kapitel 1 habe ich Euch auseinandergesetzt, aus welchen »Bestandteilen« menschliche Wesen sich zusammensetzen. Ich habe sie definiert und habe versucht, Euch darzustellen, in welcher Form der Bewusstheit Ihr Euer Leben verbringt. Dieses Kapitel trägt deshalb den Titel »Bewusstwerdung«, und ich möchte Euch einen Weg eröffnen, die Bewusstwerdung zu fördern, dass Ihr Menschen alle *Seelenwesen* seid.

Ich werde Euch jetzt erläutern, wie Eure Materialisation zu einem menschlichen Wesen vonstattengeht.

Bevor Ihr Euch auf ein körperliches Leben einlasst, seid Ihr als Seelenwesen in einem Raum vorhanden jenseits aller Räume. Ihr »lebt« in einer Gemeinschaft mit anderen Seelen, die sich teilweise manifestiert haben, teilweise aber auch nicht, teilweise vorübergehend, andere wiederum nicht *mehr*. Seelen leben nicht in der Zeit, nicht im Raum, nicht in der Materie. Die Welt, die Ihr als Menschen kennt, ist Euer Planet, sind die Planeten um Eure Erde herum, in Eurem Sonnensystem, in Eurer Milchstraße. Ihr versucht herauszufinden, ob es andere Planeten mit einem ähnlichen Leben in Eurem Universum gibt. Ihr seid sehr daran interessiert herauszufinden, ob es jenseits Eurer Erde andere Lebewesen gibt. Aber habt Ihr Euch jemals die Frage gestellt, ob es eine andere Form von Verbindung zu Wesen gibt außerhalb dieser Euch bekannten (materialisierten) Systeme? Ihr stellt Euch die Frage, ob es andere materielle Wesen gibt, Ihr stellt Euch aber *nicht* die Frage, ob es *nicht-materielle* Wesen gibt, die Ihr nicht *sehen* könnt, da Ihr von diesem *Sein*, von dieser Existenz nichts *wisst* oder besser gesagt bislang nichts *beweisen* konntet.

Ich möchte Euch von einer Daseinsebene erzählen, die Ihr bislang weder zu erforschen versucht habt, noch jemals in irgendeiner Form nachweisen konntet, die aber nichtsdestotrotz existiert.

Seit Jahrtausenden haben sich Forscher, Naturwissenschaftler, Entdecker, Archäologen, Astronomen, Astrologen mit der Entwicklung Eurer Welt, Eures Daseins und Eures Universums auseinandergesetzt. Die Kirche in der westlichen Welt hat forschenden Menschen über Jahrhunderte hinweg die Möglichkeit genommen, sich mit der Seele oder auch der Gemeinschaft der Seelen als Forschungsgebiet zu beschäftigen. Eure Forschungen haben sich über Jahrhunderte hinweg, seitdem dieses Verbot existierte, lediglich auf den Körper und den Geist, auf die gesellschaftliche oder geschichtliche Entwicklung bezogen, *nie* auf Eure Seele. Alles, was mit der Seele zu tun hat, war für die *Kirche* reserviert.

Die Menschen, die dennoch eine Seelenentwicklung erforschen, die darüber schreiben oder Vorträge halten, werden ganz systematisch in eine »esoterische Ecke« abgeschoben. Forschung, die diesen Namen in Eurer Welt verdient, darf sich mit Materie, mit Körpern, mit Steinen, mit Städten, mit Landschaften beschäftigen, aber *nicht* mit der Seele.

Nun ist hier einer, der sich mit der Erforschung der *Seele* beschäftigen möchte, der Euch Menschen die Existenz der Seele im Einzelnen, der Seelen*gemeinschaft* und die *Geschichte der Seelen* nahebringen möchte. Dabei ist »Geschichte der Seelen« in einem nicht-zeitlichen Rahmen zu verstehen.

Jetzt werde ich ausholen müssen. Ich werde Euch Dinge erklären müssen, die schwer zu verstehen, schwer nachzuvollziehen und wahrscheinlich auch schwer zu glauben sind. Aber ich werde es versuchen!

Seit Anbeginn der Menschheit versuchen Menschen *höhere* Wesen zu finden, um die Verantwortung für ihr Leben zu delegieren, um die Verantwortung für Naturkatastrophen, für Brutalität, für Kriege, für Kämpfe, aber auch für einfaches familiäres Leid auf eine Person, auf eine Kraft, auf einen Gott zu übertragen, der die ultimative Erklärung für diese Geschehnisse bereithält. Vielfach war es göttlicher Zorn, der als Ursache für menschliches Leid herangezogen wurde. Immer dann, wenn der Mensch mit seinen eigenen Erklärungen nicht mehr weitergekommen ist, hat er sich eines göttlichen Wesens bedient.

Das hat sich bis in Eure Tage nicht verändert. Auch wenn Ihr Menschen heute nicht mehr in dem Glauben lebt, dass eine schlechte Ernte auf den Zorn irgendeines Gottes zurückzuführen sei, so ist es auch heute noch so, dass viele Menschen sich in Angst- oder Leidsituationen auf den Glauben an »ihren« Gott rückbeziehen. **Aber nur wenige kommen auf die Idee, dass dieser Gott in Euch selbst als Energie zu suchen ist, sondern er wird nach wie vor nach außen projiziert.** Alles, was über Euren Körper und Euren Geist hinaus in dieser Welt existiert, schreibt Ihr einem wie auch immer gearteten Gott zu.

Hier setzt meine Veränderung für Euer Glaubenssystem an. **Allem, was auf dieser Eurer Welt, in Eurem Universum existiert, liegt ein göttlicher Impuls zugrunde.** Ohne Eure direkte Verbindung mit diesem göttlichen Impuls über Eure Seele wäre Eure Welt nicht existent.

In Eurem Denksystem existiert ein eklatanter Denkfehler. Ihr glaubt zwar daran, dass es einen göttlichen Impuls gibt, dass es einen »Gott« gibt, der Euch, Euer Leben, Eure Entwicklung als Menschen leitet. Aber scheinbar haben sich die meisten nie Gedanken darüber gemacht, wie diese Verbindung zu diesem göttlichen Impuls hergestellt wurde und wird. Wie verbindet sich eine materielle Welt, eine menschliche, eine tierische, eine dingliche Welt, wie verbindet sich ein menschliches Wesen, das ausgestattet ist mit einem Körper und einem Geist, mit dem göttlichen Impuls? Nimmt der göttliche Impuls Einfluss auf die Gedanken? Nimmt der göttliche Impuls Einfluss auf die körperlichen Abläufe? Wo ist das Verbindungsglied?

Das Verbindungsglied zum göttlichen Impuls ist die Seele. Ohne sie gäbe es keine Verbindung zum göttlichen Impuls.

Es ist sehr schwierig, Euch für *Eure* Vorstellungen Bilder zu übermitteln, die Euch helfen könnten, diese Seelenwelt und den göttlichen Impuls besser zu verstehen.

Seelen sind personifizierte, individualisierte Energiewesen.

Das bedeutet, dass sie sich ihrer selbst als einzelne Wesen bewusst sind, dass sie miteinander kommunizieren auf einem Weg, den man mit Euren Worten »telepathisch« nennen könnte. Seelen haben Wünsche, Seelen verfügen über Erinnerung und Seelen entwickeln sich weiter. Sie sind nicht bloße Energie, die im Universum irgendwo herumschwebt, sondern sie sind Wesen, die sich mit einem allumfassenden, aber auf ihre individuelle Persönlichkeit ausgerichteten Bewusstsein ausstatten.

Der göttliche Impuls ist allumfassend, aber *nicht* individualisiert. Die Individualisierung erfolgt über die einzelnen Seelen. Seelen stehen *in Verbindung* mit dem göttlichen Impuls, aus dem heraus sie überhaupt entstanden sind. Sie sind Individualisierungen nur aufgrund der Tatsache, dass der göttliche Impuls versucht zu lernen. Diese Individualisierungen sind sich ihrer selbst als Individuen bewusst, sind in stetiger Verbindung mit dem alles umfassenden göttlichen Impuls. Sie haben für das Allumfassende ein Bewusstsein, das sich ihnen stetig erschließt, das sie jedoch in ihren Individualisierungen nicht immer bis zur letzten Konsequenz ausschöpfen, um nicht von vorneherein alles zu wissen, um sich dieses Allwissen durch Erfahrung zu erwerben.

(*»In körperlich-geistig-seelischer Form?!«*)

Zunächst in seelischer Form! Die Entscheidung, über eine körperliche Form zu verfügen, fiel erst später.

Später! Wie erkläre ich »später« *ohne Zeit*zusammenhang?

Es gab einen Erfahrungszeitraum, währenddessen die individualisierten Seelen noch nicht über eine körperliche und geistige Entwicklung verfügten. Die Seelen haben sich also in ihrer Seelenform weiterentwickelt, bevor sie begannen, dies auch in körperlicher Form zu tun. Das erkläre ich in zeitlichem Zusammenhang, damit Ihr es verstehen könnt. Aber dieser zeitliche Zusammenhang existiert nicht wirklich! In Wirklichkeit geschieht alles gleichzeitig.

Nach erfolgter seelischer Entwicklung entschied sich der göttliche Impuls auf Drängen der Seelen für eine *zweite* Möglichkeit der Weiterentwicklung, nämlich die innerhalb einer *körperlichen* Welt. *Das* war der Startschuss für die Entwicklung Eurer Welt, Eures Universums, Eurer körperlich-geistigen Dimension. Diese körperlich-geistige Dimension wurde vom göttlichen Impuls erschaffen unter zahlreichen Anregungen seitens der Seelenwesen.

(*Ein Einschub von Orimar beim Korrekturlesen am 26. April 2009 auf meine Frage, ob der »Startschuss« der »Urknall« gewesen sei:* Der »Urknall«, so wie Ihr ihn Euch derzeit vorstellt, basiert auf der Annahme von Materie und Antimaterie. Materie und Antimaterie sind allerdings eine »Erfindung« des göttlichen Impulses. Der Urknall war kein Urknall, sondern sozusagen ein Urfluss, der sich aus einem energetischen Fluss zu einem materiellen Fluss ausdehnte.)

(*»War dann die Abtrennung von dem Bewusstsein, dass eine Seele existiert, ein ›göttlicher Unfall‹ sozusagen, oder wie ist das zu verstehen? Es ist also kein geplantes Vorgehen der göttlichen Einheit, die ja letztlich nun mal in allem drin ist, aber wie kann es passieren, dass sich auf einmal etwas abtrennt, das* Teil *des Ganzen ist?«*)

Die Antwort ist darin zu suchen, dass Ihr menschlichen Wesen *frei* seid, frei, Eure Entwicklung in jede Richtung zu nehmen, die Ihr wünscht! Die großartige Dimension, der Umfang dieser Freiheit ist Euch immer noch nicht bewusst geworden! Eure Freiheit ist so allumfassend, dass Ihr Euch selbstverständlich auch dazu entschließen könnt, Euch vom Ursprung Eures Daseins vermeintlich abzulösen.

(*»Es ist also trotzdem Teil des göttlichen Plans, aber es war nicht so gedacht, es war ein Experiment?«*)

Eine Wahrscheinlichkeit! Ihr seid Teil des göttlichen Plans, aber Eure Freiheit ist *so* allumfassend, dass Ihr Euch auch entscheiden konntet, Euch vermeintlich vom göttlichen Impuls, Euch vermeintlich vom seelischen Wesen, das Ihr seid, zu entfernen! Dieser Zustand ist ein einsamer Zustand, denn er lässt die Empfindung in Euch aufkeimen, dass Ihr *allein* seid – allein als Menschen, allein auf der Welt, allein im Universum.

Dabei seid ihr Mitglieder einer Seelengemeinschaft, derer Ihr Euch nicht mehr bewusst seid.

Ich sage es noch einmal ganz deutlich: Sowohl in Eurem Universum als auch auf Eurer Welt als auch für Euch Menschen existiert eine Lebensform oder auch mehrere Lebensformen, die Ihr nicht wahrnehmt aufgrund Eures beschränkten Empfindens, dass Ihr lediglich Wesen mit einem Körper und einem Geist seid. In dem Moment, in dem Ihr Euch der Tatsache bewusst werdet, dass Ihr Wesen seid, die aus der *seelischen* Welt stammen, die aufgrund eines *göttlichen* Impulses entstanden sind, werdet Ihr auch erkennen, dass Ihr nicht allein seid.

(»Aus Sicht des Lesers würde ich jetzt sagen: Hm, einerseits freuen wir uns, wenn wir nicht allein sind, nur, wer ist denn das eigentlich? Und in dem Moment entsteht natürlich sofort wieder Angst, dass es sich hier um irgendwelche Aliens oder Außerirdische oder irgendwelche bösen Energien handeln könnte gemäß unserer durchaus auch zuweilen bösen Gedanken, vor denen wir auch Angst haben, dass sie ›Sünde‹ sein könnten. Aber zunächst mal scheint es mir so, als ob aus solchen Äußerungen gleich wieder Ängste entstehen könnten. Also wer ist das, der dort noch ist?«)

Ich möchte den weiteren Kapiteln nicht vorgreifen, aber so viel kann ich zu Deiner Frage sagen:

Es existieren sowohl parallele Zivilisationen, die sich auf dem gleichen Entwicklungs- und Wissensstand befinden wie Ihr Menschen, als auch Zivilisationen, die sich auf einem bereits erhöhten Energieniveau befinden und in ihrer Entwicklung der Euren überlegen sind. Es existieren keine Zivilisationen, die Euch auch nur im Entferntesten bedrohen, die Euch schaden, die Euch angreifen könnten oder wollten. Diese Dimension existiert *nicht*.

Ende des dritten Buchdiktats vom 11. September 2005

Sitzung vom 23. September 2005 mit viertem Buchdiktat

Im zweiten Teil unseres zweiten Kapitels möchte ich Euch auseinandersetzen, wie die Bewusstwerdung, von der ich spreche, zu *bewerkstelligen* ist.

»Bewusstwerdung« bedeutet, dass Ihr Menschen Euch in *jeder* Lebenssituation, in jedem Moment Eures Lebens darüber bewusst seid, dass Ihr nicht nur ein Wesen mit körperlichen Funktionen und einem einigermaßen gebildeten Geist seid, sondern in permanenter Verbindung steht zu einer seelischen Welt, aus der Ihr stammt.

In Eurer Forschung weist Ihr Tieren einen beschränkten Instinkt zu. Ihr beobachtet, dass sie in der Lage sind, Gefahren und Bedrohungen ihres Lebens zu *erspüren* und sogar *vorauszuahnen*. Tiere sind dazu in der Lage, ohne dass sie über einen ausgebildeten Geist verfügen. Das hat seinen Grund darin, dass Tiere ihre Verbindung zum göttlichen Impuls, ihre Verbindung zur Seelenwelt nicht infrage stellen. Sie bedienen sich ihrer, in beschränkter Hinsicht und *ohne* einen Verstand. Das bezeichnet Ihr als Instinkt. Je mehr und je besser Euer Verstand ausgebildet ist, umso weniger seid Ihr Menschen in der Lage, Euch vor extremen Situationen, vor außerordentlichen Gefahren oder aktuellen Bedrohungen zu schützen. Das liegt darin begründet, dass Euer Geist in Eurem Leben *dominant* wird, und zwar *so* dominant, dass er die Verbindung zum göttlichen Impuls, die Verbindung zu Eurem Ursprung, nämlich dem Sein in der *Seele* unterbindet.

(»*Du sprachst von Verbindung zur Seele. Wer oder was verbindet sich mit der Seele?*«)

Danke für die Frage, lieber Conrad. Ich erläutere es noch einmal: Das Bewusstsein, dass Ihr Menschen über einen Körper verfügt und einen Geist, ist Euch Menschen immanent. Das Bewusstsein, dass Ihr auch über eine Seele verfügt, existiert *nicht* stetig, sondern nur *unterbrochen*, nur *langsam*, nur *manchmal* und auch *längst* nicht bei allen Menschen. Ihr habt aber einen Begriff für all das »Wissen« jenseits Eures Geistes.

»Intuition« ist der Begriff, mit dem Ihr Menschen die Möglichkeit des Vorausahnens, die Möglichkeit für ein Gespür außerhalb des Geistes bezeichnet.

Zum Beispiel: Euer Autounfall vor ein paar Jahren mit Eurer kleinen Tochter Laura.

(»*1990 im Dezember.*« *Es war am 21. Dezember 1990 um zwei Uhr früh auf der Autobahn A8 Richtung München bei Edenbergen, als nach einem Unfall ein Auto verkehrt herum ohne Licht auf der Überholspur stand, unser alter BMW 520 ins Schleudern kam und wir an einer kurzen Strecke ohne Leitplanke im verschneiten Acker landeten.*

Mira ergänzt daraufhin: »*1990 im Dezember hatten wir einen Unfall, den wir ohne Verletzungen und Schäden überlebt haben, weil ich dem Conrad am Abend der Rückfahrt von Frankfurt nach München ständig in den Ohren gelegen habe, bitte langsamer zu fahren, was ich sonst nie tue. Er kann so schnell fahren, wie er mag, ich hab' nie Angst! Aber an dem Abend* hatte *ich Angst! Ich wusste nicht wovor. Als wir dann den Unfall hatten, wusste ich's! Aber es ist uns nichts passiert. Wir haben uns nicht verletzt und sind aus dieser Situation sehr glücklich hervorgegangen! Das jetzt nur nebenbei von mir.«)*

Ja, liebe Mira, vielen Dank für die Erläuterung! Dieses Gefühl, diese Vorausahnung, dieses Gespür, diese Intuition empfinden zumindest einige Menschen noch in Extremsituationen.

Die Intuition ist wie eine elektrische Leitung, die zwischen Euch Menschen und der Seelenwelt, die vom göttlichen Impuls geleitet wird, existiert. Sie existiert selbstverständlich zu jeder Zeit, in jedem Moment in Vergangenheit, Gegenwart und Zukunft, aber Ihr werdet Euch dieser Leitung nicht mehr bewusst.

Euer Geist hat Euch in seinem Unabhängigkeitsstreben und seinem großen Machtbewusstsein so weit von Eurer Verbindung *unbewusst* gemacht, dass Ihr sie nur mehr in Extremsituationen realisiert.

Um sich vor seiner persönlichen *Auslöschung* zu schützen, lässt der Geist die Intuition lediglich in Situationen hochgradiger Bedrohung wie durch ein Schlupfloch hindurchfließen.

Lediglich in den Situationen, in denen er *weiß*, dass er bedroht sein könnte, dass nämlich Euer Leben bedroht sein könnte und damit auch *sein* Leben, *seine* Existenz, lässt er die Bewusstwerdung zu!

Die Ursache, dass Euer Geist so viel *Macht* gewonnen hat, Euch zu suggerieren, dass Ihr als Menschen nur mehr aus Geist und Körper besteht, ist darin zu finden, dass Eure Religionen über Jahrhunderte und Jahrtausende hinweg den Menschen das Gefühl vermittelt haben, dass der Zugang zum göttlichen Impuls, der Zugang zur göttlichen Welt lediglich über *sie* funktioniert, dass Ihr als menschliche Wesen *nicht* automatisch mit dem göttlichen Wesen, dem göttlichen Impuls oder auch der göttlichen Welt verbunden seid, sondern nur über die »richtige« Religion.

Der einzige, aber breite Weg, auf dem Ihr Euch bewegen könnt, um Euch in jedem Moment bewusst zu machen, dass Ihr Seelenwesen seid, ist die Intuition.
Hier besteht die Möglichkeit eines *täglichen Trainings*!
Das heißt, ich gebe Euch in diesem Kapitel die Möglichkeit an die Hand, Euch Eurer Seelenexistenz mehr und mehr bewusst zu werden, und diese Existenz in Eurem täglichen Leben für Euch ganz persönlich und für Eure Umwelt zu nutzen.

Die Verbindung zu den Seelen, diesen Energiewesen aber ist es, die das menschliche Dasein erst mit Sinn erfüllt, mit einem Sinn *jenseits* des körperlichen Lebens. Denn der Sinn jenseits des körperlichen Lebens ist *der* Sinn, nach dem Ihr Euer Leben lang strebt. Ohne die Verbindung zum energetischen Dasein, zum Seelendasein, zum göttlichen Impuls entbehrt das menschliche Leben einer nachhaltigen Sinnhaftigkeit. **Aber der Sinn des seelischen Lebens liegt ultimativ in der Weiterentwicklung, im ständigen Fragen und Beantworten, im Streben und in der Energieentfaltung.**
Energieentfaltung bedeutet das Verständnis um das All-Eins. Das Wissen, aber auch das Verständnis um das All-Eins.

Ich *verstehe* alles, ich *bin* alles und ich bin mit allem *verbunden*.
Dieses Verständnis ist den Seelenwesen möglich, und es ist der Sinn ihres Strebens. Somit ist es auch Euch Menschen als Teil dieses seelischen Universums möglich, dieses Verständnis zu erfahren. Je mehr und je öfter Ihr Euch als Menschen der Verbindung mit Eurer Seele bewusst werdet, des-

to mehr habt Ihr die Möglichkeit, Anteil zu haben am Verständnis um das All-Eins.

Im täglichen Leben habt Ihr in Momenten der Verbindung mit Eurer Seele größere Möglichkeiten, Anteil zu haben am Verständnis um das All-Eins. Es sind selbstverständlich in diesen Momenten nur kleine Ausschnitte. Aber diese Ausschnitte machen glücklich, diese Ausschnitte verschaffen Sinnhaftigkeit. Übt Ihr diese Verbindung, übt Ihr es, Euch Eurer Verbindung bewusst zu sein, empfindet Ihr mehr Glückseligkeit, Sinnhaftigkeit und unsagbare Geborgenheit. Weiterhin seid Ihr in diesen Momenten der Verbindung frei von Angst, frei von Neid, frei von Eifersucht, frei von Groll, frei von Hass.

Ihr seid vor allem einem Gefühl sehr nahe, nämlich dem Gefühl der Liebe. Ihr seid aufgefüllt, verbunden und von daher *heil*.

Diese Momente hinterlassen daher eine solch tiefe Zufriedenheit, Gelassenheit und anteilsmäßige Allwissenheit, dass sie sich wie ein Rausch anfühlen.

Wie könnt Ihr diesen Zustand jetzt aber *üben*? Denn das soll ja Euer Weg sein, Euer Weg als Mensch mit einem dominanten Geist. Zustände der Bewusstwerdung sind gekennzeichnet durch große Ruhe. Daher ist der Zugang zur Bewusstwerdung über einen ruhigen Weg herzustellen.

Mit einem ruhigen Weg ist beispielsweise Meditation gemeint, aber auch einfach Konzentration darauf, ein seelisches Wesen zu sein, das Anteil hat am All-Eins, am göttlichen Impuls, auch wenn Ihr es Euch noch nicht vorstellen könnt, wie diese seelische Welt aussehen soll. Es reicht, Euch vorzustellen, dass Ihr ein seelisches Wesen seid, das sich entschieden hat, über einen Körper und einen Geist zu verfügen, und dass Ihr damit Verbindung habt zum All-Eins. Stellt Ihr Euch das vor, so erfüllt Euch diese Vorstellung, wenn Ihr sie *täglich* übt, mit tiefer Ruhe, mit tiefer Gelassenheit, mit tiefer Zufriedenheit und mit einem enorm vervielfältigten Wissen.

Aus diesem Zustand heraus ist Kreativität erst möglich.

Aus diesem Zustand heraus entwickelt sich Kraft, Ausdauer, Wissbegierde, Neugierde, Streben.

Nehmt Ihr diese Bewusstheit mit in Euer tägliches Leben, so ergeben sich weitreichende Konsequenzen.

Bewahrt Ihr Euch dieses Bewusstsein über den Tag hinweg, so seid Ihr *nicht* eifersüchtig.

Ihr seid frei von Neid.

Ihr seid zufrieden.

Ihr seid Teil des All-Eins.

Ihr seid voller Energie.

Ihr seid *nicht* kraftlos.

Ihr werdet *nicht* krank.

Ihr seid *nicht* ängstlich.

Euch kann *nichts* geschehen!

Ihr seid Euch jeder Situation bewusst, setzt Euch keiner Gefahr aus, lebt lediglich in der Neugierde, Euch entwickeln, mehr wissen, alles verstehen zu wollen, und empfindet *tiefe* Zuneigung für jedes andere Wesen.

Bislang erfahrt Ihr diese Dimension Eures Seins nur in Extremsituationen, bei Bedrohung und Gefahr. Weitet Ihr Eure Intuition, Euren Instinkt, Euer Gespür, Eure Verbindung mit Eurem Seelenwesen auf Euer gesamtes Leben aus, so sind Zufriedenheit, Ruhe, Zuversicht, Beschütztsein, Zuneigung der Lohn, den Ihr in Eurem Leben erhaltet.

Ende des vierten Buchdiktats vom 23. September 2005

Sitzung vom 9. Oktober 2005 mit fünftem Buchdiktat

KAPITEL 3:
Befreiung und Erleuchtung

Unser nächstes Kapitel heißt »Befreiung und Erleuchtung«.

Wenden wir uns zunächst dem ersten Begriff zu. »Befreiung« in unserem Zusammenhang soll Euch Menschen erläutern, wie Ihr die Befreiung von der Dominanz Eures Geistes bewerkstelligen könnt.

Zu dem Zeitpunkt, als die Seelenwesen sich entschlossen, ihrer Erfahrungswelt einen *materiellen* Teil hinzuzufügen, »erfanden« sie eine materielle Ausprägung ihrer Erfahrungswelt.

Diese materielle Ausprägung seid *Ihr*!

Mit der Entscheidung der Seelenwesen für dieses Erdendasein ging die Entscheidung einher, sich eines Teils ihrer Bewusstheit zu berauben.

Diese Entscheidung war deshalb vonnöten, weil sich den Seelenwesen in dieser menschlichen Daseinsform das *volle* Erfahrungsspektrum *nicht* erschlossen hätte im Angesicht ihres vollen Bewusstseins, was allerdings in vieler Hinsicht Ursache für Euer menschliches Leid war und ist.

In dem Moment des Eintritts ins menschliche Leben gibt jedes Seelenwesen einen Teil seines allwissenden Bewusstseins auf, um die Erfahrung des menschlichen Daseins vollständig zu genießen. Das hat zur Folge, dass die Sehnsucht im Menschen nach diesem unendlichen Wissen seinen Lebensweg ständig und immerdar begleitet.

Zu *Beginn* des menschlichen Daseins auf dieser Erde lebten Menschen in lockeren Gemeinschaften, die sich durch natürliche Unbilden oder auch äußere Angriffe stetig veränderten. Es gab keinen Schutz außer Höhlen und Keulen, es gab keine Medizin außer den Kräutern des Lebensumfeldes, und es gab kein Wissen, das den Menschen dieses Zeitalters Sicherheit vermittelte in Bezug auf den nächsten Tag, geschweige denn die nächsten *Jahre* ihres Lebens.

Daher wählten sie einen Weg, um ihre Unsicherheit durch eine *vermeintliche* Sicherheit zu ersetzen. Sie wählten Menschen aus ihrer Gruppe aus, die zuständig gemacht wurden für die Sicherheit, für die Verbindung zu dem, was sich ihnen nicht erschloss.

Aus diesen urmenschlichen Priesterformen wurden weltgewandte Institutionen mit zeitweilig unbegrenzter Machtausübung. Es war aber lediglich der kleine Schritt in der urmenschlichen, lockeren Gruppe, einige wenige Mitglieder ihrer Gemeinschaft dafür abzustellen, die Verantwortung für das seelische Heil der Gemeinschaft zu übernehmen!

Diese Übertragung hat sich im Laufe der Jahrtausende verselbstständigt. Natürlich gab es auch hier unterschiedliche Entwicklungsgrade. Es gab und gibt auch heute Gruppen von Menschen, die den Weg der *Konzentration* und der tiefen Innerlichkeit gewählt haben, um die Verbindung zum All-Eins aufzubauen und zu halten. Es hat sich aber leider aus dieser Übertragung der Verantwortung auch eine Form von *Glauben* entwickelt, der das *persönliche Heil* eines jeden Mitglieds der Gemeinschaft von den Fähigkeiten des zum Priester auserkorenen Mitglieds abhängig machte.

Es ist nicht notwendig, dass ich hier besondere Gemeinschaften oder einzelne geschichtliche Entwicklungen herausstelle, denn diese ähnelten sich im Laufe der Jahrtausende sehr. Das Einzige, was für meine Erläuterungen wichtig ist, ist die Tatsache der *Verselbstständigung*. Nach Übertragung der Verantwortung hat die jeweilige menschliche Gruppe ihren Zugang zu allem Göttlichen nur mehr über *den* Teil ihrer Gemeinschaft erfahren, den Ihr Priester genannt habt.

(Mira stöhnte: »Ich fühl' mich sehr müde, sehr schwer und sehr krank. Ich hab' das Gefühl, dass mein Geist mich jetzt sehr stört, dass er nicht möchte, dass ich diese Dinge durchgebe, und das aus dem Grunde, weil das unser aller Thema ist, weil das nämlich genau dieser Übertragung entspricht. Die Verantwortung für das menschliche Leben hat der Geist übernommen und nicht die Seele, denn die Seele wurde aus uns quasi herausgekoppelt.« Darauf ergänzte ich: »Die Priester symbolisieren den Zugang zu allem Seelischen, weil wir den delegiert haben! Das heißt also, die Priester tragen die Verantwortung für die Seele, die wir auf sie abgeschoben haben. Für uns bleibt nur noch der Geist.«)

Ja. Liebe Mira, es ist kein Wunder, dass Du Dich jetzt schwach fühlst, weil ich hier ein Thema behandle, das Euch Menschen schwach *hält*, ein Thema, das Euch Menschen schwach *macht* und Euch in Eurer Entwicklung als Seelenwesen *behindert*. Ich möchte mir nicht anmaßen, diesen Schritt als Fehler zu bezeichnen. Aber dieser Schritt, alles Seelische, alles Göttliche, alles das, was sich außerhalb Eures Körpers sichtbar und unsichtbar abspielt, auf einen Menschen in Eurer Gruppe zu übertragen, den Ihr Priester oder Druide oder Pfarrer oder Pastor oder wie auch immer genannt habt, hat dazu geführt, Euch *scheinbar* Eurer seelischen Verbindung zu berauben. Denn das ist das, was Euer Geist Euch suggeriert. Wer hat mit der Abkopplung aller seelischen Angelegenheiten von Eurem menschlichen Dasein, wer hat über Euch Menschen, über jeden *einzelnen* Menschen Macht erhalten? Wer?

(»Der Geist?«)

Genau, Conrad! Das war die Stunde Eures Geistes! Der Rest war und ist auch heute noch delegiert. Diese Entäußerung war eine so *vollständige* und so frühmenschlich vollzogene, dass Ihr Euch ihrer nicht mehr erinnert und sie auch für selbstverständlich erachtet.

Diese Verselbstständigung ist die Ursache Eurer *geistigen* Überheblichkeit und der *geistigen* Dominanz. Deshalb suggeriert Euer Geist Euch Menschen, dass er das All-Eins Eures Daseins darstellt. Die *Abkoppelung* alles Seelischen hat so vollständig über die Jahrtausende hinweg funktioniert, dass es in Euren Gesellschaften kaum jemanden gibt, der das auch nur infrage stellt.

Euer tatsächliches Infragestellen religiöser Institutionen erfolgt wenn überhaupt nur auf der Oberfläche des Seins. Wesentlich wäre das Infragestellen im Urgrund des Daseins eines jeden Menschen. Denn *jeder* Mensch selbst ist seine Religion, ist sein Glaube, ist sein Gott und ist sein Seelenwesen.

Es ist meine Aufgabe, *jede* religiöse Institution infrage zu stellen. Meine Aufgabe in diesem Buch wird es sein, so viele Menschen wie möglich zu erreichen, um ihnen die Werkzeuge an die Hand zu geben, sich selbst und ihr Dasein als *Seelenwesen* in den Mittelpunkt zu stellen. Denn in dem Moment, in dem Ihr Menschen die unveränderliche, unzerstörbare, ewige Verbindung zu Eurem eigenen Seelenwesen wieder herstellt, werdet Ihr Eure Welt *retten*.

(»›Befreiung‹ war der Titel!«)

Ja. Und genau das führt mich jetzt wieder zurück zu meinem Thema. Nämlich: Wie befreit sich der Mensch von der Dominanz seines Geistes?

(Mira ergänzt: »Hierbei geht es im Sinne des Wortes um die Befreiung von der Vorherrschaft des Geistes, um ein Gleichgewicht zwischen Geist und Seele herzustellen. Also das Thema ist: Weg mit der Dominanz des Geistes, aber nicht weg mit dem Geist bzw. dem Dasein des Geistes!«)

Die Befreiung von der Dominanz des Geistes lässt sich bewerkstelligen, indem jeder Mensch sich seiner Verantwortung für sein Seelenheil, sein Leben nach dem Tod, seinen Glauben, sein Wissen und sein Unwissen bewusst wird. Damit geht einher, die Verantwortung für den Glauben nicht mehr an eine Institution zu übertragen, den Weg zum Glauben selbst zu beschreiben, die eigene Sprache, die eigenen Worte für ein Gespräch mit allem Göttlichen zu finden, einen *eigenen* Weg zu beschreiben in der Verbindung mit dem *eigenen* Seelenwesen. Jeder Mensch wird hier seinen persönlichen Weg beschreiben. Beim einen ist es das Gespräch, beim nächsten das Gebet und beim übernächsten die Bilder, die sich ihm vor seinem inneren Auge erschließen. In jedem Falle handelt es sich hierbei um tiefe Meditation und Konzentration.

In einem inneren Dialog mit Mira bekam ich gerade die Information, dass viele Menschen vielleicht meinen, diesen von mir aufgezeigten Weg nicht beschreiten zu können, da ihnen ihre Verwirrung und ihre Verzweiflung im eigenen Leben zu groß erscheinen. Aber es gibt einen Weg, die Verbindung zum persönlichen Seelenwesen herzustellen, der *jenseits* der Verzweiflung liegt.

In Eurem Inneren, in Euren Gedanken oder Gefühlen oder wie immer Ihr es bezeichnen mögt, sprechen viele Stimmen zu Euch, gute und weniger gute, laute und leise, scheinbar böse und auch verzweifelte Stimmen. Gebt diesen Stimmen so viel Raum, wie sie benötigen. Schreibt die Worte dieser Stimmen auf. Es mag lange dauern, aber es kommt der Zeitpunkt, wo ein jeder Mensch zu einer Stimme durchdringt, die *jenseits* seiner Verzweiflung liegt und ihm Wissen, Gefühle mitteilt, die ihn in tiefe Ruhe und einen Zustand der unmittelbaren Zufriedenheit und Zuversicht versetzen.

Nehmt Euch diese Zeit – mag sie eine Nacht, eine Woche oder einen Monat dauern – und Ihr werdet hinterher nicht mehr dieselben sein, denn Ihr habt den Zugang zu Eurem Seelenwesen wieder hergestellt. Dieser Zugang macht jegliche Institution wie Religion, Kirche oder Sekte überflüssig.

Um es noch einmal zusammenzufassen:

Die Wiederherstellung der Verbindung zu Eurem Seelenwesen geschieht nicht, indem Ihr ein Buch über Eure inneren Stimmen schreibt, sondern indem Ihr die vielen Stimmen in Euch zu Wort kommen lasst:

Die Stimme der Erziehung,

die Stimme der geschichtlichen und gesellschaftlichen Bildung,

die Stimme der Politik,

die Stimme des wirtschaftlichen Wachstums,

die Stimme der Eltern,

die Stimme der Freunde, der Feinde, der Liebenden, der Lehrer, der Priester.

Verschafft Ihr diesen vielen Stimmen Gehör, so bleibt am Ende *eine* Stimme übrig, und das ist die *Stimme Eures Seins*. Sie wird am Anfang fast nicht durchkommen, sich dann aber Gehör verschaffen und Antworten parat haben, die Eure anderen Stimmen nicht hervorbringen können.

Ich bezeichne diesen Weg deshalb als tiefe Meditation oder Konzentration, weil es dieser bedarf, um *alle* Stimmen *vollständig* zu Wort kommen zu lassen! Dieser innere Dialog ist unerlässlich, um die Verbindung wiederzufinden. Und es ist ein schwerer Weg! Aber die Zuversicht, die aus diesem Weg erwächst, wenn Ihr ihn vollständig bis zum Ende gegangen seid, macht Euch glücklich. Grenzenlos glücklich.

Die Abkoppelung alles Seelisch-Göttlichen aus dem menschlichen Dasein hatte für diejenigen, die zu Euren Priestern auserkoren wurden, einen großen *Machtzuwachs* zur Folge. Ich teile diese in zwei Gruppen ein, nämlich die der wirklich medial Fähigen und die der gut Getarnten.

Die wirklich medial Fähigen waren die sogenannten *Heiler* unter den Priestern. Diese Menschen verfügten in der Tat über besondere Kräfte und über eine ausgeprägte Verbindung zum All-Eins. Es gibt aber auch die *andere* Gruppe derer, die sich in ihrem in der Tat tiefen Glauben an ein göttliches Wesen prädestiniert fühlen, anderen Menschen diesen *ihren* Glauben zu erschließen, andere Menschen zu leiten, zu führen und zu beherrschen.

Ich möchte jetzt mein Verständnis des Begriffs »Priester« etwas genauer definieren, denn in Eurer Gesellschaft gibt es nicht mehr nur Priester, die in kirchlichen Institutionen tätig sind. Für mich sind auch Eure *politischen* Führer und Menschen in *gesellschaftlichen* Machtpositionen »Priester«.

(»*Zwischenfrage: Aber unsere Politiker maßen sich ja nun doch nicht an, den Zugang zum All-Eins zu gewährleisten bzw. die alleinige ›Seelengewalt‹ zu haben. Das ist ja doch eher nicht der Fall. Früher war das vielleicht so, zu Zeiten von Gottkönigen, aber heute?*«)

Oberflächlich betrachtet magst Du recht haben. Aber was alles prägt denn Eure Gesellschaft? Heute ist das doch nicht nur die *Kirche*! Dafür haben doch Eure Priester vielfach viel zu wenig Einfluss. Das mag im Mittelalter anders gewesen sein, aber heutzutage?

Heute sind Eure Priester sehr wohl auch Eure Politiker.

Auch Vorstände von Konzernen sind Priester in dem Sinne oder in dem Zusammenhang, den ich hier beleuchten möchte. Oberflächlich betrachtet mag es so erscheinen, als ob Euer Seelenheil, die Verbindung zum All-Eins, alle Gedanken ans Göttliche lediglich mit Eurer Kirche und Eurer Religion zu tun hätten. Aber die Machtverhältnisse in Euren Gesellschaften sind zu vernetzt, um sich lediglich auf Eure Kirchen zu beziehen. Denn *die* Menschen, die in Euren Gesellschaften Machtpositionen besetzen, *prägen* Eure Gesellschaft, prägen Euer Denken und Euer Fühlen.

Diese Personen stärken die *Trennung* des Menschen vom All-Eins, die *Dominanz* des Geistes im menschlichen Dasein und *nicht* die Verbindung zur Seele und nicht das Verbundensein mit dem Seelenwesen! Hier herrscht der *Geist*! Alles andere wird nicht ernst genommen, ist irrelevant, unwichtig. So lange das Seelendasein, die Verbindung zum Seelenwesen in dieser Form diffamiert werden kann, so lange kann die Wichtigkeit dieser Dimension im menschlichen Dasein und auch in der *Gemeinschaft* des menschlichen Daseins *nicht* in den Mittelpunkt gestellt werden. Und so lange sind menschliche Wesen *nicht* in der Lage, sich zu dem zu entwickeln, was sie ursprünglich waren, nämlich glückliche Seelenwesen. Und sie sind nicht in der Lage, sich ihrer *Herkunft* zu erinnern. Sie *bleiben* getrennt vom göttlichen All-Eins.

(»*Ich habe gerade gesagt, für mich ist das jetzt die Aufforderung zur Anarchie, und da hat Mira laut gelacht! Denn welches Herrschaftssystem sollte denn an die Stelle des geltenden treten? Hier wird ja alles infrage gestellt! Sowohl geistliche Seelenführer als auch politische Führer oder Unternehmensführer werden hier als ›Energieräuber‹ dargestellt, die die Selbstständigkeit der Seelen verhindern wollen und damit auch die ›Befreiung und Erleuchtung‹.*«)

Anarchie, lieber Conrad, ist das Letzte, um das es mir gehen könnte! Mir geht es in der Tat um Befreiung und Erleuchtung! *Warum* muss jede Befreiung mit anarchischen Verhältnissen einhergehen? *Warum* sollte die Erleuchtung eines jeden menschlichen Wesens nicht zu *mehr* Miteinander als zu weniger führen? *Warum* sollte sie nicht zu einer erleuchteten Gesellschaftsform führen, die *nichts* mehr mit Kriegen und Eifersucht und neidischem Denken »am Hut« hat.

Ist es nicht an der Zeit, eine erleuchtete Gesellschaft, eine Gesellschaftsform aufzubauen, die *nicht* auf Profit basiert? Muss der Aufbau einer solchen Gesellschaft immer mit Anarchie und mit dem von Dir so gefürchteten Kommunismus einhergehen? Nein, lieber Conrad, darum geht es mir doch gar nicht! Diese Gesellschaftsform, die ich hier sehe, ist jenseits von Zwang, Gewalt und Manipulation! Und nur diese Erinnerung an Eure Herkunft kann es bewirken, in Euch einen Zustand der Zufriedenheit zu erzeugen, der Euch *gesamthaft* zu einem friedlichen Leben inspiriert und sowohl Eurer Erde wie auch Eurem menschlichen Dasein eine *gesunde* Entwicklung ermöglicht.

Ich hoffe, diese Antwort reicht aus, denn ich würde gerne für heute schließen!

Ende des fünften Buchdiktats vom 9. Oktober 2005

Sitzung vom 21. Januar 2006 mit sechstem Buchdiktat

Der zweite Teil unseres Kapitels handelt von der *Erleuchtung*. Die Dynamik der Erleuchtung entsteht, wenn Ihr Euch vom Diktat Eures Geistes befreit. Wie ich bereits angedeutet habe, ist das Diktat Eures Geistes bereits Jahrtausende alt. Es diente ursprünglich der Hilfestellung, hat sich aus dieser Position heraus verselbstständigt und wurde nicht mehr infrage gestellt.

Bei Eintritt in das körperliche Dasein schränkt sich jede Eurer Seelen immens in ihrer Beweglichkeit ein. Es ist ihr Wille, dies zu tun, jedoch ist es nicht im Sinne Eurer menschlichen Weiterentwicklung, diese Unbeweglichkeit zu perfektionieren.

Jetzt ist es an der Zeit, dies zu ändern, denn Ihr befindet Euch in einer Entwicklungsstufe, die es gestattet, Eure Seele wieder beweglicher zu machen und Euer menschliches Dasein damit um die Verbindung mit Eurer Seele zu erweitern.

Erleuchtung bedeutet, den Weg zurück zu Eurer Seele zu beschreiten, zur Verbindung mit Eurer Seele und zum ständigen Bewusstsein, dass Ihr Seelenwesen seid, die ein körperliches Leben gewählt haben. Wie ich bereits sagte, ist es nicht einfach, diese Verbindung von heute auf morgen wiederherzustellen, sie wieder einzuführen in Euer tägliches Leben. Denn in welchen Situationen steht Ihr bislang lediglich in Verbindung mit Eurer Seele?

- Im Traumzustand,
- in schweren Krisensituationen,
- bei schmerzlichen Verlusten in der Familie und im Freundeskreis,
- zu Weihnachten,
- vor dem Tod?

Wie viele Situationen Eures Lebens fallen Euch spontan ein, in denen Ihr Euch darüber bewusst seid, Seelenwesen zu sein, die über einen Körper und einen Geist verfügen?

Mir kommt es jetzt darauf an, Euch *praktisch* aufzuzeigen, wie Ihr den Weg der Erleuchtung beschreiten könnt.

Das wichtigste ist zunächst einmal die tägliche Bewusstmachung, dass Eure Welt, auch wenn sie noch so anfassbar erscheint, eine nicht-fassbare Welt ist.

Wie soll ich Euch vermitteln, dass der Stuhl, auf dem Ihr sitzt, der Tisch, an dem Ihr esst, das Bett, in dem Ihr schlaft, von Euch eigens erschaffen wurden, um die *Illusion Eures Körpers* zu beherbergen? Eure Welt, diese Erde ist eine so perfekte Illusion, wie nur göttliche Wesen sie herzustellen imstande sind. Aber sie ist trotzdem eine Illusion!

Meine Aufgabe ist es, Euch Menschen klarzumachen, dass die Seelenwesen sich nun zu »langweilen« beginnen, und dass es daher an der Zeit ist, in Eurer Entwicklung einen Schritt weiterzugehen. Genauso, wie Ihr auf Erden sagt, »wir benötigen eine Weiterentwicklung im technologischen Sinne, wir befinden uns in einem Stillstand in Bezug auf fossile Brennstoffe, unsere Beweglichkeit, unsere Abhängigkeit von materiellen Gütern oder auch unsere fehlgeleitete Ernährung«, genauso empfinden die Seelenwesen den Stillstand ihrer Entwicklungsmöglichkeiten durch das vollständige Diktat Eurer »Geiste«.

Und dieser Stillstand manifestiert sich in Eurer Welt sehr aufschlussreich im Stillstand Eurer *Religionen*. Denn die Religionen wissen nicht mehr weiter. Sie haben keine Lösungen für Eure aktuellen Probleme. Sie sind zwar bisweilen in der Lage, seelischen Beistand zu suggerieren, aber sie helfen Euch nicht weiter im Gefühl des Getrenntseins vom Göttlichen, denn *visionär* und *evolutionär* sind Eure Religionen nicht.

Im täglichen Bewusstwerden, dass Ihr *Seelenwesen* seid, die die Entscheidung gefällt haben, ein körperliches Wesen zu werden, liegt die Möglichkeit, festzustellen, wie immateriell Ihr Euch anfühlen könnt! Ihr könnt es erfühlen, auch wenn Ihr Euch das im Moment des Lesens nicht vorstellen könnt. Aber es ist möglich. Es bedarf einer starken Konzentration und einer Vorstellung der Verbindung mit dem All-Eins.

Ich möchte nicht näher beschreiben, wie Ihr Euch das vorzustellen habt, denn wenn Ihr in Euch hineinhorcht, so hat jeder seine eigene, persönliche Vorstellung davon. Aber die Vorstellung der Verbindung mit dem All-Eins in Kombination mit der Konzentration und der Ruhe, die Ihr dazu benötigt, führt Euch weg von körperlichen Bedürfnissen, hin zu innerem Frieden und Ausgeglichenheit. Dieses Gefühl von innerem Frieden ist der *Signalpfad*, der Euch den richtigen Weg weist.

Dieser tiefe Friede entbindet Euch von allen anderen Wünschen. Er ist das vollständige Loslassen von der materiellen Welt. Damit meine ich nicht etwa Entsagung, Askese oder ein Leben im Kloster, sondern ich meine das ganz reelle und tägliche Sich-bewusst-Machen, *dass Ihr Seelen seid*, um Eure Ausgeglichenheit und Euren Frieden, Eure Unabhängigkeit vom geistigen und körperlichen Sein zu fördern. Diese Möglichkeit besteht in jedem Moment Eures Lebens, und das ist eine Entwicklung, die Eure Seelenwesen begünstigen und fördern, wenn Ihr sie zulasst! Die *Lebensfreude*, die Ihr darin findet, ist unermesslich, und führt Euch urplötzlich zu einem anderen Lebensverständnis. Dieses Gefühl führt Euch – und das klingt jetzt kitschig – zu einer Form von Glückseligkeit, wie Ihr sie Euch bislang nicht vorstellen könnt.

> › Stellt Euch nur einmal vor, Ihr wacht auf und macht Euch Eure Verbindung mit dem All-Eins bewusst, Eure Unabhängigkeit vom körperlichen Dasein und Eure Unsterblichkeit, Euer Geborgensein im All-Eins.
> Macht Euch das in den täglichen, kleinen und großen Krisensituationen bewusst.

> Allein diese Übung, Euch bewusst zu machen, dass Ihr Seelenwesen seid, unsterblich, eingebunden ins All-Eins, Seelenwesen, denen nichts geschehen kann, die alles haben, was sie benötigen, und hier auf Erden sind, um zu lernen, diese Übung jeden Tag praktiziert, würde Euren Wunsch, loslassen zu können, im Nu verwirklichen.
> Diese Bewusstmachung beim Aufwachen, in Krisensituationen, beim Einschlafen, jeden Tag, führte wahrscheinlich innerhalb von vier Wochen zum Ziel des Loslassens. Aber Ihr probiert es nicht aus – bislang!

Ja, liebe Mira, Du hast recht. Du hast es hier mit Widerstand zu tun. Das ist der größte Widerstand in Eurem menschlichen Dasein! Wer will schon gerne seine scheinbare Unabhängigkeit verlieren? Auch wenn Euer Geist Euch damit *nicht glücklich* macht, ist er gewillt, Eure Wehrhaftigkeit aufrechtzuerhalten im Gedanken daran, lediglich ein körperliches Wesen zu sein, das mit einem Geist ausgestattet ist! An den Glücksmomenten, an der Seligkeit, am Sich-aufgehoben-Fühlen und am Frieden-Finden könnt Ihr bemessen, ob ein Mensch sich auf seinen *Geist* beschränkt oder aber sich als *Seelenwesen* empfindet!

Ende des sechsten Buchdiktats vom 21. Januar 2006

Sitzung vom 22. Januar 2006 mit siebtem Buchdiktat

Guten Morgen, lieber Conrad, guten Morgen, liebe Mira. Ich habe Euch gestern reichlich in Verwirrung gebracht. Daher möchte ich heute anhand eines Beispiels den Weg zur »Erleuchtung« erklären.

Lieber Conrad, stell Dir vor, Du befändest Dich in einer *(geschäftlichen)* Sitzung, die unangenehm und unerfreulich verläuft. Du fragst Dich, was Du dort sollst, was Deine Tätigkeit hier überhaupt ausmacht. Wenn Du Dich jetzt *konzentrierst* und Dir gleichzeitig vorstellst, dass dieses Leben, diese Tätigkeit, diese Sitzung, dieser ganz spezielle Moment eine weitere Lernerfahrung auf Deinem Lebensweg darstellt, dass der Raum, in dem Du sitzt, die Tische, die Stühle, die Gläser, die Flaschen und die Menschen inklusive Dir, dass Ihr alle eine *Vorstellung* seid, die Eure Seelenwesen perfekt manifestiert haben, verändert sich alles. Wenn Du Dir vorstellst, welchen Sinn diese Erfahrung auf Deinem Weg als menschliches Wesen für Dich ergibt, beginnst Du von Deinem materiellen Leben bereits zu abstrahieren. Du begibst Dich in *Beobachtungsposition* und überlegst Dir während der Sitzung, wie dieser Tag, diese Stunden, diese Sitzung Dich insgesamt weiterbringen werden. Es mag sein, dass sich Dir der Sinn nicht direkt erschließt, aber in der Übung, die Beobachtungsposition einzunehmen, liegt bereits eine Chance zu großer Gelassenheit.

Ich füge jetzt ein zweites Beispiel an, das sowohl für Conrad als auch für Mira Geltung hat. Stellt Euch eine Situation mit Deiner Mutter, lieber Conrad, oder mit Deinen Eltern, liebe Mira, vor, eine Situation, in der Ihr aus Eurem energetischen Gleichgewicht geratet.
Beispielsweise: Deine Mutter schwelgt in Vergangenheit und Tod, Conrad, oder Deine Eltern führen eines ihrer bühnenreifen Streitgespräche auf, liebe Mira. In dieser Situation wird es Euch schwer erscheinen, Euch in die *Beobachtungsposition* zu begeben, Euch vorzustellen, dass Ihr ein Seelenwesen seid, das mit einem Körper und einem Geist ausgestattet, das unsterblich ist, dem nichts geschehen kann. Versuchtet Ihr beiden aber genau diese Position

einzunehmen, würdet ihr feststellen, dass Euer Energiehaushalt nicht beschädigt würde und dass Ihr mit Euren Seelenwesen-*Eltern* so stark verbunden seid, dass die körperliche Manifestation Eurer Eltern Euch nicht aus der Ruhe zu bringen vermöchte.

Das Dilemma einer solchen Übung besteht darin, dass die Situationen, in denen Ihr aus Eurem energetischen *Gleichgewicht* geratet, sehr schnell ablaufen. Zumeist wird Euch erst hinterher klar, dass Ihr Energie verloren habt. Wenn Ihr diese Übung praktiziert, werdet Ihr Freiheit empfinden, die Euch davor bewahrt, zu einem »Seelenklempner« zu gehen. Diese Übung ist einer der Schritte, die Euch helfen können, Euch selbst zu heilen. Diese Übung ist einer der Schritte, der Euch zur Erleuchtung führt. Und jetzt muss ich einmal anführen, dass Erleuchtung für mich kein hochstehender Begriff ist! Erleuchtung meint lediglich den Zustand der *Bewusstheit*, dass Ihr ein Seelenwesen seid, ausgestattet mit einem Körper und einem Geist. Erleuchtung meint nicht irgendeine verklärte Ansicht oder Begrifflichkeit, die sich auf Weisheit, klösterliches Dasein, Abgeschiedenheit, Priestertum und dergleichen bezöge.

Jetzt möchte ich die menschlichen Wesen in Bezug auf die Möglichkeit typisieren, durch dieses Buch Erleuchtung zu erreichen. Hier sehe ich *drei Gruppen*:

Erstens: Die Gruppe der Menschen, die ich *nicht* erreiche.
Viele Menschen beschäftigen sich weder mit ihrer Seele noch mit der Vorstellung eines *immateriellen* Daseins.

Zweitens: Die Gruppe der Menschen, die ich erreichen könnte, die sich im *Zweifel* befinden, die sich die Frage stellen nach der Sinnhaftigkeit ihres Daseins, die sich sehr wohl vorstellen können, dass es eine Welt jenseits ihrer materiellen Welt gibt, die aber bislang entweder keinen oder keinen schlüssigen Weg hin zu ihrem Seelendasein gefunden haben.

Drittens: Die Gruppe der Menschen, die sich bereits privat oder auch in Gemeinschaft mit ihrem Seelenwesendasein beschäftigen. Ob sie es jetzt so bezeichnen oder nicht, sei hier nicht wichtig. Wichtig sind der *Glaube* daran und die tägliche Beschäftigung damit.

Die *dritte* Gruppe ist sehr leicht zu erreichen, da sie mit schlafwandlerischer Sicherheit ein solches Buch entdeckt und jede Möglichkeit nutzt, Neues in Bezug auf ihr Seelenwesendasein zu erfahren.

Die *zweite* Gruppe erreiche ich lediglich dann, wenn ich eine Sprache spreche, die erstens äußerst einfach strukturiert ist und zweitens gleichnishaft anschauliche Beispiele aus dem täglichen Leben aufgreift.

Von daher ist für mich *Eure* Geschichte, *Euer* Weg, liebe Mira, lieber Conrad, so unermesslich wichtig! Es mag sich für Euch befremdlich anhören, aber jeder Eurer vermeintlichen Rückschritte, jedes Mal, wenn Ihr in ein energetisches Ungleichgewicht geratet, diese Dinge helfen mir, unserer Leserschaft zu verdeutlichen, *wie* meine Botschaft zu begreifen ist.

Ende des siebten Buchdiktats vom 22. Januar 2006

Sitzung vom 28. Januar 2006 mit achtem Buchdiktat

KAPITEL 4:
Gesellschaftliche Veränderungen

Gesellschaftliche Veränderungen können nur eingeleitet werden, wenn eine bestimmte Menge von Mitgliedern dieser Gesellschaft sich freiwillig, gleichzeitig und offenherzig dafür entscheidet. In den meisten Fällen dauern diese Veränderungen Jahrzehnte. Sie benötigen – mit Euren Worten – viel *Zeit* zum Gedeihen. Auch hier haben wir es natürlich mit einer »Täuschung« zu tun. Denn da es keine Zeit gibt und diese auch zu Eurer Vorstellungswelt, zu Eurer Illusion gehört, benötigen auch gesellschaftliche Veränderungen keine Zeit. Ihr ändert Eure Vorstellung, Eure Illusion, und die Veränderung ist bereits vorhanden. Das zu manifestieren seid Ihr aber nicht in der Lage, denn hier empfändet Ihr einen Bruch in der Zeit und somit einen Bruch in der vermeintlichen Realität, in der Ihr Euch befindet.

Es ist für Euch unmöglich, Euch vorzustellen, dass auch eine gesellschaftliche Veränderung mit einem Augenschlag, von einer Sekunde auf die nächste eintreten kann.

Daher verwende ich einen Hilfsmechanismus: Ich *nutze* die Zeit.

Nun muss ich allerdings ein wenig ausholen und erläutern, in welcher Weise Ihr *bislang* gesellschaftliche Entwicklungen vorangetrieben habt.

In den allermeisten Jahrtausenden Eurer menschlichen

Entwicklung hat sich gesellschaftliche Veränderung lediglich auf *zwei* unterschiedliche Arten vollzogen:
– Über den Kampf im weitesten Sinne
– oder aber über den Handel.

Immer allerdings zielten sowohl der Kampf als auch der Handel nicht auf die Veränderung, sondern lediglich darauf ab, das Überleben der Gesellschaft zu sichern. Antrieb für beide Arten dieser ungeplanten Entwicklung war der *Erhalt der Gesellschaft*. Dass die Gesellschaft sich dann bisweilen aufgrund dieses Antriebs und des jeweils passenden Mittels *verändert* hat, war ein Ergebnis, das sie billigend in Kauf nahm.

Ende des achten Buchdiktats vom 28. Januar 2006

Sitzung vom 29. Januar 2006 mit neuntem Buchdiktat

Und nun komme *ich* daher und will Euch Menschen weismachen, dass es nach all den Jahrhunderten, in denen ausschließlich Kampf und Handel gesellschaftliche Veränderungen hervorgebracht haben, eine *weitere* Möglichkeit der gesellschaftlichen Veränderung gibt, und diese heißt *Konzentration*! Und wieder komme ich auf meinen Weg der *Erleuchtung* zu sprechen, die Erleuchtung, die Euch Menschen in dem Bewusstsein leben lässt, ein *Seelenwesen* zu sein! Alles Weitere muss ich nicht wiederholen.

Es *ist* möglich, eine gesellschaftliche Veränderung lediglich durch *konzertierte Konzentration* hervorzubringen!

Die Dimension der Möglichkeiten, die Euch zur Verfügung ständen, würdet Ihr Eure Konzentration in ein und dieselbe *Richtung* lenken, ist so gigantisch, dass sie für Euch bislang unvorstellbar ist! Das heißt, fändet Ihr Euch in

Gruppen zusammen, um gemeinschaftlich bewusst einzuüben, Seelenwesen zu sein, so würdet Ihr eine enorme Veränderung in Eurem unmittelbaren Umfeld verursachen. Die Dynamik einer gemeinschaftlichen Konzentration ist unermesslich! Sie strömt einen *Energieüberschuss* aus, der zu einer solch *positiven Schwingung* führte, dass Ihr Euch Eurer Umwelt quasi überbordend, überschlagend wie eine riesengroße Welle mitteilen und sie in ihrem Energieniveau anheben würdet.

Ich bin mir sicher, dass es im Leben eines jeden Menschen, der diese Zeilen liest, zwei oder drei andere gibt, mit denen er seine seelische Entwicklung offenherzig und vertrauenswürdig besprechen und sich gemeinsam auf den Weg der Konzentration begeben kann. Dieser Weg muss wie jeder neue Weg geübt werden. Er muss sich in der Realität, im täglichen Leben bewähren. Aber Ihr seid in der Lage, von einem Moment zum anderen, mit einem Wimpernschlag, Eure Gesellschaft zu verändern!

Ende des neunten Buchdiktats vom 29. Januar 2006

Sitzung vom 11. Februar 2006 mit zehntem Buchdiktat

Jetzt möchte ich ein aktuelles Beispiel verwenden, um zu verdeutlichen, welche Ergebnisse echtes Angebundensein ans All-Eins zeitigen und welche Ergebnisse nur vermeintlich »Gottes Wille« darstellen.

(*Ergänzung beim Korrekturlesen am 27. Juni 2009:* Vom Mittelalter bis zur Geburtsstunde der Renaissance, was etliche Jahrhunderte umfasst, hatten wir es im nahezu gesamten Christentum mit äußerst fanatischen Eiferern zu tun, jenseits von Vernunft und Menschenliebe, jenseits der Botschaft Jesu Christi. Auch im Buddhismus und im Hinduismus war und ist Fanatismus eine bekannte Strömung. Nahezu jede Eurer Weltreligionen fiel über unterschiedliche Zeitspannen hinweg immer wieder ungezügeltem Fanatismus zum Opfer. Momentan finden wir besonders in Teilen der islamischen Glaubensbewegung religiösen Fanatismus bis hin zur Selbstaufgabe vor.)

Ich möchte mich daher aus aktuellem Anlass vor allem dem Islam zuwenden – nicht einem bestimmten Land und auch nicht einer bestimmten Gruppe. Ich möchte einige Worte zu dieser Form des religiösen Eiferertums sagen. Menschen mit einer tiefen Empfindung für ihre religiöse Zugehörigkeit neigen häufig dazu, aus ihrem fest verwurzelten Glauben eine Doktrin zu machen. Es geht mir hier nicht um die Darstellung einer islamistischen Extremistengemeinschaft. Ich möchte nur sehr klar herausstellen, dass Menschen, die in echter Verbindung zu ihrem Sein, zu ihrer Seele, zu ihrer Seelengemeinschaft, zu ihrem »Gott« stehen, aus einer tiefen Zufriedenheit heraus leben, Friedfertigkeit leben, Mitgefühl, Verständnis, Toleranz und Gemeinschaft. Kein Wesen, das in einer echten Verbindung zum Seelischen, zum All-Eins, zum Göttlichen steht, ist in der Lage, Gewalt, Hass, Verachtung, Misstrauen zum Ausdruck zu bringen. Keine Gewalttätigkeit versetzt einen Menschen in die Lage, eine Verbindung zum Göttlichen herzustellen. Vielmehr schneidet er sich damit vom Angebundensein an das Seelische, an alles Göttliche ab.

Ob Christen, Moslems, Hindus oder Juden, es ist völlig gleich, welche Ausrichtung ein Glaube hat, er hat nur dann eine echte Anbindung ans All-Eins, ans Göttliche, wenn er sich befreit von menschlicher Gewalt, wenn er sich befreit von der Entscheidung, mit *rein materiellen* Mitteln eine Veränderung in einem anderen Menschen oder einer anderen Gruppe von Menschen zu erreichen. Veränderungen im Sinne seelischen Wachstums eines einzelnen Menschen oder einer Gruppe, *echte* Veränderungen, evolutionäre Veränderungen sind immer friedlich.

(»*Ich hätte eine Frage dazu. Ich bin natürlich vollkommen einverstanden mit dem, was Du jetzt gerade gesagt hast. Nur gibt es revolutionäre oder kriegerische Veränderungsprozesse in unserer Gesellschaft, die sich im Nachhinein dann als sozusagen* »notwendig« *herausgestellt haben. Ich nenne die Französische Revolution oder vielleicht auch den Ersten und Zweiten Weltkrieg. Das waren alles kriegerische, revolutionäre Veränderungen, die am Ende jedenfalls Gesellschaftsprozesse ermöglicht haben, die heute aus unserer Geschichte nicht mehr wegzudenken sind. Beispielsweise die Französische Revolution hat dazu geführt, dass überhaupt Demokratisierungsprozesse auf der Welt Platz gegriffen haben – natürlich nach schrecklichem Blutzoll. Aber wie wäre es ohne eine solche Revolution abgelaufen? Wäre dann trotzdem eine Veränderung gekommen, auf friedlichem Wege? Wie stehst Du dazu?*«)

Diese Antwort fällt mit sehr leicht! Selbstverständlich hättet Ihr auch ohne Revolution und ohne Kriege, ohne Gemetzel und ohne Schlächterei Veränderungen erreicht. Und die Französische Revolution ist ein schlechtes Beispiel, denn erst *sie* hat eine Diktatur ermöglicht, die über ganz Europa Elend und Schrecken verbreitet hat.

Damit ist Napoleon gemeint. Diese Revolution hat zwar zu Ansätzen von Demokratie geführt, aber die Menschen hat sie *nicht* befreit! *Scheinbar* hat die Gewalt zu Veränderungen drastischer, spontaner Art geführt. Das, was Euch aber wirklich verändert hat, waren *geistige* Entwicklungen, war die *Erweiterung* Eures Horizonts und war das *Leben* in einer größeren Form von Demokratie. **Gewalt ist *kein* Mit-**

tel, um seelische Weiterentwicklung herbeizuführen. Gewalt versetzt Euch in einen *Schockzustand* und lässt keine Spur einer Anbindung an das All-Eins zurück. Ihr seid verletzlich und allein! In der weisen Entscheidung, ohne Gewalt zu agieren, liegt die große Chance einer seelischen Weiterentwicklung.

(»Also war Gandhis Weg der richtige, auch wenn er dann selbst der Gewalt zum Opfer fiel?«)

Ja, Gandhi ist ein Beispiel. Viele Boten dieser Art haben über die Jahrtausende hinweg immer wieder die gleiche Botschaft zu Euch gebracht, immer wieder versucht, Eure Anbindung ans All-Eins herzustellen. Die reine Botschaft Jesu Christi ist heute auch jedem Moslem bekannt. Auch die Juden wachsen mit seiner Lehre auf, und für die Hindus ist er ohnehin ein wichtiges Element ihrer Religion. Nur *bezeichnen* sie ihn anders.

Diese vielen Boten haben nur leider *nicht* vermocht, Euren Weg in eine andere Richtung zu lenken. Ich sehe es als meine Aufgabe an, einen *neuen* Versuch zu starten, einen *anderen* Weg zu beschreiben. Das ist mein Ziel in diesem Buch!

Ende des zehnten Buchdiktats vom 11. Februar 2006

Sitzung vom 4. März 2006 mit elftem Buchdiktat

Nun möchte ich aber zurückkommen zum Thema meines Kapitels. Gesellschaftliche Veränderungen lassen sich – wie ich mehrfach ausgeführt habe – nicht nur durch Gewalt und Handel, sondern auch durch *konzertierte Konzentration* herbeiführen. Ohne die Veränderung des *Individuums* ist die Veränderung auf gesellschaftlicher Ebene nicht möglich. Daher leiste ich meine Überzeugungsarbeit beim einzelnen Individuum. Zunächst ist der *persönliche* Weg eines jeden Einzelnen hin zur Erleuchtung, zur Bewusstwerdung, ein Seelenwesen zu sein, die einzige Möglichkeit, eine Veränderung auch einer Gruppe oder gar einer Gesellschaft herbeizuführen.

Es gibt viele unterschiedliche Möglichkeiten sich vorzustellen, ein *Seelenwesen* zu sein. Für Dich, liebe Mira, haben meine Sätze zur Bewusstmachung dieser Tatsache einen Durchbruch für Deine Vorstellungswelt erzielt. Dir, lieber Conrad, hat erst der Satz, dass Deine Seele Dich *auffängt*, den Weg zur Bewusstwerdung eröffnet. *(Ich hatte vorgestern von meiner Seelenstimme den Satz erhalten: »Lass Dich fallen, Deine Seele fängt Dich auf.« Dieser Satz hat mich erstmals seit Längerem wieder entspannen lassen.)*

Jeder einzelne Mensch auf dieser Erde hat eine persönliche Vorstellung von dem, was er noch nicht einmal als Seelenwesen bezeichnen würde. Jeder Mensch spürt ein energetisches *Umfangensein* von einer Dimension jenseits seines Körpers und seines Geistes.

Das Gefühl des Angebundenseins an das All-Eins – wie auch immer ich dieses bezeichne – ist andererseits nicht bei jedem Menschen vorhanden. Dieses Gefühl ist, wie ich bereits mehrfach ausgeführt habe, verloren gegangen aufgrund von Erziehung und Entfremdung. Aber das *Gefühl*, ein Seelenwesen zu sein, verbindet alle Menschen auf dieser Welt.

Es ist nun die Aufgabe eines jeden Boten, zunächst einmal das *Vorhandensein* dieses Gefühls immer wieder ins Bewusstsein zu rufen. Erst danach besteht die Möglichkeit, die

Anbindung an eine Seelenwelt, ein All-Eins, eine göttliche Welt in den Mittelpunkt der Lerninhalte zu stellen.

Wenn Ihr Euch als Menschen in dieser Lernphase befindet, könnt Ihr nur jeden Tag aufs Neue versuchen, Euch eine energetische Welt vorzustellen, in der Ihr als Seelenwesen in einer Gemeinschaft aufgehoben seid.
Nun werden viele von Euch fragen:
Wie soll ich mir denn das vorstellen?? Das ist doch eine Welt ohne Farben, ohne Form, ohne Inhalt, ohne Materie! Wie soll die denn aussehen?

Ihr könnt sie Euch nur vorstellen, indem Ihr Euch an tiefe Gefühle, die Euch während Eures Daseins bewegt haben, erinnert. Oder Ihr stellt Euch vor, dass Eure Gefühlswelt, die Energie, mit der Ihr Euer Leben ausfüllt, Eure Lust, Eure Freude, Eure Zustimmung, Eure Ablehnung, Eure Liebe, Ungeduld, Sehnsucht, dass all Eure Gefühle, Euer Streben jenseits Eures Körpers, Euer Empfinden jenseits Eurer geistigen Kontrolle, Eure seelische Integrität ausmachen. Eure Ruhe in der Meditation, Eure Ruhe im Traum, alles das, was sich jenseits des Körpers und des Geistes abspielt und vorhanden ist, auch wenn Ihr es nicht sehen, riechen, schmecken oder ertasten könnt. Dies alles und eine noch viel größere Dimension an Empfindungen und energetischen Abläufen macht unsere Seelenwelt aus.

- Zunächst einmal besteht die Aufgabe eines jeden einzelnen Menschen also in der jeden Tag aufs Neue zu übenden Bewusstmachung.
- Erst der *zweite* Schritt besteht darin, über diese Bewusstmachung mit anderen Menschen zu sprechen, die Gefühle auszutauschen und die eigenen Dimensionen zu erweitern.

– Erst dann könnt Ihr Euch im *dritten* Schritt einer *konzertierten Konzentration* annähern.

Ende des elften Buchdiktats vom 4. März 2006

Sitzung vom 25. März 2006 mit zwölftem Buchdiktat

Ich habe im letzten Buchdiktat zu erläutern versucht, wie sich das Seelendasein anfühlt beziehungsweise wie Ihr Menschen es Euch vorstellen könntet. Aber ich glaube, hier muss ich mich noch einmal einklinken.

Stellt Euch vor, Ihr wärt alt.
Ihr habt in Eurem Leben enorm viele Erfahrungen gemacht. Ihr habt Eure Kinder großgezogen und auch Eure Enkelkinder. Ihr habt beruflich vieles ausprobiert, abgeschlossen, neu angefangen, wieder abgeschlossen. Ihr seid mit Eurem Lebenspartner gemeinsam alt geworden, und nun möchte Eure Seele dieses Leben beenden. Sie verabschiedet sich langsam vom körperlichen Dasein. Unmerklich zunächst, wandelt sie zunehmend in anderen Sphären. Das äußert sich *vermeintlich* über Krankheiten, Demenz, Senilität und auch »Verrücktheiten«. Das sind Ebenen, deren wirklichen Inhalt Ihr Menschen nur unvollständig durchleuchtet. Dies sind Abschiedsrituale der Seele, Abschiedsrituale, die Ihr Menschen mit Krankheitsworten auszukleiden versucht. In Wirklichkeit zieht sich die Seele lediglich mehr und mehr von *diesem* körperlichen Dasein zurück.

Dann kommt der Tag Eures Todes. Entweder Euer Herz oder Euer Gehirn stellt den Dienst ein. Die körperlichen Funktionen enden. In diesem Augenblick erfährt das, was von Eurem körperlichen Dasein übrig bleibt, einen *ungeheuren Befreiungsschub*! Es wird (mit Euren Worten:) in

»Sekundenschnelle« ins Licht katapultiert, verweilt dort für Augenblicke und kehrt dann noch einmal in ruhiger Gelassenheit zu dem gerade verlassenen Körper zurück. *Im Wissen*, unsterblich zu sein, schaut es sich den Körper und die Welt darum noch einmal an. Es rekapituliert dieses Leben in einer ersten, schnellen Form.

»Später« werden weitere Rekapitulationen folgen. Es befindet sich in tiefer Ruhe und Gelassenheit. Es ist nicht traurig – womöglich ein wenig verwirrt, aber *nicht* traurig!

Zunächst behält es vermeintlich die Struktur des gerade abgelegten Körpers bei. Das heißt, die *Wellen*, die Energie, die es ausmacht, sammelt sich energetisch in einer Form, die diesem Körper *gleicht*. Es gibt Menschen, für die dieser Energiekörper sicht- oder spürbar ist.

Nach endgültig vollzogener Rekapitulation legt es diesen Energiekörper ab. Es bedarf nun dieser Identifikation nicht mehr. *Es* ist ein Teil Eurer Seele. Eure Seele ist in der Lage, sich in *viele* dieser Teile *aufzuspalten*, mit anderen Worten gesagt, seine Energieteile in unterschiedliche Ausprägungen zu begeben.

Möchte ich aber nun den Schritt gehen, die Seelenwelt darstellbar zu machen, muss ich den Weg der Bewusstmachung über die Gefühlswelt aufzeigen.

Ich hoffe, jeder Mensch hat in seinem Leben *einen* Menschen, den er sehr liebt, einen Menschen, mit dem er sich verbunden fühlt. *Liebe* ist Euer stärkstes Gefühl. Diese Liebe ist, wenn sie tief ist, frei von jeder Forderungshaltung. Sie verbleibt einfach im Gefühl. Dieses Gefühl ist *zeitlich* unantastbar und auch *körperlich* vollständig unabhängig.

Diese Liebe, von der ich spreche, ermöglicht den direkten Zugang zum All-Eins. Mit und in ihr ist der Mensch, der sie empfindet, unabhängig vom Körperlichen, vom Geistigen, unabhängig von der Welt und von der Zeit. Diese Liebe verbindet ihn ultimativ mit dem All-Eins. Der Zustand dieser Liebe kommt dem Zustand in der Seelenwelt am nächsten. In diesem Zustand befinden sich die Seelen dauerhaft. Die Schwingung der Liebe erhält die seelische Welt. Dieses Gefühl ist es, das dem Seinszustand der Seele am nächsten kommt.

Ich denke, auch mit dieser Erklärung bleiben Fragen offen, aber sie ist die einzige, die die seelische Welt auch nur annähernd zu erklären vermag. Daher ist auch das Glück eines jeden Seelenanteils, der in die Seelenwelt zurückkehrt, unvorstellbar groß. Daher endet mit dem Augenblick des Todes alle Angst, aller Groll, alle Wut, alle Verzweiflung.

Das ist dann wohl das, was die Religionen als das Paradies bezeichnen.

Ende des zwölften Buchdiktats vom 25. März 2006

Sitzung vom 26. März 2006 mit 13. Buchdiktat

Wie ich Mira bereits vorher durchgegeben habe, hat sich dieses Kapitel zunächst mit gesellschaftlichen Veränderungen beschäftigt, dann aber sehr bald mit Beispielen, die Euch die *Seelenwelt* nahezubringen versucht haben. Diese Beispiele reichen jedoch nicht aus, um den tatsächlichen Seinszustand der Seelenwelt vollständig zu erläutern. Ich komme daher zu einem späteren Zeitpunkt noch einmal zum Thema der gesellschaftlichen Veränderungen zurück und beginne jetzt ein neues Kapitel mit dem Titel »Seinszustand der Seelenwelt«.

KAPITEL 5:
Seinszustand der Seelenwelt

Was habe ich mir als Mensch unter dem Seinszustand der Seelenwelt vorzustellen? Die Beispiele, die ich im letzten Kapitel gebracht habe, sollten es Euch erleichtern, Euch vorzustellen, wie die Seelenwelt sich anfühlt oder auch ausschauen könnte, wobei Ihr sie ja nicht sehen, hören und erfühlen könnt.

(»Erfühlen im Sinne von tasten!?«)

Im Sinne von tasten, ja.

Nichtsdestotrotz besteht natürlich die Möglichkeit, diese Seelenwelt im übertragenen Sinne zu erspüren, sie sichtbar zu machen, sie auch zu hören. Es ist nur so, dass sich Eure Daseinsform in einem Grad *versteift* hat, dass Ihr die »fließende« Welt der Seelen nicht mehr wahrzunehmen imstande seid.

Es gibt viele Menschen, die sich mit dem Thema einer energetischen Welt, einer Seelenwelt, einer göttlichen Welt bereits beschäftigt haben. Es gibt ein sehr bekanntes Buch mit dem Untertitel »Celestine«, das sehr dezidiert versucht, eine energetische Welt darzustellen *(gemeint ist hier der Roman »Die Prophezeiungen von Celestine« von James Redfield).*

Die seelische Welt, die Seelenwelt ist für Euch Menschen deshalb weder sichtbar noch hörbar noch spürbar, weil Ihr Eure Wahrnehmung erstens *eingeschränkt* und zweitens *fokussiert* habt. In dem Moment, in dem Ihr Euch aber eine andere Ausrichtung erwählt für Euren Fokus, seid Ihr auch in der Lage, die Seelenwelt wahrzunehmen. Diese Ausrichtung hätte zur Folge, dass Ihr Schwingungen, Wellen, Bewegungen, Töne und Gefühle wahrnehmen würdet, die zwar jederzeit *vorhanden* sind, die Ihr aber momentan aus Eurem Dasein *vollständig* ausschaltet.

Hier muss ich wirkliche Gefühlsarbeit leisten und meine psychische Einstellung ändern, um diese Welt wahrzunehmen. Weiterhin bedarf es hierfür einer *neuen* Glaubensstruktur. Solange in Euch der Glaube an die definitive, ultimative Daseinsberechtigung der materiellen Welt so stark verankert ist, solange wird es Euch schwerfallen, Euch der Seelenwelt mehr zu öffnen. Die Verhaftung in dieser materiellen Welt ist *so* dominant, dass sie Euch den Weg zur Seelenwelt versperrt. ...

Es ist also vonnöten, die *materielle* Wichtigkeit in Eurem Dasein zu schmälern. Die materielle Welt erscheint Euch nur deshalb fest gefügt und unverrückbar, weil Ihr die fließenden Schwingungen Eurer Vorstellung mit einer *starken Konzentration* in eine starrere Schwingung der Materie umgewandelt habt. In dem Moment, in dem Ihr diese Starrheit aufgebt, wird Euch sehr schnell auffallen, dass die Materie nicht fest gefügt ist. Erst mit dieser Erkenntnis seid Ihr in der Lage, die vielfältigen Daseinsformen anderer Schwingungen, anderer Wellen wahrzunehmen.

Mit welcher Selbstverständlichkeit akzeptiert Ihr die vielfachen Schwingungen in Eurer Umwelt, die Ihr *nicht* in der Lage seid wahrzunehmen, von deren Ergebnissen Ihr jedoch ständig profitiert, sei es Euer Telefon, Euer Strom, Euer Fernsehen oder Euer Computer! Es gibt noch viel mehr Beispiele: Röntgenstrahlen, Ultraschall, Radio...

Die Schwingungen der Seelenwelt sind *genauso vorhanden* wie Eure Radiowellen oder Euer Ultraschall, nur befinden sie sich noch einmal auf einer anderen Wahrnehmungsebene. Und den Zugang zu dieser Ebene habt Ihr Euch bislang versagt, genauso wie sich die Menschen des achtzehnten Jahrhunderts noch den Zugang zu Telefon, Fernsehen und Radio versperrt hatten. Da sie sich nicht vorstellen konnten, dass es diese Wellen gibt, *gab* es sie auch nicht.

Genauso ist die Schwingungsebene der Seelenwelt vorhanden, auch wenn Ihr Menschen Euch sie derzeit noch nicht vorstellen könnt.

Ende des 13. Buchdiktats vom 26. März 2006

Sitzung vom 2. April 2006 mit 14. Buchdiktat

Wie aber soll es Euch Menschen nun gelingen, Euch eine andere *Schwingungswelt* vorzustellen, jenseits der Radio- und Fernsehwellen, jenseits der Materie?

Diese energetische Welt ist Euch jederzeit nahe, wenn Ihr den Knopf betätigt und sie einschaltet. Dieses Einschalten ist über *Konzentration* und *Besinnung* möglich.

Wenn Ihr diesen Vorgang *übt*, gelingt es Euch auch. Denn um die Seelenwelt erst einmal zu entdecken, müsst Ihr ihr Euch zunächst *ausschließlich* zuwenden, was ja in Eurem Denken auch vollkommen logisch ist.

Klavierspielern ist es möglich, mit der linken und der rechten Hand unterschiedliche Melodien zu spielen. Sie sind geschult, ihre Konzentration zu splitten. Musikern bzw. Künstlern im Allgemeinen fällt es leichter, sich sowohl mit der materiellen als auch mit der Seelenwelt zu beschäftigen. Ihnen ist es möglich, sich *gleichzeitig* und *immerdar* mit beiden Welten auseinanderzusetzen, in beiden Welten zu leben. Dabei fällt es vielen Künstlern schwer, diese Balance beizubehalten, und daran scheitert vielfach ihr Leben. Aber die Verbindung zur Seelenwelt schafft die Genies.

Wie schon gesagt: Auch Ihr beide seid schon in der Lage, diese beiden Welten zeitweilig miteinander in Verbindung zu bringen oder aber von der einen Welt zur anderen zu »switchen« – und zurück. Habe ich aber als Mensch noch nie den Versuch gestartet, mich der Seelenwelt anzunähern, und sei es auch nur im Glauben daran, so muss ich das erst *lernen*. All Eure Entspannungs-, Meditations-, Konzentrations- oder auch Ordensübungen dienen der Verbindung mit der Seelenwelt.

Jeder Mensch kann sich also über diese Übungen der Seelenwelt annähern, indem er seiner *Konzentration* die simple Ausrichtung gibt, nicht mehr infrage zu stellen, *dass* es eine Seelenwelt gibt.

Beginnt Ihr zunächst mit einer einfachen, täglichen Übung, die Euch nur fünf Minuten »kostet«, so erfahrt Ihr jeden Tag, dass es neben Eurer materiellen Welt noch eine andere Welt gibt.

Erste Konzentrationsübung

> ❯ Ich lege mich in ein abgedunkeltes Zimmer auf ein Bett, ein Sofa oder – im Sommer – auf eine Wiese und nehme ein Kopftuch mit, das ich mir auf die Augen lege. Ich sorge dafür, dass ich nicht gestört werde durch andere Schwingungen, seien es Telefon, Computer oder auch andere Menschen.

› Ich beruhige meine Atmung, indem ich mich darauf konzentriere, mein Sonnengeflecht mit Sauerstoff zu füllen. Ich atme 20 bis 25-mal ruhig und regelmäßig wie beim Autogenen Training. Währenddessen konzentriere ich mich auf die Entspannung meiner Gliedmaßen bis hin zu meiner Wirbelsäule und meinem Kopf. Es mag durchaus sein, dass ich bei den ersten Malen länger als 25 Atemzüge benötige.
› Nach einer gewissen Atmungszeit stellt sich ein lockeres Körpergefühl ein. Ich stelle mir vor, meinen Körper *loszulassen*.
› Zunächst hebe ich leicht, ohne Mühe, meinen »Seelenkopf«, hebe beim nächsten Atemzug meinen Oberkörper ebenso leicht und mühelos bis zum Bauch.
› Mit dem nächsten Atemzug hebe ich meine »Seelenknie« an, setze die Fußsohlen auf und erhebe meinen »Seelenkörper« mit dem folgenden Atemzug.
› Ich betrachte meinen sich konzentrierenden Körper *von oben*, schaue ihm beim Atmen zu, sehe die entspannten Gliedmaßen, das entspannte Gesicht.
› Ich breite meine Seelenarme aus und erhebe meinen Seelenkörper gesamthaft in die Höhe. Ich gleite zunächst nur in einem Abstand von zwei Metern über dem Boden. Ich bleibe in der Nähe meines Körpers. Ich schaue ihn immer wieder an. Ich sehe ihn *atmen*. Ich sehe ihn *entspannen*. Ich fühle mich grenzenlos frei!
› Jetzt beginne ich, höher zu fliegen. Ich betrachte die Wiese oder aber das Haus durch das Dach hindurch, den Raum, in dem ich gelegen habe und noch liege.
› Ich empfinde *grenzenlose* Freiheit.
› Plötzlich sehe ich andere Seelenkörper neben mir

auf Reisen gehen. Jeder hat ein Lächeln auf den seelischen Lippen und fühlt sich frei und unbelastet.
› Beim ersten Mal belasse ich es bei diesem Gefühl.
Ich kehre langsam, frei und vorsichtig zu meinem Körper zurück. Ich gleite hinab, bis ich den Boden berühre. Ich vollziehe die Verbindung im Rückwärtsgang. Ich lasse mich hinab, ich knie, ich setze mich, ich strecke die Beine aus, ich lege langsam und bewusst meinen Bauch und meinen Oberkörper, meine Schultern und meinen Kopf wieder *in* meinem Körper ab.
› Ich vollziehe die Verbindung. Ich bin entspannt. Ich bin frei.
› Nach weiteren 20 Atemzügen öffne ich die Augen und kehre in meinen Alltag zurück, in Ruhe und in Frieden.
› Ende der ersten Übung.

Ich werde im Kommenden diese Übungen weiterentwickeln, um Euch einen inneren Weg aufzuzeigen, wie Ihr Euch die Seelenwelt wirklich und ernsthaft vorstellen und die *Verbindung* mit ihr wieder eingehen könnt. Wenn Ihr diese Übungen in Euren Tagesablauf integriert, werdet Ihr eine Ruhe, einen Frieden und eine Gelassenheit erfahren, die Ihr in dieser Fülle in Eurem Leben noch nie empfunden habt. Diese Fülle aber nehmt Ihr mit in Euren Alltag und verändert damit Euer eigenes Leben und das anderer Menschen jeden Tag ein bisschen mehr. Ihr verändert die Welt.

Auch wenn es schwerfällt, sich das vorzustellen: Beginnt diese Konzentrationsübung *jetzt* gleich! Das Ergebnis spricht für sich selbst.

Ende des 14. Buchdiktats vom 2. April 2006

Sitzung vom 9. April 2006 mit 15. Buchdiktat

Ich möchte Euch heute die **zweite Konzentrationsübung** vorstellen, um Euch der Seelenwelt anzunähern:

Zweite Konzentrationsübung

> ❭ Stell Dir vor, Du sitzt auf einem bequemen Sessel, ein Ohrensessel beispielsweise. Um Dich herum herrscht wohlige Wärme, im Hintergrund prasselt ein Kaminfeuer. Du sitzt entspannt. Dein Kopf ruht auf dem Nackenkissen des Sessels. Das Licht der Flammen wirft seine Schatten und lässt Deine Augenlider flattern, aber Du empfindest auch ein einem Sonnenuntergang ähnliches Licht. Dieses Licht nutzt Du für Deine Konzentrationsübung.
> ❭ Du entspannst im Sitzen Deine Gliedmaßen, atmest zum ersten Mal tief und ruhig, *spürst* Deine Füße am Boden, spürst Deine Oberschenkel auf dem Sessel ruhen, fühlst Deinen Rücken an der Sessellehne sich entspannen, fühlst Deinen Kopf, der sich nicht anstrengen muss, der einfach nur liegt und sich leicht anfühlt.
> ❭ Mit vier Atemzügen wirst Du Dir Deiner Gliedmaßen bewusst und bringst sie in eine ruhige Schwingung.
> ❭ Mit dem fünften tiefen Einatmen lösen sich Deine »Seelenfüße« langsam vom Boden.
> ❭ Du hebst Deine »Seelenbeine« leicht an.
> ❭ Dein »Seelenrücken« löst sich von der Sessellehne.
> ❭ Dein Kopf wird immer leichter.
> ❭ Du befindest Dich mit Deinem »Seelenkörper« in der Waagerechten und hebst zum Schluss auch den »Seelenkopf« an. Du löst Dich von Deinem dort sitzenden, physischen Leib.

> Für drei Atemzüge verweilst Du nur wenige Zentimeter über diesem Körper. Im Hintergrund hörst Du das Kaminfeuer prasseln, und immer noch siehst Du hinter den geschlossenen Lidern die Flammen aufflackern.

> Beim nächsten Atemzug übt Dein Seelenkörper das *Hinauffahren* ... Er verbleibt im liegenden Zustand, testet sozusagen die Höhenunterschiede.

> Zunächst fühlt sich dieser liegende Zustand noch unsicher an. Je weiter der Seelenkörper sich vom physischen Leib entfernt, umso vermeintlich ängstlicher empfindet der Seelenkörper die Ablösung.

> Diesen Zustand beendest Du mit einer plötzlichen Wendung. Du drehst Deinen Seelenkörper um.

> Nun schaust Du Dir den Sessel unter Dir, Deinen physischen Leib, das Kaminfeuer, den gesamten Raum, in dem Du Dich befindest, an. Jetzt löst sich die Angst! Du wirst frei und leicht und löst Dich unmittelbar aus diesem Raumgefüge. Mit einem seelischen Wimpernschlag entfernst Du Dich von diesem Raum, empfindest nicht einmal ein Durchstoßen der Decke, sondern schließt einfach nur für einen Augenblick Deine seelischen Augen, und schon bist Du jenseits des Hauses, in dem Du Dich befunden hast.

> Du betrachtest den kleinen Ausschnitt der Welt unter Dir. Du siehst die Geschäftigkeit, mit der die Menschen durch die Straßen gehen. Du siehst die Vögel fliegen, aber auch die winzigen Ameisen, die flink durch das Gras krabbeln.

> Plötzlich siehst du Schlieren vor Deinen seelischen Augen. Es ist Dir, als ob Du eine *Wolke* durchfliegst ... Die vermeintliche Wolke, durch die Du hindurchfliegst, ist der Übergang von einer Dimension in die andere, von der Dimension oder auch der Wellenlän-

ge Eurer materiellen Welt in die Dimension der Seelenwelt. Und hier nun nimmt die Phantasie Deiner Seele ihren Lauf. Sie übernimmt das Regiment der Bilder, die Du siehst.

› Beschreiben wir die Bilder, die die Mira jetzt sieht. Zunächst einmal betrachtet sie noch die Welt unter sich. Dann ist ihr, als ob sie ihre Weitsichtbrille abgesetzt hätte. Es wird ein wenig neblig vor ihren Augen. Der Nebel wird dichter, und mit dem nächsten Atemzug öffnet sie ihre Seelenaugen und sieht eine sehr weite Hügelwiese, einen blauen Himmel, eine strahlende Sonne, Blumen, einen Weg. Langsam, bedacht, nach weiteren zwei bis drei Atemzügen lässt sich ihr Seelenkörper herab. Ihre Seelenfüße betreten den Weg.
› Es begegnen ihr Seelenwesen. Diese ähneln den Menschenwesen, mit dem einen Unterschied, dass sie »lichter« erscheinen. Ihre Bewegungen wirken ruhig und gelassen. Sie scheinen vermeintlich alterslos, wirken aber gleichzeitig weiser und älter. Miras Seelenkörper schaut sich um. Sie sieht einen Wasserfall, Berge im Hintergrund, sogar ein *Meer* unterhalb eines Abhangs gehört zu diesem Szenario.
› Dies sind ihre Vorstellungen, die sie plötzlich und unerwartet wahrnimmt. Mit dem nächsten Atemzug hat sie die Möglichkeit, die Bilder zu verändern, und steht plötzlich in einem alten, dunkelgrünen Wald. Alles um sie herum ist ruhig und undurchdringlich.
› Wieder sieht sie Seelenwesen, die an ihr vorübergehen, sie mit freundlicher Neugier betrachten, sie aber in keinster Weise davon abhalten, ihre Bilder zu sehen. Sie begleiten sie lediglich.
› Mit dem nächsten Atemzug ändert sich die Umge-

bung. Sie ist nicht mehr im Wald, sondern an einem weiten Strand. Sie sieht einen Sonnenuntergang, spürt einen warmen Wind auf ihrer Seelenhaut.

› Und wieder begegnen ihr Seelenwesen, betrachten sie mit freundlicher Neugierde. Diese Seelenwesen *laufen* scheinbar nicht. Sie tauchen auf und verschwinden wieder, gleichsam oszillierend, aber sie vermitteln das Gefühl tiefer Einheit und der Absenz von Einsamkeit.

› Nun, mit dem nächsten Atemzug, löst sich Miras Seelenkörper vom Sand, vom Strand, vom Sonnenuntergang. Plötzlich sieht sie wieder einen Nebel vor ihren Augen, der dicht und undurchdringlich wirkt und sich erst mit dem nächsten Wimpernschlag langsam wieder lichtet.

› Ein weiterer Wimpernschlag, und es bleibt lediglich eine Unschärfe. Miras Seelenkörper ist zurück in der *materiellen* Welt, die nach wie vor am selben Platz ist. Mira kehrt zurück in dieselbe Umgebung. Sie fliegt noch unbeteiligt über die Häuser, kommt an, schwebt mit einem Wimpernschlag durch das Dach ihres Zuhauses, landet wieder in dem wohligen, warmen Raum, kehrt zurück zum Kaminfeuer, sieht ihren physischen Leib unter sich, legt sich auf den Rücken und beginnt die Verbindung zu ihrem Leib wiederherzustellen.

› Nach mehreren Atemzügen ist die Rückkehr vollzogen, und sie spürt die Verbindung mit ihrem physischen Körper.

› Sie ist wieder zurück ... oder *Du* bist wieder zurück, *Ihr* seid wieder zurück.

› Ihr atmet nun ein weiteres Mal tief, ruhig und regelmäßig.

› Dann öffnet Ihr die Augen und seid wieder in Eurer Welt.

Diese zweite Übung dient Euch dazu, die Seelenwesen in ihrer Welt kennenzulernen, das Betrachten der seelischen Welt einzuüben, Euch die Leichtigkeit Eurer eigenen seelischen Welt vorzustellen und zu lernen, Euch *in* der seelischen Welt zu Hause zu fühlen.

Ende des 15. Buchdiktats vom 9. April 2006

Sitzung vom 3. Juni 2006 mit 16. Buchdiktat

Nun komme ich zu unserer **dritten Konzentrationsübung**. Sie beschäftigt sich mit der *Kontaktaufnahme* zur Seelenwelt.

Dritte Konzentrationsübung

> ❯ Es ist nicht notwendig, Euch ein Bild der Entspannung vorzustellen.
> ❯ Ihr befindet Euch bereits in einer entspannten Ausgangslage.
> ❯ Nun atmet Ihr tief und regelmäßig, fünf Atemzüge lang. Ihr konzentriert Euch auf das Heben und Senken der Bauchdecke. Nach diesen fünf Atemzügen empfindet Ihr keine Verkrampfung mehr in Eurem Körper.
> ❯ Ganz leicht vermag sich Euer Seelenkörper vom physischen Leib zu entfernen. Ihr seht den physischen Leib atmen, und mit jedem Atemzug, den Ihr beobachtet, erhebt sich der Seelenkörper weiter »in die Lüfte«. Wieder erreicht der Seelenkörper eine Wolke, *wieder* gibt es einen »Moment des Nebels«.
> ❯ Und mit dem nächsten Wimpernschlag erreicht Ihr die *Seelenwelt*.

› Dieses Mal jedoch befindet Ihr Euch schlagartig in einem *großen Saal*. Ihr steht auf einem Podium, und das Publikum besteht aus vielen hundert Seelenwesen, die fröhlich miteinander kommunizieren, die Euch *anschauen* und die *Ihr* anschaut, wobei sich Eure Blicke ineinander versenken. Mit diesem Versenken der Blicke erfahrt Ihr die Form der Kommunikation der Seelenwesen.
› Ihr wählt Euch *ein* Seelenwesen aus der Menge von Seelenwesen aus, versenkt Eure Blicke ineinander, und plötzlich erschließt sich Euch die Welt des Gegenübers. Diese Welt besteht zunächst aus vielen Farben, Farben, die wie ein überdimensionaler Regenbogen an Euch vorüberfließen, wobei Ihr *die* Farbe, die Euch behagt, fokussieren und sie Momente lang festhalten könnt. *Hinter* der Farbe liegt eine Welt wie ein Traum, der sich hinter einem Nebel verbirgt. Wie schaut dieser Traum aus?

› Nehmen wir die Farbe *Rot*. Hinter dieser Farbe erschließt sich eine Welt aus Liebe, Leidenschaft, Gefühl, Freundschaft, Intimität, alles Erfahrungen ein- und derselben Dimension. Erfahrungen, die wie ein Film an Euch vorüberfließen, die Euch mitnehmen in die Erfahrungswelt des Gegenübers. Bei einzelnen Episoden empfindet Ihr Zu- oder Abneigung oder auch Gleichgültigkeit.
› Die Konzentration auf die Bilder hinter der Farbe löst sich und wandert weiter zu einer neuen Farbe, die sich als *Gelb* herauskristallisiert. Auch hinter dieser Farbe finden sich wiederum Informationen, aber es sind keine Bilder, sondern Geräusche, viele Stimmen, das Rauschen eines Wasserfalls, hektische Schritte, das Pfeifen eines Wasserkessels, das Streiten zweier Menschen.

Gelb steht für eine andere Energieform. Das Versenken in dieses Seelenwesen zeigt unterschiedliche Gefühlsdimensionen, unterschiedliche Erfahrungsspektren, Fragen und Antworten, die aus Eurem Seelenkörper heraus zum Seelenwesen gegenüber fließen.

› Ihr wendet Euch einem weiteren Seelenwesen zu. Dieses spricht zu Euch ohne Worte, so, wie ich mit *Dir*, liebe Mira, im Inneren spreche. Dieses Seelenwesen spricht im Inneren mit Eurem Seelenkörper. Es fragt, wie sich die Seelenreise anfühlt. Es fragt, ob Euch diese Art zu reisen noch sehr fremd ist, ob Ihr mit Angst an Euren physischen Leib denkt, ob Euch die Lösung von Eurem physischen Leib leicht- oder schwergefallen ist.
› Dieses *zweite* Seelenwesen ist sehr neugierig auf *körperliche* Erfahrungen. Es befindet sich in einem Stadium seines Daseins, in dem es weit von jeglicher Körperlichkeit entfernt ist, es beinahe vergessen hatte, wie sich dieses Dasein anfühlt. Bereitwillig gebt Ihr Auskunft.

› Ein Drittes gerät in den Fokus Eurer Aufmerksamkeit mit drängenden Fragen:
› Wie kann ich gleich ein körperliches Leben beginnen?
› Wie fühlt es sich an zu gehen, zu wachsen, Schmerzen zu haben, zu essen, zu trinken, Rad zu fahren, Geschlechtsverkehr zu haben?
› Die Informationen für dieses Seelenwesen fließen aus Euch heraus wie ein Film, der vor Eurem inneren Seelenauge abläuft. Eure eigenen Erfahrungen werden dem Seelenwesen zuteil. Es erschrickt vor so viel *Handlung*, aber es ist auch gebannt, und seine Ent-

scheidung, ein körperliches Leben zu beginnen, forciert sich.

› Eure Aufmerksamkeit lässt nach! Das Podium verschwindet, das Publikum verblasst. Ihr löst Euch von der Seelenwelt.
› Es ist, als ob Ihr im freien Fall zur Erde zurückkehrt, bis plötzlich eine unsichtbare, weiche, riesenhafte Hand Euren Seelenkörper auffängt – kurz vor dem vermeintlichen Eintritt in die Erdatmosphäre.
› Dann begibt sich Euer Seelenkörper zurück in Euren physischen Leib.
› Ihr seid wieder im Hier und Jetzt. Ihr atmet noch ein paar Mal tief und ruhig und kehrt in Eure Außenwelt zurück.
› Ihr fühlt Euch ein wenig ungewohnt, aber ruhig und zufrieden.

Die Informationen erscheinen Euch neu und doch nicht neu, banal und belanglos und andererseits in *tiefer* Einheit mit Euren Empfindungen, die Ihr nur bisher nicht bebildern konntet. Die Seelenwelt hat nichts Extraordinäres. Es liegt lediglich ein leichter Schleier der Andersartigkeit über ihr. Diesen Schleier gilt es zu lüften in täglichen kleinen Übungen, um zu einer Erfahrungswelt durchzudringen und mit ihr in Austausch zu treten, die Euch in die Lage versetzt, mit *mehr* Ruhe und Gelassenheit in Eurem täglichen Leben zu verbleiben und andererseits auch im Seelenleben daheim zu sein. Die tiefe Übereinstimmung und Verbindung dieser noch vermeintlich getrennten Welten lässt Euch Trost, Aufgehobensein und Frieden empfinden, beantwortet Euch alle Fragen und nimmt Euch alle Ängste.

Ende des 16. Buchdiktats vom 3. Juni 2006

Sitzung vom 5. Juni 2006 mit 17. Buchdiktat

Wir werden jetzt eine weitere Seelenreise antreten, die **vierte Konzentrationsübung** machen, die eine – ich nenne es jetzt mal provokant – »seelenpornografische Ausrichtung« hat. Empfindliche Gemüter brauchen sich nicht zu ängstigen. Ich werde vorsichtige Worte benützen. Heute spreche ich aus gutem Grund nicht von »Ihr«, sondern von Euch beiden, Conrad und Mira, in getrennter Form als »Du«, um dieses »Du« dann zu einem »Ihr« zusammenzuführen. Diese Übung ist eine Übung für zwei Personen!

Vierte Konzentrationsübung

› Du, lieber Conrad, stellst Dir vor, auf einer grünen Wiese zu liegen. Der Boden unter Dir ist warm, über Dir leuchtet an einem blauen Himmel die strahlende Sonne. Die Wärme ist ein Genuss für Deine Haut. Du liegst, und Dein Körper ist entspannt. Du empfindest keinerlei Anspannung. Du atmest tief und regelmäßig. Du hast die Augen geschlossen und empfindest einfach nur die wohltuende Wärme.

› Du, liebe Mira, liegst unter einem Baum auf einer grünen Wiese im Halbschatten. Du hast die Beine angezogen, liegst aber ansonsten entspannt. Du atmest ruhig, Deine Augen sind geschlossen. Du empfindest einerseits Wärme und andererseits die Kühle und Frische unter dem Baum.
› Die Wärme umflutet Euch.

› Beim nächsten Atemzug entfernt sich Conrads Seelenkörper langsam von seinem *physischen* Leib. Er beginnt zu fliegen. Beim nächsten Atemzug ist er bereits in einer *liegend-fliegenden Position*. Er schaut hinunter auf die Wiese. Er fühlt sich leicht und frei.

❯ Du, liebe Mira, hebst mit dem nächsten Atemzug Deinen seelischen Kopf vom physischen Leib ab, löst Deinen seelischen Oberkörper, kommst mit dem Unterleib nach, stellst Deine seelischen Beine auf und löst Dich langsam von Deinem physischen Leib. Du schwebst, und dann beginnst auch Du – zunächst durch den Halbschatten – in den strahlenden Himmel hinaufzufliegen.

❯ Conrad befindet sich bereits im *Nebel*. Die Veränderung seiner Realität beginnt. Er löst sich aus seiner Wirklichkeit und tritt in die Seelenwelt ein.

❯ Mira fliegt durch einen Nebel hindurch und ist mit dem nächsten Atemzug ihres *seelischen* Körpers in der Seelenwelt angelangt.

❯ Hier nun erwartet Conrad ein anderes Szenario. Er findet sich in einem abgedunkelten Raum mit Holzwänden wieder, in dessen einer Ecke ein Kaminfeuer prasselt. Dieser Raum enthält keinerlei Möbel bis auf ein Lager aus großen Kissen. Es ist sehr warm und relativ dunkel in diesem Raum. Das Kaminfeuer gibt ein flackerndes, orangefarbenes Licht.

❯ Beim nächsten Atemzug des seelischen Körpers öffnet sich die Tür, und Mira betritt diesen Raum – die seelische Mira.

❯ Außer dem prasselnden Kaminfeuer ist es in diesem Raum still. Es ist sehr warm. Euer *beider* seelischer

Körper empfindet die Wärme. Alles fließt ineinander über. Die Schwingung ist leicht und frei.
› Die Seelenkörper legen sich auf das Kissenlager. Das flackernde Licht des Kaminfeuers fließt wie die Vibration in und zwischen Euren Seelenkörpern über die »Körperlichkeit« hinweg. Im Feuer lösen sich die Konturen und verschwimmen.
› Der *männliche* Seelenkörper legt sich sanft auf den weiblichen Seelenkörper, berührt ihn mit seinem gesamten Leib. Die *Verschmelzung* der Seelenhäute ist wie eine Osmose.
› Die Zellen tanzen umeinander. Sie schwingen miteinander. Sie lösen das *Zwei*sein in ein *Eins*sein auf.
› Der weibliche Seelenkörper empfängt den männlichen Seelenkörper. Er umschließt ihn, gibt ihn wieder frei. Dann umschließt der männliche Seelenkörper den weiblichen und gibt ihn wieder frei.
› Die Schwingung vereinbart eine *Wellenlänge*. In dieser gemeinsamen Wellenlänge erhöht sich die Schwingung. In der Schwingungs*steigerung* löst sich das Zweipolige auf und wird zu einer Einheit.
› Das Gefühl des weiblichen und des männlichen Seelenkörpers fließt ineinander. Vertrauen, Ruhe, Aufregung, Fröhlichkeit, Kindlichkeit spielen miteinander. Die Seelenkörper lösen sich vom Kissenlager. Sie schweben.
› Beschriebe ich diese beiden Körper mit *Farben*, so ist der weibliche Teil dunkelblau-lila und der männliche Teil tief orange-rot. Schwebend lösen sich nun die Farbkonturen auf, die Farben fließen ineinander. Sie mischen sich, heben und senken sich in der Schwebe als vermischte und auch als nebeneinanderstehende Farbpartikel.
› Je weiter Mira in den *weiblichen* Seelenkörper zu-

rückkehrt, umso dunkler blau-lila wird die Farbe. Je weiter Conrad in den Rand des *männlichen* Seelenkörpers zurückkehrt, desto tiefer wird das Rot-Orange.
> In der Mitte tanzen die Farben umeinander. Diese Farben stehen für das Gefühl, das die Seelenkörper austauschen. Im Austausch ihrer Gefühle liegen eine unmittelbare Freude und die Geburt neuer Gefühle, neuer Farben. Die Mitte zwischen beiden Körpern beginnt auch in anderen Farben zu oszillieren.
> Der Gefühlsaustausch der beiden Seelenkörper hat sich beschleunigt.
> In der Beschleunigung liegt große *Leidenschaft*, die wiederum die Bewegung der Seelenzellen noch ein wenig beschleunigt.
> Einzelne Zellen erleben Farbexplosionen, erfahren Gefühlsorgasmen, die in der Ausdehnung der Farbe zu beobachten sind, langsames, dann schneller werdendes Ausdehnen und wiederum Zusammenziehen. Die Zellen sind vermengt, verschmolzen, verbunden.
> Das Gefühl ist *eins*. Es gibt keine *zwei* Seelenkörper mehr.
> Die Erfahrung ist tief und seelenbefriedigend.
Die Seelen sind nicht nur nahe beieinander, sondern in ihrer Unterschiedlichkeit und Einzigartigkeit eine zeitweilige, in der Erfahrung bereichernde *Symbiose* eingegangen. In dieser Vereinigung liegt das *vollständige Wissen* um die andere Seele, liegt das *unerreichbar* tiefe und heile Gefühl für die andere Seele, liegt das scheinbare sich Aufgeben, Verschmelzen, aber auch das vollständige Verstehen und in seiner Einzigartigkeit Erhalten bleiben (in der Einzigartigkeit der einzelnen Seele). Die Seelenkörper *drehen* sich umeinander. Sie empfinden kindliche Freude.

> Langsam bewegen sich beide wieder zum Kissenlager zurück. Nun liegen sie aufeinander und spüren wieder den anderen Seelenkörper an sich. Es sind wieder *zwei* Seelen, aber bereichert um das Wissen und das Gefühl für die *andere* Seele. Die Nähe, aber auch die *Einzigartigkeit* jeder einzelnen Seele ist die unmittelbare Empfindung nach der Verschmelzung.
> Es legt sich eine tiefe Ruhe über beide Seelen. Sie sind gesättigt und glücklich.
> Nun verlässt der weibliche Seelenkörper den Raum. Er begibt sich auf die Rückreise zu seinem physischen Leib.
> Nach einiger Zeit erhebt sich auch der männliche Seelenkörper. Er durchwandert fliegend den Nebel von der einen Realität in seine Wirklichkeit, kehrt langsam und bedacht in kreisenden Flugbewegungen zu seinem physischen Leib in die Sonne auf die Wiese zurück, während der weibliche Seelenkörper schon ruhig und gelassen im weiblichen physischen Leib verharrt. Beide Seelenkörper sind nun wieder vereint mit ihren physischen Körpern, atmen ruhig und genießen die Wärme und die Sonne.

Das war unsere vierte Konzentrationsübung, die sich nicht mehr nur mit der Kontaktaufnahme mit der Seelenwelt, sondern mit der *Verschmelzung* von Seelen beschäftigt.

Versucht diese Übung auszuführen. Nehmt Euch viel Zeit dafür, malt Eure eigenen Bilder, seht Eure eigenen Farben und empfindet dieses tiefe Glück.

Wenn Ihr mit einem Menschen diese Erfahrung geteilt habt, empfindet Ihr seine oder ihre Seele unmittelbar. Nie kann Euch als Mensch Euer Seelendasein bewusster werden als in diesem Moment. Diese Übung vor einer wie auch immer gearteten körperlichen Vereinigung erst lässt Euch verstehen, mit welchem Menschen, mit welcher Seele Ihr es zu tun habt.

Die Verbindung mit der Seele des geliebten Menschen lässt Euch erst erfahren, was *wirkliche* Verschmelzung bedeutet, nichtsdestotrotz gelebt in der Einzigartigkeit und Unantastbarkeit der eigenen Seele. Diese Erfahrung ernsthaft, freudig, kindlich, voller Spaß empfunden, lässt Euch *als Seele* wachsen – und *als Mensch* erst recht.

(*»Du sprichst von männlicher und weiblicher Seele. So wie ich das verstehe, gibt es aber keine männlichen und weiblichen Seelen, sondern es gibt nur Seelen, die eine männliche oder weibliche Form im Körper annehmen. Bitte da um Aufklärung.«*)

Ich *benutze* diese Bezeichnungen, um Euch Menschen den Energiefluss verständlich zu erläutern und es für Euch attraktiv zu gestalten. Es ist für Euch ein erleichterndes Gefühl, diese Form der *Geschlechtsmerkmale* in einer solchen Vorstellung *bewahren* zu können.

Ich hab sie nicht mehr vonnöten. *Ich* vermag die Verschmelzung auch ohne diese Merkmale zu vollziehen. Aber für Euch Menschen gelingt mir der Einstieg in die Erläuterung der Verschmelzung so leichter!

Ende des 17. Buchdiktats vom 5. Juni 2006

Sitzung vom 25. Juni 2006 mit 18. Buchdiktat

Wir haben nun vier Konzentrationsübungen vorliegen, die sich mit dem Kennenlernen des Seinszustands der Seelenwelt beschäftigt haben, die versuchen, dem geschätzten Leser einen ersten Eindruck von der Seelenwelt zu vermitteln.

Diese Übungen sind für Euch Menschen als *Einstieg* gedacht, sich *selbst* die Seelenwelt näherzubringen, die einseitige Sichtweise der materiellen Welt zunehmend infrage zu stellen und in Euer persönliches Leben, Euren Alltag mehr *Zuversicht* einfließen zu lassen.

Zuversicht ist im Sinne von *Vertrauen in ein Jenseits* zu verstehen, das seelisch anfassbar, spürbar, existent ist, das nur einen Hauch, einen Nebel, einen Wimpernschlag von Euch entfernt ist, neben Euch, um Euch herum, über Euch, unter Euch, in Euch existiert, während Ihr es bislang kaum spürt!

In einem späteren Kapitel möchte ich mit diesen Konzentrationsübungen weitermachen und sie dahingehend vertiefen, Euch einen persönlichen *Seelenführer* nahezubringen.

Damit ist Folgendes gemeint: Jeder Mensch, jede in körperlicher Form personifizierte Seele hat über sein (ihr) gesamtes irdisches Dasein hinweg einen persönlichen seelischen Begleiter. Dieser Begleiter steht dem jeweiligen Menschen in Not- und Krisensituationen, aber auch bei wesentlichen Entscheidungen im Leben zur Seite.

(*»Ist das ein Schutzengel?«*)

So, wie ich die *seelische* Welt auch gern als *göttliche* Welt bezeichne, ist es auch durchaus möglich, diesen seelischen Führer oder seelischen Begleiter als Schutzengel zu betiteln. Nur impliziert das Wort Schutzengel eine *Einseitigkeit* der Beziehung, die hier in Wirklichkeit nicht vorherrscht. Der seelische Begleiter eines jeden Menschen tritt nicht nur in Kontakt, sondern tauscht sich mit dem Menschen stetig aus und befruchtet nicht nur das Leben des Menschen, sondern auch sein *eigenes* seelisches Dasein. Wir haben es also hier mit einem *Austausch* zu tun und nicht nur mit einer *Schutzfunktion*. Ansonsten dürft Ihr gern, liebe Leser, wenn Euch der Begriff »seelischer Begleiter« nicht liegt, »Schutzengel« einsetzen. Mir ist jedes Mittel recht, um Euch das Verständnis und den Zugang zur seelischen Welt zu erleichtern.

Ende des 18. Buchdiktats vom 25. Juni 2006

Sitzung vom 9. Juli 2006 mit 19. Buchdiktat

KAPITEL 6:
Der seelische Begleiter

Jeder Mensch erhält bei Eintritt in die materielle Welt, also zum Zeitpunkt seiner Geburt, einen sogenannten seelischen Begleiter beigestellt. Dieser seelische Begleiter ist nicht zu verwechseln mit einem »geistigen Führer«. Der seelische Begleiter hat die Grundfunktion der Schutzausübung des Menschenwesens und die Aufgabe, die Seele und das Menschenwesen quasi beieinanderzuhalten. Weiterhin fällt dem seelischen Begleiter in Stress- und Krisensituationen die Führung des Menschen auf seinem Weg zu. Er begleitet einen jeden Menschen sein Leben lang. Keine Sekunde seines irdischen Daseins ist der jeweilige Mensch allein in seinen Entscheidungen, bei etwaigen Schwierigkeiten, in Verzweiflungsmomenten. Der seelische Begleiter ist sozusagen immer dabei!

Wie muss ich mir diesen Begleiter vorstellen? Ich kann ihn nicht sehen, ich kann ihn nicht hören, ich kann ihn auch nicht anfassen. Aber ich kann ihn wahrnehmen, fühlen, mit dem Inneren hören und mit dem Inneren sehen. Neugeborene und Kleinkinder können, bis sie sprechen gelernt haben, den seelischen Begleiter intensiver wahrnehmen, fühlen, hören und sehen, als das hinterher im Leben möglich ist. Im Zustand des Komas, der Demenz, der vermeintlichen Verrücktheit und in der Narkose ist dieser Begleiter wieder deutlicher an der Seite eines jeden Menschen spürbar als im normalen Alltag.

Es gibt eine sehr einfache Übung, sich des seelischen Begleiters bewusst zu werden:

Kurz bevor Ihr vom bewussten Wachzustand in den Schlafzustand übertretet, gibt es einen Moment, in dem der seelische Begleiter Eure Seele abholt.

Dazu schlage ich Euch eine **einfache Übung** vor:

> ❯ Ihr legt Euch entspannt auf Euer Bett und atmet tief durch. Ihr seid gewillt zu schlafen. Und nun beginnt Ihr, den Zustand des Übertritts in den Schlaf *auszudehnen*. Es gibt den Euch sehr bewussten Moment, in dem Ihr kurz vor dem Einschlafen seid und dieses Gefühl des Hinuntersinkens ganz intensiv empfindet. Manchmal erwacht Ihr dann noch kurz, bevor Ihr wirklich einschlaft. Diesen Moment des intensiven Sinken-Lassens könnt Ihr mit tiefer Atmung ausdehnen. Ihr könnt ihn bewusst in die Länge ziehen. Es wird Euch vielleicht nicht beim ersten Mal gelingen, aber nach und nach wird Euch beim Hinauszögern des Schlafs Euer seelischer Begleiter begegnen.
> Es ist möglich, dass er sich wie ein Windhauch darstellt, dass er wie ein Schatten aussieht oder auch vollständige, scheinbar sichtbare menschliche Formen annimmt, je nach Glaubenssatz des betreffenden Menschen. Die Anwesenheit des seelischen Begleiters spürt Ihr aber in jedem Falle. Jetzt besteht die Möglichkeit, Kontakt aufzunehmen. Im Moment des Hinabsinkens kurz vor dem Einschlafen könnt Ihr beginnen, Euch mit ihm zu unterhalten!
> ❯ Probiert es aus. Das Ergebnis wird Euch erstaunen!

Ende des 19. Buchdiktats vom 9. Juli 2006

Sitzung vom 30. Juli 2006 mit 20. Buchdiktat

Stellen wir uns nun also bildhaft den Zustand vor Eurem Einschlafen vor. Bevor ein Mensch in den Schlaf übertritt, zittern vermeintlich seine Glieder. Das sind die Nervenbahnen, die sich in den einzelnen Körperbereichen entspannen. Üblich sind auch Gedankenrasereien, Bilder, die vor Eurem inneren Auge ablaufen, die sich mit dem vergangenen Tag oder auch wichtigen Ereignissen der letzten Tage beschäftigen. Die Atmung wird zunächst flacher, der Muskeltonus erschlafft. Das Herz verlangsamt seine Tätigkeit um Nuancen und begibt sich in eine Erholungsphase. Einzig der Magen-Darm-Trakt mit seinem unabhängigen Nervensystem funktioniert zunächst noch weiter. In diesem körperlichen Zustand begibt sich das Gehirn in eine äußerst wichtige Ruheposition. Es verarbeitet und regeneriert sich selbst.

Während einer Konzentrationsübung, die dazu führt, eine Seelenreise zu erleben, nimmt der Geist bewusst teil. Das gelingt ihm beim Übertritt vom Wach- in den Schlafzustand nicht, denn der Geist schläft *mit* dem Körper. Daher ist im Übertritt vom Wachzustand in den Schlafzustand die Unabhängigkeit, die Freiheit der Seele wie ein *Herauskatapultieren* aus dem körperlichen Dasein zu betrachten, im Gegensatz zu der Loslösung während unserer Seelenreisen-Übungen.

In diesem Zustand also wird die Seele vom seelischen Begleiter abgeholt. Der Seelenbegleiter ist der beste Freund eines jeden Menschen.

Beginnen wir nun mit den Anfängen der (seelischen) Begleitung.

Eine Seele entscheidet sich, ein körperliches Dasein zu führen. Sie stellt Überlegungen an, wie dieses körperliche Dasein aussehen, wie dieses Leben ablaufen soll. Sie entscheidet sich für eine Daseinsform, für eine Familie, für eine Umgebung, für ein Land, für einen Kontinent. Während der Schwangerschaft *besucht* die Seele den Fötus. Sie knüpft Verbindungen, löst sie aber auch bisweilen wieder. Kurz vor der Geburt lässt sie sich sozusagen nieder. Das alte Wort *Niederkunft* hat eine sehr weitreichende Bedeutung, die Euch Menschen heute nicht mehr bewusst ist.

Zum Zeitpunkt der Geburt ist dann die Verbindung hergestellt. Die Seele aber tut sich schwer, den Zustand der vollkommenen Abhängigkeit eines Neugeborenen hinzunehmen. Daher taucht der seelische Begleiter ab dem Zeitpunkt auf, in dem die Seele im menschlichen Dasein gebunden ist.

Das Neugeborene empfindet die Verbindung zum seelischen Begleiter sehr intensiv. Es »sieht« ihn. Im Babyalter und der Kleinkindphase ist der seelische Begleiter noch ein äußerst »plastischer«, fassbarer, kompakter Begleiter. Er hat noch sehr stark die Funktionen des Beruhigens, des Führens, des Tröstens, des Aufhebens, des Umsorgens inne.

Je älter das Kind wird, je bewusster der *Geist* des Kindes wird, umso weniger fassbar, umso weniger plastisch, umso weniger erkennbar ist der seelische Begleiter. Da diese Beziehung aber den Eltern völlig unbekannt ist, gibt es viele Kinder, die ihren seelischen Begleiter niemals infrage stellen, die erst mit dem Eintritt in die Pubertät den Kontakt auf das reduzieren, was auch ein Erwachsener heute noch als Verbindung akzeptieren würde.

Mit dem Eintritt in die *Pubertät* übernimmt der Geist im menschlichen Dasein also eine verstärkte Bedeutung. Mit seiner Vorherrschaft beginnt eine vermeintliche Ablösung vom seelischen Begleiter, die in Wirklichkeit gar *nicht* stattfindet, aber dem Jugendlichen in der Erinnerung so erscheint.

Ein seelischer Begleiter betreut ein Menschenwesen *ein Leben lang*. Er ist ein Seelenwesen, wie auch Ihr eines seid, nur mit dem Unterschied, dass er sich selbst nicht in einem körperlichen Zustand befindet, während er eine Seele, ein Menschenwesen begleitet.

Geburt und Tod sind die beiden Momente im Leben eines jeden von Euch, in denen Euch der seelische Begleiter am nächsten ist. Im Laufe Eures menschlichen Lebens, mit Eintritt in die Pubertät und während des gesamten Erwachsenendaseins, je »älter« Ihr also werdet, desto weiter entfernt sich der seelische Begleiter je nach Einflussgrad des Geistes vermeintlich von Euch – außer in Krisensituationen.

Spätestens zum Zeitpunkt des Todes kehrt der seelische Begleiter zu seiner unmittelbaren Wichtigkeit zurück – leider erst dann, muss ich dazusagen, denn jeder Mensch könnte von seinem Begleiter enorm profitieren, weil dieser die *imaginäre Verbindungsstraße* zur Seelenwelt ist.

Das, was Ihr Menschen als *Intuition* bezeichnet, wird getragen von den Informationen, die der seelische Begleiter Euch zukommen lässt. Denn er hat den Überblick über Eure Vergangenheit, Gegenwart und Zukunft. Er nimmt Euch weder Eure Entscheidungsmöglichkeiten noch deren Ausführung, aber er gibt Euch die Informationen, wie eine Entscheidung aussehen würde, die dem Seelenwesen zuträglich wäre. Ob Eure Entscheidung dann dementsprechend ausfällt oder nicht, entscheidet Ihr selbst. Aber dieses tiefe Gefühl der *Übereinstimmung* mit der seelischen Welt empfindet Ihr in Eurer Intuition, und die ist an Euren seelischen Begleiter gekoppelt.

Ich möchte noch einmal auf die Situation des Todes eingehen. Für die meisten Menschen in der westlichen Welt ist der Tod ein Schreckgespenst.

Ich möchte damit nicht sagen, dass Ihr alle Angst vor ihm habt. Es gibt auch sehr viele Menschen, die sich im Laufe ihres Alterungsprozesses mit dem Tod beschäftigen, ihn anschauen, ihrer Seele nahekommen, Versöhnung finden und sich mit dem Tod zurechtfinden. Während des Jugendlichen- und Erwachsenendaseins fällt es den meisten Menschen in der westlichen Welt allerdings sehr schwer, den Tod zu integrieren.

Der seelische Begleiter ist in der Situation des Todes an der Seite desjenigen, den er sein Leben lang begleitet hat, ob ihn dieser Mensch nun wahrgenommen hat oder nicht. Aber zum Zeitpunkt des Todes entsteht keine Leere, keine Einsamkeit, kein Verlorensein. Denn mit Abnahme der Bewusstheit des Geistes nimmt die Bewusstheit der Seele zu, das Gewahrsein, dass der seelische Begleiter bei ihr ist.

Und es *gibt keine Einsamkeit*! Es gibt keine entsetzliche Situation, in der ich als Mensch in ein tiefes, schwarzes Loch falle, weil ich sterbe. Ich verlasse nur meinen Körper. Ich verlasse mein körperliches Haus. Meine Seele kehrt lediglich in die Seelenwelt zurück. Je öfter und intensiver ich diese Rückkehr in die Seelenwelt während meines menschlichen Daseins übe, umso weniger Angst werde ich zum Zeitpunkt meines Todes haben. Denn ich habe geübt, mir bewusst zu machen, dass ich nicht sterben *kann*. Es stirbt lediglich mein *körperliches* Haus und mein *geistiges* Bewusstsein. Meine Seele lebt immerdar.

Je nachdem, ob ein Mensch bei einem Unfall stirbt, an einer schweren Krankheit leidet, operiert werden muss und dabei stirbt oder einfach zu Hause in seinem Bett einschläft und *körperlich* nicht mehr erwacht, völlig gleichgültig, welche Situation das menschliche, das körperliche Leben beendet, der seelische Begleiter beginnt bereits Tage, Wochen, in manchen Fällen Monate im Voraus den Kontakt zu dem Menschen zu intensivieren, den er begleitet. Er hilft ihm, den Schritt des Sterbens zu vollziehen. Er ist sein Freund. Er ist sein Helfer. Er ist sein Bewusstmacher. Er ist sein Löser.

Je bewusster sich ein Mensch mit seinem Tod, mit seinem *Sterben* auseinandersetzt, sich damit beschäftigt, desto weniger muss sich der seelische Begleiter auf dieses Thema einstellen und je mehr »Zeit« hat er, sich der Freundschaft zu widmen, dem Menschen Energie zuzuführen und ihm ein *schönes* Sterben zu ermöglichen. Denn diese Kraft hat der seelische Begleiter dann sozusagen »übrig« *(Mira lächelt)*, um sie der Energieanhebung anstatt der Angstaufhebung zu widmen. Versucht Euch Eurem seelischen Begleiter Euer Leben lang nahe zu fühlen, denn Ihr habt hier einen Freund, der Euch *zuverlässig* zur Seite steht.

Ende des 20. Buchdiktats vom 30. Juli 2006

Sitzung vom 7. Oktober 2006 mit 21. Buchdiktat

Der seelische Begleiter ist ein Seelenwesen, das zu dem »Zeitpunkt«, zu dem er seine Aufgabe ausübt, nicht reinkarniert ist. Er ist also ein reines Seelenwesen, eine rein energetische Persönlichkeit, die nur selten und in extremen Situationen zum Hilfsmittel der Materialisierung greift. Das heißt, es besteht die Möglichkeit, dass er Euch in Stresssituationen und besonderen Angstsituationen *erscheint*. Das ist keine echte Materialisation, oder besser gesagt: Die Dichte der Materie erreicht *nicht* Eure menschliche Schwingung, aber Ihr könnt ihn wahrnehmen in Form einer *Aura*.

Diese Aura-Ausprägung schaut für jeden Menschen anders aus. Der eine sieht Farben, dem anderen erscheint ein vermeintliches Geistwesen. Der Dritte empfängt eine rein auditive Schwingung, er hört. Er hört auf einer bestimmten

Schwingungsebene Informationen des seelischen Begleiters, einzelne Worte oder ganze Sätze, je nachdem, auf welche Weise der einzelne Mensch auf den Impuls reagiert.

Glaubt ein Mensch an eine *innere Stimme*, die ihm zur Seite steht, so nimmt der seelische Begleiter *diese* Form an. Glaubt Ihr aber an *Geistwesen*, so nimmt er jene Form an. Er passt sich an Euren Glauben an. Er hat alle Möglichkeiten zur Verfügung.

Wir haben es hier also mit einer äußerst flexiblen *Energiepersönlichkeit* zu tun, hoch entwickelt, vielfach reinkarniert und mit enormem Wissen um das All-Eins ausgestattet. Dieser, im wahrsten Sinne des Wortes, »Schutzengel« bewahrt so manches Menschenwesen vor Unfällen und unsäglichen Tragödien.

Die *eigene* Entwicklung, die eigene Persönlichkeit des seelischen Begleiters rückt in den Hintergrund während der Betreuung. Aber diese Art der Betreuung stellt für Seelenwesen eine große Herausforderung dar, und es ist eine enorm machtvolle Position, wobei ich mit Macht selbstverständlich keine *Erdenmacht* meine. In der Welt der Seelenwesen gibt es keine Hierarchie im Sinne der weltlichen Hierarchien, aber es gibt Entwicklungshierarchien, Erfahrungshierarchien! Die Entwicklungsstufe des seelischen Begleiters ist eine sehr hohe. Seelenwesen empfinden diese Aufgabe als große Auszeichnung ...

Ich könnte – ganz grob gestrickt – die Welt der Seelenwesen in vier Gruppen einteilen:
- Die Seelenwesen, die mit *Reinkarnation* beschäftigt sind,
- *die seelischen Begleiter*,
- die *Seelenführer*,
- und die *Seelenbotschafter*.

Zur Differenzierung:
Die *Seelenbotschafter* bringen die Botschaft in Eure und jede andere materialisierte oder auch nicht-materialisierte Welt. Denn es gibt auch Welten, die sich auf anderen Schwingungsebenen befinden als Eure, aber trotzdem noch nicht in den Zustand der reinen, nicht mehr reinkarnierten Seelenwesen eingetreten sind.
Seelenführer tragen die Botschaften *nicht* in Eure Welt. Sie sind die Bewahrer des All-Eins, die Hüter des Alles-was-ist!

(»In welchem Verhältnis stehen sie zu Gott?«)

Diese Frage ist naheliegend! Sie *sind* Gott, so, wie auch *Ihr* Gott seid! Nur sind die Seelenführer Seelenwesen auf der *höchsten* Entwicklungsstufe. Gott ist *alles, umfasst* alles. Seelen*führer* sind Seelenwesen *(humorvoll)* mit Führungsqualitäten!

(»Der Begriff Seelenwesen irritiert mich in dem Zusammenhang etwas, denn Du hast immer schon gesagt, dass wir Seelenwesen sind. Es geht also hier um reine Seelenwesen, die nicht körperlich inkarniert sind, richtig?«)

Reine Energie! Die Beantwortung der *Gottesfrage* kommt auch zu einem späteren Zeitpunkt.

(»Noch eine Frage: Sind wir keine reine Energie, wir Menschen?«)

Natürlich! Ihr *seid* reine Energie, aber Ihr seid *auch* Energie auf einer anderen Schwingungsebene als der rein seelischen. Ihr habt ja im materiellen Leben tiefere, ruhigere Schwingungsebenen gewählt. Ihr seid *auch reine* Energie, aber nicht nur *reine* Energie!

Der *seelische Begleiter* erhält das Menschenwesen am Leben. Es gibt viele Situationen, in denen die Seele sich aufgrund der Neuheit des Lebens, in dem sie sich jetzt befindet, gern wieder verabschieden würde. In dieser Phase ist noch nichts sicher, noch nichts gefestigt. Der seelische Begleiter gibt *Sicherheit*. Selbstverständlich kann er die Entscheidung der Seele, sich von diesem materiellen Dasein wieder zu verabschieden, nicht verhindern. Warum sollte er auch, denn die Seele entscheidet selbst, was sie tut. Aber er ist in der Lage, viele kleine *Unsicherheiten* zu beseitigen.

Der seelische Begleiter hält die Seele nicht zurück, Entscheidungen zu treffen. Er gibt ihr Sicherheit. Auch *Seelen* können zweifeln, unsicher sein, »mit ihrem Schicksal hadern«. Die Entscheidung, ein menschliches Dasein zu führen, wird von der Seele jeden Tag infrage gestellt, und je »frischer« diese Entscheidung ist, umso öfter.

Denn für die Seele bedeutet ein menschliches Dasein immer auch ein Stück weit Gefängnis. Es bedeutet Erfahrung, Entwicklung, Wissen, Freude, Leid, Glück, Entdeckung, aber eben auch keine völlige Freiheit mehr. Diese Freiheit in Zeit und Raum könnt Ihr Menschen Euch ja gar nicht vorstellen, aber für die Seele bedeutet es einen großen Unterschied, sich in Zeit und Raum zu begeben.

Von daher ist auch dieser menschliche Glaube, der Tod könne etwas Schreckliches sein, vollkommen absurd. Denn die Freiheit, die die Seele zurückgewinnt im Moment des Abstreifens des Körpers, ist so *immens*, dass für Angst und Schrecken kein Platz bleibt. Und warum auch? Die Einsicht in die Unsterblichkeit der Seele ist ja ein Geschenk, das der Seele im Moment des Todes wieder offenbar wird.

Die Aufgabe des seelischen Begleiters ist es, die *Intuition* des Menschen zu stärken, ein Bewusstsein zu schaffen jenseits des Geistes. Dieses Bewusstsein bleibt jedem Menschen ein Leben lang erhalten, nur der *Zugang* zu diesem Bewusstsein ist nicht für jeden Menschen gleich einfach.

Erst das tiefe Zutrauen in die eigene Persönlichkeit, die Akzeptanz, ein seelisches Wesen zu sein, ermöglicht dem seelischen Begleiter den stetigen Kontakt mit dem Menschen. Ansonsten nimmt die Verbindung zu ihm kontinuierlich ab, und zwar aus dem einfachen Grund, weil er nicht gefragt wird.

Ihr reduziert Eure Kommunikation im Wesentlichen auf die Kommunikation unter den Menschen. Kommunikation zu einem seelischen Wesen gehört für Euch meist in die Kategorie »esoterischer Schwindel«! Etwas krass ausgedrückt, aber leider zutreffend!

Die Vorstellung, dass es ein Wesen ohne Körper »neben« Euch Menschen geben könnte, das Euch betreut und ein Leben lang bei Euch ist, erscheint vielen sehr fremd und gewöhnungsbedürftig, auch wenn das *Gefühl*, dass da noch etwas anderes da ist, eigentlich schon in fast jedem Menschen vorhanden ist.

Ende des 21. Buchdiktats vom 7. Oktober 2006

Sitzung vom 8. Oktober 2006 mit 22. Buchdiktat

In einer Gesellschaftsform, die ihren Mitgliedern lehrt, dass es eine Seelenwelt gibt, alle Menschen über eine Seele verfügen, unsterblich sind und zugehörig zur Seelenwelt, ist es selbstverständlich, von einem seelischen Begleiter *beschützt* zu werden. Hier ist es nicht seine einzige Möglichkeit, sich den Zugang zu den zu betreuenden Menschen über eine innere Stimme zu verschaffen. Die Kontaktaufnahme kann hier viel selbstverständlicher erfolgen, weil der seelische Begleiter einfach *auftaucht*. In welcher Form, das ist abhängig vom Glauben des Menschen, aber er taucht einfach auf!

In Eurer Gesellschaft ist (bislang) kein Platz für einen seelischen Begleiter. Allerhöchstens noch könnt Ihr Euch vorstellen, über einen Schutzengel zu verfügen. Aber auch dieses darf nicht näher hinterfragt werden, weil die anerzogenen geistigen Zweifel dieses Bild dann sofort torpedieren.

In Situationen arger Bedrängnis wie beispielsweise Lebensmüdigkeit, Suizidgefahr, tiefem Unglück, Liebeskummer, Scheidungssituationen oder Todesfällen in der Familie, *verschafft* sich der seelische Begleiter Zugang – mit *Macht*! Seine Stimme wird so laut, so intensiv, dass es vielfach verblüffend ist, wie stark der Einfluss in diesen Momenten dann doch ist. Denn anderenfalls gäbe es viel mehr Selbstmorde in Eurer Gesellschaft. Der Trost, den der seelische Begleiter zu geben vermag, ist geprägt von seiner Geduld, seiner Unabhängigkeit in körperlicher Hinsicht, seiner Weitsicht, seiner Weisheit und seiner Verbundenheit mit dem All-Eins.

Nun könnte man fragen, was denn dann mit Menschen sei, die sich das Leben nehmen, schwere Unfälle haben, entsetzliche Verletzungen davontragen, unter schrecklichen Krankheiten leiden. Sind sie denn von allen »guten Geistern« verlassen? Hat sie ihr seelischer Begleiter *auch* noch verlassen?

Mitnichten! Aber die Entscheidung der einzelnen Seele für die Art und Weise, für die Ausformung ihres Lebens, ihres körperlichen Daseins hat nun mal die stärkere Durchsetzungsfähigkeit. Eine Seele, die die Erfahrung einer entsetzlichen Krankheit machen will, wird nichtsdestotrotz von ihrem seelischen Begleiter behütet und beschützt, nur in anderer Form als Ihr es Euch in Eurer menschlichen Gesellschaft vorstellen könnt! Der seelische Begleiter spendet auch hier Trost und gibt Zuversicht, aber den Ausschlag gibt die

Entscheidung der Seele, dieses Leben zu führen. Der seelische Begleiter passt sich dann an die Lebensumstände an, die die Seele sich erschafft. Gerade in den Situationen, in denen Unfälle geschehen oder Krankheiten ausbrechen, nimmt der Glaube eines Menschenwesens an einen seelischen Begleiter – wie auch immer es ihn bezeichnen mag – extrem zu, und das Zwiegespräch mit ihm ist ein viel intensiveres.

Ende des 22. Buchdiktats vom 8. Oktober 2006

Sitzung vom 10. Oktober 2006 mit 23. Buchdiktat

Abschließend möchte ich in diesem Kapitel noch einmal zur Ausgangsfrage zurückkommen:

Wozu dient denn eigentlich der seelische Begleiter und weshalb gebe ich ihm den Raum für ein gesamtes Kapitel?

Ich habe sehr ausführlich deutlich gemacht, in welchen Lebenssituationen Euch der seelische Begleiter nahe ist. Wichtig ist mir eigentlich dabei nur, Euch immer wieder klarzumachen, dass Ihr *nicht allein* seid – weder auf dieser Erde noch in diesem Universum, weder in *materieller* noch in *immaterieller* Form.

Ihr habt Euer ganzes materielles Leben hindurch eine stetige, immaterielle Begleitung! Es ist nicht so, dass sich die Seelen für ein materielles Leben entschließen, dann aber damit allein gelassen werden, sondern vielmehr, dass sie sich dazu entschließen, in Materie überzugehen, aber nichtsdestotrotz stetig begleitet sind durch ein *immaterielles* Wesen aus der *immateriellen* Welt. Die Verbindung existiert ständig.

Am Anfang unseres Buches habe ich Euch zu vermitteln versucht, dass Ihr als Seelenwesen zu einer Gemeinschaft gehört, die Euch nicht bewusst ist. Diese Gemeinschaft ist für

Euch somit nicht nur durch Eure Erinnerung an die Seelenwelt zugänglich, sondern auch durch die stetige Verbindung mit dem seelischen Begleiter.

Am Anfang dieses Kapitels habe ich erläutert, wie es am leichtesten möglich ist, sich des seelischen Begleiters bewusst zu werden – nämlich in der Vorschlafphase.

Möglicherweise klingt das für einige von Euch zu abstrakt. Vielleicht hättet Ihr lieber eine handfestere Möglichkeit. Auch das könnt Ihr haben. Ihr müsst nur Eure *innere* Aufmerksamkeit für eine Weile auf die Situationen in Eurem Leben fokussieren, die für Euch einen Scheideweg bedeutet haben, die Euch in Aufruhr versetzt haben oder in Panik, die Euch traurig gemacht haben oder verzweifelt. Versetzt Euch in diese Situationen zurück, aber mit Muße!

Und dann überlegt Euch bitte, in welchem Moment Ihr Euch in diesen Situationen getröstet gefühlt habt oder auch nur die Spur eines Aufgehobenseins empfunden habt trotz der Entsetzlichkeit der Situation. Dem einen mag eine ruhige, innere Stimme in Erinnerung kommen, dem nächsten das Gefühl eines Weichzeichners in seiner Optik, eines plötzlich auftauchenden sonnigen, warmen Lichtes, ein Rauschen der Blätter, die ihn umgeben haben, weil er sich auf einem einsamen Spaziergang befand, oder aber das herrliche Gefühl, auf einmal von innerer Wärme durchflutet zu sein.

Es gibt unzählige Möglichkeiten, die alle von der Anwesenheit Eures persönlichen Schutzengels, Eures persönlichen seelischen Begleiters zeugen. In der Fokussierung auf die innere Welt liegt die Chance, nicht nur die Stimme der *eigenen* Seele zu hören, sondern auch diesen liebevollen Freund wahrzunehmen.

(*Ergänzung beim Korrekturlesen am 12. Juli 2009*: Der seelische Begleiter spricht, wenn er denn spricht, in der Form des »Du« wie ein liebevoller, manchmal nachsichtiger, manchmal energischer Freund. Der Unterschied zur eigenen Seelenstimme besteht darin, dass sich die Seelenstimme nur zu Beginn ihrer Konversation mit dem eigenen materialisierten Wesen im »Du« unterhält, solange also die Identifikation mit der eigenen Stimme noch nicht vollständig abgeschlossen ist. Mit zunehmender Übung unter Ausschluss des geistigen Zweifels geht die Seelenstimme wie selbstverständlich ins »Ich« über. Daher kann es zu Beginn Eurer Unterhaltung mit Eurer eigenen Seelenstimme zu »Unterscheidungsschwierigkeiten« zwischen Seelenstimme und seelischem Begleiter kommen. Das ist aber nicht weiter schlimm, denn was zählt, ist die Konversation per se und die Ratschläge, die Ihr für Euer tägliches Leben erhaltet.)

Es ist ein Leichtes, das Gespräch mit dem seelischen Begleiter zu forcieren. Wenn Ihr ihn fragt, antwortet er, gleichgültig, ob Ihr das in Eurem Leben schon einmal ausprobiert habt oder nicht. Oder sagen wir besser: Ob Ihr es Euch nun selbst eingesteht oder nicht.

Ich werde sicherlich Empörung und Tadel vonseiten einiger Psychologen hören, wenn ich behaupte, die freundschaftliche, Rat gebende Stimme eines jeden Menschen sei nicht er selbst.

Aber, liebe Menschen, so ist es nun einmal: Die Welt ist größer als Eure Vorstellungskraft. Sie hat mehr zu bieten als dieses Planetensystem. Sie hat Energiewesen zu bieten, deren Möglichkeiten Euch schwindeln machen würden, wenn Ihr sie auch nur annähernd umreißen könntet.

Das Training der Diskussion, des Austausches mit dem seelischen Begleiter macht Euch zu ruhigeren, weniger gehetzten, weniger gestressten, aufgehobenen, friedvollen Wesen.

Je weniger Ihr Kontakt pflegt zur seelischen Welt, zu Eurer eigenen Seele, der Seele Eures seelischen Begleiters oder auch zur gesamten seelischen Welt, desto mehr Aggressionen sendet Ihr in die materielle Welt. Je mehr Ihr auf die inneren Stimmen, die vermeintlichen Schutzengel, die seelische Welt hört, umso friedvoller und zufriedener agiert Ihr als Menschen, denn Euer Leben erfährt in dieser Kommunikation Sinnhaftigkeit, die *unsagbar glücklich* machen kann!

Es ist mein ernsthaftes Ansinnen, Euch aufzufordern, in den Dialog mit Eurer Rat gebenden Stimme zu treten. Sie weist Euch den Weg, der für *Euch* gut ist, ohne Euch Eurer Freiheit zu berauben. Dieser Dialog macht Euch zu friedfertigen Wesen, ohne Machtgelüste, die andere Menschen verletzen könnten, ohne Aggressionen, die sich gegen Andersdenkende, Andersglaubende, Andersfühlende richten, macht Euch zu Wesen, die in der Entwicklung, in der Erfahrung, im Verstehen der Welt ihren Sinn sehen, die in der Freude, mit anderen friedfertigen Wesen zusammenzuleben, Sinnhaftigkeit finden, macht Euch zu Wesen, die nicht eifersüchtig, nicht neidisch, nicht gierig, nicht lüstern, nicht gewalttätig, nicht hinterhältig sind.

Ich bin mir bewusst, dass diese meine Aussagen gesellschaftlichen Sprengstoff bedeuten, aber ich sehe es nicht als meine Aufgabe an, Euch in trügerischer Sicherheit zu wiegen. Es ist nicht meine Aufgabe, Euch in Frieden zu lassen, sondern es ist meine Aufgabe, Euch bewusst, Euch »weitsichtig« zu machen für die seelische Welt, der Ihr entspringt und in die Ihr zurückkehrt, wenn Ihr diese Erdenwelt einmal verlasst. Es ist meine Aufgabe, Euch Eure Verantwortung bewusst zu machen – die Verantwortung für Euch selbst und Eure Seele, so viel zu lernen wie nur möglich!

Dies ist nun der Abschluss des Kapitels – mit dem *Appell, Euch mit Euren inneren Stimmen zu beschäftigen*!

(»*Ich bitte um eine Präzisierung. Mir ist noch nicht so ganz klar geworden, worin für uns der erkennbare Unterschied besteht einerseits zwischen dem seelischen* Begleiter *und dessen* Botschaften, *dessen* Hinweisen, *die sich ja möglicherweise auch in einer* Stimme *zum Ausdruck bringen, und andererseits unserer* eigenen *inneren Stimme. Das ist sowohl für mich als auch vielleicht für einen Leser noch nicht so klar herausgekommen!*«)

Vielen Dank für diese Frage! Es ist auch nicht so leicht, den Unterschied herauszuarbeiten. Eure innere Stimme verbleibt im Ich. Leider habt Ihr auch den Zugang zu Eurer *eigenen* inneren Stimme im Laufe Eures Lebens so nachhaltig negiert, dass Ihr sie vielfach überhört. Noch leichter ist es Euch möglich, die Ratschläge Eures Begleiters anzunehmen, als Eure leise, eigene Stimme zu vernehmen. Das ist denn auch der Grund, warum sich Eure Seelen vielfach so *gefangen* fühlen in diesem körperlichen Dasein, dass sie sich viel eher verabschieden, als es eigentlich notwendig wäre.

Es handelt sich beim Gespräch mit der *eigenen* Stimme nicht um ein Zwiegespräch, sondern um ein *Verbleiben im Ich*. Allein an der Tatsache, wie schwer es Euch fällt, Euch das jetzt vorzustellen, ist gut zu erkennen, wie tief verschüttet diese Stimme ist.

(*Ergänzung am 12. Juli 2009:* Sobald die Verbindung zur eigenen Seelenstimme vollständig wiederhergestellt ist, verbleibt diese Stimme *immer im Ich* und formuliert so auch ihre Wünsche.)

Sie sagt beispielsweise:
»Ich möchte dieses Amt nicht bekleiden. Ich möchte mich nicht boshaften Menschen aussetzen. Ich möchte mich nicht beleidigen lassen. Ich möchte nicht heiraten. Ich möchte eine Reise machen. Ich möchte tanzen lernen. Ich

bin nicht ruhig. Ich fühle mich schwach. Ich bin zittrig. Ich fühle mich wohl in diesem warmen Meerwasser. Ich habe den Eindruck, meine Glieder sind entspannt.«

Wie selten sich diese Stimme meldet, ist Ausdruck der fortschreitenden Entfernung von Eurer Seele. Diese Stimme *spricht*, wenn Ihr ihr den Raum dazu gebt, wenn Ihr ihr vertraut, wenn Ihr Euch selbst traut, wenn Ihr Euch auch selbst den Raum dafür gebt. Aber dieser Raum ist klein geworden, minimal!

Die *Entwicklung* und die *Förderung* dieser Stimme ist das Thema eines weiteren Kapitels.

Beantwortet das Deine Frage einigermaßen?

(»Noch eine Zusatzfrage: Wenn mich z. B. unter der Dusche eine Stimme mit ›Lieber Conrad‹ anspricht und mir Ratschläge gibt, ist das dann mein seelischer Begleiter, also Du, Orimar, oder ist es meine eigene Stimme? Und würde die dann immer ›Ich‹ sagen?«)

Sei gewiss, lieber Conrad, dass unsere Verbindung eine sehr intensive ist, da Dein Glaube an diese Deine eigene innere Stimme bislang sehr gering ist. Aufgrund der Erziehung, die Du genossen hast, übernehme vielfach *ich* die Beantwortung der Fragen, die Du im Inneren stellst. Aber *mein* Verbundensein mit *Deiner* Seele ist so stark, dass ich nur aufgrund Deines Glaubens vielfach im Außen, im »Du« die Antworten gebe, die Du Dir selbst nicht zutraust, die Du Dir nicht zugestehst und bei denen Du Dich fürchtest, im »Ich« zu verbleiben. Die Dominanz dieses »Ichs« ist bei sehr vielen Menschen verloren gegangen. Das ist Ergebnis Eurer Erziehung. Reicht Dir diese Antwort?

(»Das heißt also, unsere Erziehung hat dazu geführt, dass wir unser eigenes Ich hinten anstellen und dass bei mir die

Folge ganz konkret ist, dass ich Dich brauche, um meine eigenen Bedürfnisse zu formulieren. Ist das richtig?«)

Damit hast Du den Nagel auf den Kopf getroffen! In der zunehmenden Akzeptanz der *Wichtigkeit der eigenen Stimme* verliere ich als Ratgeber an Bedeutung. Aber erst diese Form der Emanzipation stellt den stetigen Kontakt zur eigenen Seele her und erhält ihn aufrecht.

Ende des 23. Buchdiktats vom 10. Oktober 2006

Sitzung vom 12. November 2006 mit 24. Buchdiktat

KAPITEL 7:
Die Negation der Seelenwelt und ihre Folgen

Ich möchte in diesem Kapitel viele Fragen stellen, Fragen, die Ihr mit Eurem irdischen oder materiellen Wissen, aber auch mit seelischem Sachverstand beantworten könnt.

Was geschieht, wenn Ihr als Menschheit weiterhin Eure fossilen Brennstoffe in dieser restlosen Form verbraucht?

Die erste, die *materielle* Antwort würde lauten:

In zwanzig bis höchstens vierzig Jahren werden wir eine andere Lösung benötigen, um unsere Häuser zu heizen, unsere Fahrzeuge fortzubewegen und unseren Strom, das heißt unsere Beleuchtung, unsere Computer funktionieren zu lassen.

Die direkte Folge dieses restlosen Verbrauchs, die Euch allen schon bewusst geworden ist, ist die Erwärmung der Erdatmosphäre. Diese führt, wie Euch auch bewusst ist, zum Abschmelzen Eurer Gletscher und der Polkappen und somit zu einer Erhöhung Eures Meeresspiegels, aber auch der Temperaturen in Euren Ozeanen. Das wiederum hat zur Folge, dass ein Großteil Eurer derzeitigen Meerespopulation aussterben wird und sämtliche Korallenriffe absterben.

Das Ausmaß der Verbrennung der fossilen Energie wird die Größe Eurer Ozonlöcher in den nächsten zehn bis zwanzig Jahren verdoppeln und in den nächsten zwanzig bis dreißig Jahren vervierfachen, denn die Verbrauchsmenge an fossilen Brennstoffen ist innerhalb der letzten zwei Jahrzehnte drastisch gestiegen.

Eure derzeitigen Ozonlöcher sind die Folge der Sechziger- bis Siebziger-Jahre. Also ist es leicht vorstellbar, welche Dimensionen der gesteigerte Ausstoß von Methangas in der Atmosphäre in ein paar Jahren annehmen wird. Die Art, in der Ihr weltweit Land- und Viehwirtschaft betreibt, beutet den Erdboden in einer Weise aus, dass die Nährstoffe vielfach nicht regenerierbar sind. Der Erdboden bedürfte einer längeren Regenerierungsphase, um sich von dieser extensiven Form der Landwirtschaft zu erholen, und bringt Euch daher vielfach nicht mehr die notwendigen Nährstoffe für Eure Nahrungskette.

Was geschieht, wenn Ihr Menschen Euch weiterhin in dieser Weise vermehrt?

Es ist richtig: In den meisten europäischen Gesellschaften sinkt die Bevölkerungszahl. Gesellschaften, die hoch entwickelt und hoch technisiert sind, neigen nicht zu großen Familien. Hier finden wir meist nur noch Ein-Kind-Haushalte. Das gilt aber nicht für die Mehrheit der Menschheit. Die Art, in der Ihr Euch momentan vermehrt, wird in dreißig bis vierzig Jahren dazu führen, dass Ihr um Brennstoffe, Nährstoffe und Wasser werdet streiten müssen, da sie für die Gesamtbevölkerung dieser Erde nicht mehr in ausreichender Form auffindbar sein werden. Bereits heute gibt es mit wachsender Tendenz Landstriche auf diesem Erdboden, die ihre Bewohner nicht mehr ernähren.

Was haben diese Fragen und Antworten mit dem Titel unseres Kapitels »Negation der Seelenwelt und ihre Folgen« zu tun?

Ich habe in den vorangegangenen Kapiteln über die Seelenwelt und Eure Verbindung zu ihr gesprochen. Was bedeutet nun »Negation der Seelenwelt«?

Ganz einfach. Der Zustand, in dem sich der Großteil der Weltbevölkerung momentan befindet, ist eine vollständige Verneinung der Seelenwelt – Verneinung insofern, als dass sie ihr Leben führt, als ob sie sterblich wäre! Sie führt ihr Leben in einer Weise exzessiv, als ob sie auf diese irdische Welt käme und *nach* ihrem irdischen Leben *nichts* mehr wäre.

Die Verantwortungslosigkeit im Umgang mit Eurem Planeten ist so dramatisch, weil viele Menschen auf dieser Erde *nicht* glauben, dass sie in Verbindung stehen mit einer seelischen Welt, dass sie unsterblich sind und dass diese *Eure* Erde Euch immer wieder ihre Dienste leistet, um unterschiedlichste Lebenserfahrungen in unterschiedlichsten Leben machen zu können.

(»Frage von mir: Ist diese Erfahrung an diese Erde gebunden?«)

Selbstverständlich sind diese Erde wie auch ihre Bewohner eine materialisierte Illusion. Selbstverständlich habt Ihr Euch Eure Erde in einer kollektiven Materialisation in der Form geschaffen, wie sie Euch jetzt vorliegt. Und gerade das ist das Problem! Aus der vollständigen Negation der Seelenwelt, der Verneinung der Zugehörigkeit zur *alles* umfassenden Energie, der Leugnung der *Zusammengehörigkeit mit Gott* oder wie auch immer Ihr diese Energie bezeichnen möchtet, der Abtrennung von der Seelenwelt, erwächst das Gefühl, nur *einmal* hier zu sein, erwächst die Wurstigkeit gegenüber der Schöpfung, erwächst die *Gleichgültigkeit* im Umgang mit dem Planeten, den Mitmenschen, Tieren und Pflanzen.

Der Gedanke, in Verbindung mit der Seelenwelt zu stehen, als Seele unsterblich zu sein und die Lebenserfahrung in viele unterschiedliche Leben hineinzuprojizieren, führt zu einer anderen Form von Verantwortungsbewusstsein. Ein Gut, über das ich unendlich lange verfüge, weil ich unsterblich bin, behandle ich besser als jenes, das ich nur kurz bewohne, weil ich ohnehin vielleicht nur sechzig, siebzig Lebensjahre zur Verfügung habe.

Ich hoffe, ich drücke mich klar aus! Euer kollektiver Glaube an die Unsterblichkeit Eurer Seelen würde Euch *gänzlich anders* mit Eurer Erde, mit Eurer Umwelt umgehen lassen! In der Verbindung mit dem All-Eins beutet Ihr ein Gut, das Euch auf ewig zur Verfügung steht, *nicht* in kürzester Zeit derart aus, dass Ihr mit der restlichen, unendlichen Zeit nicht mehr viel anfangen könnt. Euch ist nicht klar, dass Ihr die Folgen Eures Handelns selbst *spüren* werdet! Verändertet Ihr den kollektiven Glauben, die Erde ausbeuten zu müssen, so erhieltet Ihr in kürzester Zeit eine immense Veränderung der Materialisation auf Eurer Erde. Aber Euer Glaube reicht dafür nicht aus – zumindest *momentan*.

Euch ist nicht klar, dass nicht fossile oder Atomenergie, Nahrung und Wasser Euch am Leben erhalten, sondern Euer *Glaube*! Ihr erschafft diese Welt mit Eurem kollektiven Glauben! Ihr erschafft die Bodenschätze dieser Erde inklusive fossiler Brennstoffe! Alles auf dieser Welt ist unerschöpflich vorhanden, da Ihr es mit Eurer Kraft, mit Eurer Seelenenergie immer wieder zum Leben erweckt und erhaltet!

Ohne Euren Glauben an die Materialisation existiert keine Materie!

Aber Eure Entfernung vom Grundwissen Eurer seelischen Unsterblichkeit ist so dramatisch, dass Ihr *vergessen* habt, dass Ihr Eure Welt in jeder Sekunde neu erschafft.

...abt *vergessen*, dass Energie unerschöpflich vorhanden ist.

Ihr habt *vergessen*, dass Ihr keine Fahrzeuge bräuchtet und keine Computer und keine Heizungen.

Ihr habt das *alles vergessen*!

Eine simple Veränderung Eures Glaubens brächte auch eine nachhaltige Veränderung Eures Lebensraumes mit sich.

In der Verbindung mit dem All-Eins und im Glauben an die Unsterblichkeit, in der Verbindung mit der Seelenwelt liegt in drastischer Weise Euer Heil, denn hier findet Ihr die Möglichkeit zur Veränderung Eures vom Geist beschränkten Glaubens und damit zur Abkehr von Ausbeutung, Kampf und Krieg!

In dem wiedererworbenen Wissen um die Unsterblichkeit der Seelenwelt liegt die Möglichkeit der Erfahrung, dass Ihr die Erde in jedem Moment neu erschafft, dass also auch ihre Ressourcen nicht zur Neige gehen. Es ist Euer Glaube, der Euch hindert, der Euch daran festhalten lässt, Krankheit, Ausbeutung, Krieg, Angst, Verteilungskämpfe in den Vordergrund zu stellen.

Euer Glaube an die materielle Welt hat sich festgefahren. Er hat sich mithilfe Eures dominanten Geistes verselbstständigt und ließ eine Welt entstehen, die zur Vergrößerung der Ozonlöcher, Erwärmung der Erdatmosphäre, Aussterben der Meerespopulation, Ausbreitung der Wüsten etc. etc. geführt hat.

Ihr lebt in dieser Manifestation und seid von ihrer Endgültigkeit überzeugt. Ihr bemüht Euch um Verbesserungen, aber Ihr stellt *nicht* infrage, dass eine simple Änderung Eures Glaubens zu einer anderen Form der Materialisation führen könnte.

Ihr seid Euch Eurer *Kraft*, Eurer *Macht*, Eurer *Verbindung* in keinster Weise mehr bewusst. In Eurer Verbindung mit dem All-Eins liegt die simple, aber immer vorhandene Möglichkeit, in einer gesunden, friedfertigen Umgebung zu leben, in einer Umgebung *mit Zukunft*.

Ende des 24. Buchdiktats vom 12. November 2006

Sitzung vom 3. Februar 2007 mit 25. Buchdiktat

Ihr hegt die feste Überzeugung, dass das Leben auf dieser Erde so ist, wie Ihr es materiell betrachten könnt, wie Ihr es jeden Tag materiell erfahrt, wie Ihr geht, steht, sitzt, liegt, esst, fühlt, riecht und schmeckt! Ihr erfahrt Euer Leben extrem diesseitig und festgefahren. Ihr könnt Euch nicht vorstellen, ein Leben auf dieser Erde mit *anderen* Quellen der Energiegewinnung zu führen – *jenseits* globaler Erwärmung. Geschweige denn könnt Ihr Euch vorstellen, dass sich in Eurem Inneren Kräfte befinden, die Euer Haus heizen, Eure Herdplatte zum Glühen und Euer Badewasser heiß werden lassen.

Ihr seid *selbst* die Quelle aller Energie, aber Euch fehlt dafür noch das Verständnis. Eure Überzeugung, Euer Glaube führt Euch momentan und in nächster Zukunft in eine sich stark durch Erwärmung verändernde Welt, die auf der einen Seite austrocknet und auf der anderen Seite überschwemmt, von Hungersnöten geplagt und durch Euch selbst gestresst ist. Hierher bereits hat Euch Euer Glaube geführt!

Eure *Erfahrung* ist die *Konsequenz* Eures Glaubens. Erst mit der Infragestellung dieses Glaubens beginnt Euer weiter Weg zurück zu einer gesunden Lebensform.

Ich gehe noch ein Stück weiter: Eure Erde wird weiter existieren, ob *mit* Euch oder *ohne* Euch. Die Wahrscheinlichkeit, dass physisches Leben auf diesem Planeten ab einem bestimmten Erwärmungsgrad nicht mehr möglich sein wird, ist groß. Aber die Wahrscheinlichkeit, diese Erwärmung zu stoppen, ist genauso groß.

Euer Glaube schafft Eure Materie, schafft Eure Erde, schafft Euer physisches Leben, schafft die Pflanzenwelt, die Tier- und die Menschenwelt, jeden Tag, jede Stunde, jede Minute aufs Neue!

Es gibt keine Zeit. Die Welt Eurer Vergangenheit, die Welt Eurer Gegenwart und die Welt Eurer Zukunft existieren parallel in den unterschiedlichsten Wahrscheinlichkeiten. In *Eurer* Form der Manifestation seid Ihr Euch Eurer Schaffensmacht nicht bewusst! Ihr seid Euch im Gegenteil Eurer Macht vollständig unbewusst.

Ein Teil von Euch *will* diese Erfahrungen in der materiellen Welt machen.

Um es klar auszudrücken: Er *will* Pflanzenwelt vernichten, Tierwelt vernichten, er *will* die Erfahrung der Erderwärmung machen, er *will* Wirbelstürme, er *will* Chaos, er *will* Endzeit. Das ist eine zerstörerische Dimension.

Dahinter steht ein *Geist*, der die Existenz der Seele negiert, der das ewige Leben einer Seele, aller Seelen für unwahrscheinlich, wenn nicht unmöglich hält, der sich losgesagt hat von der seelischen Welt.

Ihr glaubt *nicht* daran, an dieser Situation Wesentliches verändern zu können. Ihr hantiert mit den Mitteln der Politik, mit Beschlüssen, innerhalb der nächsten zwanzig Jahre weniger CO_2 auszustoßen, aber Ihr beschäftigt Euch *nicht* mit dem Gedanken, Euren *Glauben* zu verändern.

Die Energie, die in Eurem Glauben steckt, ist bislang völlig blockiert, unterdrückt, jedenfalls *nicht* freigesetzt.

Denn aus Eurem Glauben, aus Eurem seelischen Dasein ist diese ganze Eure Welt erst entstanden, und sie ist mit Eurem Glauben veränderbar bis hin zur Reduktion der Meerestemperatur. Alles liegt im Rahmen *Eurer* Möglichkeiten.

Euer Glaube hat die Fähigkeit, Eure Eisberge zu erhalten, denn auch sie sind aus Eurem Glauben entstanden. Eure Fische, Eure Kühe, Eure Schweine, all Eure Pflanzen, das Meer, jeder Fluss, jedes Staubkorn ist mit Eurer Energie, mit Eurem Glauben entstanden. Ihr formt diese Welt, jeden Tag, jede Minute aufs Neue.

Euer Glaube erst schafft diese Erderwärmung. Euer Glaube ist auch in der Lage, sie zu verhindern. Ich bin mir bewusst, dass Ihr Euch weit jenseits des wirklichen Verständnisses dieser Glaubensdimension befindet, aber sie existiert *dennoch*.

Ende des 25. Buchdiktats vom 3. Februar 2007

Sitzung vom 4. Februar 2007 mit 26. Buchdiktat

Wozu dienen nun meine ganzen Erläuterungen?

Wozu dient einerseits das Ausmalen eines »Horrorszenarios« und andererseits das Philosophieren über einen Glauben, der dieses Szenario *sofort* verändern könnte?

Was habt Ihr davon, wenn ich Euch das erzähle?

Ich stoße Euch bewusst vor den Kopf, um Euch vor Augen zu halten, wie leicht es Euch fallen könnte, Eure festgefügte Welt mit einem Wimpernschlag zu verändern. Eure *vermeintlich* so fest gefügte Welt führt Ihr momentan mit Systematik an den Rand des Untergangs, nur um dann festzustellen, dass Ihr trotz dessen noch da seid, dass es Euch weiterhin gibt! Das, was Ihr hier tut, ist das verzweifelte Bestreben, endlich zu sehen, endlich zu fühlen, dass es die andere Welt *gibt*! Selbst wenn Ihr Eure Erde in den Zustand versetzt, kein menschliches, tierisches oder pflanzliches Leben mehr beherbergen zu können, so würde das *nicht* Euer Ende bedeuten. Ihr würdet nur nicht mehr in dieser menschlichen Form materialisiert auf dieser Erde weilen, aber es würde Euch dann ein Licht aufgehen, welche *Chancen* Ihr vertan habt!

Aber meine Aufgabe ist es – und deshalb komme ich als Seelenwesen aus der Seelenwelt zu Euch – Euch *vorher* bereits klarzumachen, auf welchem Wege Ihr Euch befindet und Euch auf Eure Fehler und Euren Irrglauben hinzuweisen.

Ihr als Seelenwesen benötigt nicht einmal Luft. Ihr seid vollständig unabhängig von *jeglicher* Materie. Sie ist lediglich Ausdruck Eurer grenzenlosen Schaffenskraft.

Das, was ich hier tue, gleicht einer außersinnlichen Psychotherapie. Ich arbeite therapeutisch mit Euch, um Euch den Weg aus einer geistigen Verirrung zu weisen, die aus den jahrhundertelangen Verirrungen Eurer »Geister« resultiert (womit ich Geist in der Mehrzahl meine und nicht Spukgeister). Ihr habt alle Möglichkeiten, denn Ihr seid frei in Eurer Entscheidung, mit Eurem Leben im Mikro- und Makrokosmos so weiterzumachen wie bisher. Aber ich möchte Euch einladen zu einem Weg in eine *andere* Welt, in eine Welt jenseits der Klimaerwärmung, in eine Welt, die die Erde als »Blauen Planeten« erhält, die es für Euch *alle* möglich macht, ein erfülltes Dasein zu führen.

Ich möchte Euch in diesem Buch an die Hand nehmen, Eurem Glauben eine andere Ausrichtung geben. Ich möchte Euch mit dem Rüstzeug ausstatten, das Euch gestattet, eine Welt zu erschaffen, in der Ihr keine Angst mehr haben müsst, eine Welt, die auch übermorgen noch existieren und friedlich sein kann. Das ist der Grund, warum ich Euch vorher ein wenig schocken musste ...

Ende des 26. Buchdiktats vom 4. Februar 2007

Sitzung vom 10. Februar 2007 mit 27. Buchdiktat

KAPITEL 8:
Der Stimme der Seele Gehör verschaffen

Um der Stimme Eurer Seele Gehör zu verschaffen, ist es notwendig, die Stimme Eures *Geistes*, die Euren Glauben erzeugt, infrage zu stellen. Das wiederum ist notwendig, um Euch den Weg zu zeigen hin zu einem anderen Glauben jenseits Eurer vermeintlich festgefügten, materiellen Welt.

Am Ende des letzten Kapitels sprach ich von Eurem Glauben, der Eure Welt erzeugt, Eure Erde mit Klimaerwärmung überzieht, Euch davon abhält, eine andere Wahrscheinlichkeit auf Eurem »Blauen Planeten« zu erleben. Ich meine hiermit nicht ein theoretisches Konstrukt, sondern Euren Irrglauben, über ein lediglich *diesseitiges* Leben zu verfügen, ein *materielles* Leben ohne Anbindung an die Seelenwelt – die Seelenwelt, die Eure Erde nicht benötigt.

Meine Aufgabe in diesem Buch ist es, Euch Menschen klarzumachen, dass es einen anderen möglichen Weg für Euch gibt heraus aus dem Dilemma der Klimaerwärmung, des Aussterbens der Meere, der zunehmenden Stürme und Überschwemmungen. Ich möchte Euch einen Weg aufzeigen, ein Leben zu führen – und jetzt wiederhole ich mich – das die Klimaerwärmung vermeidet und sanft und umsichtig mit Eurer Erde umgeht, in der festen Überzeugung, *Gast* auf dieser Erde zu sein, die Ihr Euch mit Euren mentalen Kräften erschafft – jeden Tag, jede Minute aufs Neue. Ich möchte Euch befreien aus Eurem fest gefügten Irrglauben, Ihr hättet nur ein Leben auf dieser Welt, ein *materielles* Leben, und könntet daher an Eurer Welt, an dem Leben auf Eurer Erde nichts verändern.

In dem Wissen, ein Seelenwesen zu sein, das diese Erde in ihrer jetzigen Form und auch in einer *anderen* Wahrscheinlichkeit erst *erschafft*, würdet Ihr Euch anders verhalten. Ihr würdet Eure energetischen Ressourcen dazu benutzen, diese Erde möglichst lange am Leben zu erhalten, denn sie bietet Euch die Möglichkeit der immer neuen Erfahrung eines menschlichen Daseins.

Um diesen Weg zu einem neuen Glauben beschreiten zu können, ist es notwendig, *die Stimme Eurer Seele* in Euch zu erwecken und ihr dann stetig Gehör zu verschaffen. Diese Stimme der Seele ist in Euch allen verkümmert.

Eure *geistige* Stimme hält Euch fest im Griff und vermittelt Euch die Überzeugung, ein lediglich materielles Dasein zu führen. Nur über den Zugang zur Stimme Eurer Seele ist es möglich, in Euch die Erfahrung, ein Seelenwesen zu sein, hervorzurufen, und diese Erfahrung immer wieder zu praktizieren. Ohne diese »Praxis« könnt Ihr als menschliche Wesen nicht die Gewissheit erlangen, ein *Seelenwesen* zu sein. Ohne die Anbindung an das seelische Dasein ist es Euch nicht möglich zu erkennen, mit welch enormer *Energie* Ihr ausgestattet seid. Es ist Euch nicht möglich zu erkennen, dass *Ihr* diese Eure Welt für Euch selbst erschafft. Erst in dieser Erkenntnis liegt die Ruhe, die Euch die Wahrscheinlichkeit Eures Lebens in eine andere Richtung lenken lässt, die Euer momentan festgefügtes Dasein verändert.

Die *Stimme des Geistes* ist eine antrainierte, durch *Erziehung* gesteuerte Stimme. Sie ist von Gesellschaftssystem zu Gesellschaftssystem unterschiedlich geartet. Sie ist vernunftbezogen, logisch, erziehungskonform, streng, sittlich-moralisch, aber auch durchaus amoralisch im Kontext der jeweiligen Erziehung.

Sie begleitet Euch von Kindesbeinen an. Sie führt Euch durch Euer Leben und leitet Euch. Sie versucht, schmerzhafte Erfahrungen zu vermeiden. Sie versucht, Leid von Euch fernzuhalten. Sie kann ein strenger Lehrer und ein harter Richter sein. Es ist letztendlich nicht wichtig, *welche* Regeln sie Euch beibringt, aber sie zeigt Euch, dass es Regeln gibt, und das sind die, die Ihr in Euren jeweiligen Gesellschaftsformen erlernt habt. Die Art der Sozialisation, die Ihr erfahren habt, prägt Eure geistige Stimme.

Die *Stimme Eurer Seele* ist von Anbeginn Eures Lebens in Eurer Nähe. Sie hält keine Regeln bereit und hält sich auch nicht an Richtlinien. Sie vermittelt Liebe, Fürsorge, Freundschaft, Vertrauen für Euren physischen Leib. Ihr Ton ist leiser, denn sie rührt nicht von Euren Eltern, aus Eurer Umwelt her, stammt nicht aus Eurer Erziehung, sondern sie ist die ständige Verbindung zur Seelenwelt. Sie stellt Fragen, sie ist neugierig, sie weckt die Phantasie, sie meldet sich, wenn Ihr Euch wohlfühlt. Sie orientiert sich nicht an äußerem Lob, an Erfolgen, an der Lernerfahrung. Sie betrachtet lediglich die Welt mit Staunen. Sie erreicht Euch über Euer *Gefühl*. Sie lenkt Eure Aufmerksamkeit auf *energetische* Gegebenheiten. Sie regt die Phantasie an, verstärkt Eure Gefühle und Empfindungen, zeigt Euch eine Welt jenseits der Materie und befördert Eure Intuition. Sie ist immer wohlwollend, will immer Euer Bestes und sieht das Beste in Euch.

Habt Ihr in Eurem Leben strenge Eltern, strenge Geschwister, eine strenge Familie, strenge Lehrer, strenge Freunde, so wird diese Stimme schon sehr früh *dominiert*. Die Ebene der

Strenge, der Distanz, der Dominanz, der Arroganz ist ihr fremd, und so zieht sie sich zurück, was nicht bedeutet, dass sie nicht da wäre. Sie zieht sich nur in die *unbewussten* Ebenen der Persönlichkeit zurück, da das Bewusstsein durch die *geistige* Stimme beherrscht wird.

Je mehr die Stimme des Geistes die Bewusstheit beherrscht, je weniger *spricht* die Stimme der Seele. Sie macht sich nichtsdestotrotz bemerkbar durch ein flaues Gefühl im Magen, durch Herzklopfen, ein Pochen im Hals, Atemnot, ein glockenhelles Lachen, durch Bilder, Musik, Düfte und Geschmäcker.

Die Stimme der Seele braucht Raum, um zu sprechen. Daher spricht sie erst zu uns, wenn wir uns Freiheit beziehungsweise Freiraum von geistiger Beurteilung verschaffen. Sie spricht in der *Ich-Form* zu Euch. (*Präzisierung auf unsere Nachfrage am 8. November 2009:* ... sobald sie voll integriert ist und Ihr über einen aufgeklärten, weisen Geist verfügt.) Sie ist nicht der seelische Begleiter. Sie ist Eure *eigene* Seelenstimme. Ich möchte Euch Übungen an die Hand geben, Übungen, diese Stimme wahrzunehmen, um dann in der Verbindung zu ihr ein Leben in Einheit und Reichtum an Erfahrungen zu leben, das Euch sonst nicht möglich wäre.

Ende des 27. Buchdiktats vom 10. Februar 2007

Sitzung vom 11. Februar 2007 mit 28. Buchdiktat

In der heutigen Sitzung möchte ich versuchen, mit Euch gemeinsam einen Weg zu beschreiten, der Euch die Ohren öffnet für die Stimme Eurer Seele. Wie bereits gesagt, spricht Eure Seele in der *Ich-Form* zu Euch. Das erscheint Euch vielleicht ungewöhnlich, da Ihr in Eurem Inneren viele Stimmen hört, die Euch mit »Du« bezeichnen. Sie können streng und lehrerhaft, einengend oder kalkulierend sein. Dann ist es der *Geist*, der zu Euch spricht.

Spricht die Stimme Eures *Seelenbegleiters* zu Euch, dann spricht auch er Euch mit »Du« an, hilft Euch, steht Euch zur Seite, baut Euch auf durch Sicherheit. Dieser Stimme gelingt es auch innerhalb kürzerer Zeit der Besinnung, zu Euch vorzudringen.

Das ist aber nicht die Stimme Eurer Seele. Diese ist bei einem erwachsenen Menschen zumeist so leise, dass Ihr erst wieder lernen müsst, sie zu hören. Das funktioniert nicht in Eurem normalen Tagesablauf. Zur Erweckung der Seelenstimme benötigt Ihr in einem einmaligen Vorgang mindestens einen halben Tag.

Nehmen wir ein einfaches *Beispiel*:

Stellen wir uns einen jungen Mann vor, fünfundzwanzig Jahre alt, Studium beendet, erster Job. Die Stimme des Geistes lässt ihn Karriere machen, passende Freunde, eine Frau oder auch einen Mann an seiner Seite finden, lässt ihn sich überlegen, ob er noch eine weitere Lernphase in seinem Leben benötigt oder nicht, ob er in seiner Anstellung bleiben möchte oder nicht.

In dieser Dimension »denkt« und »fühlt« die Stimme der Seele nicht!

Die Stimme der Seele fragt vielleicht:

»Woran hast Du Freude? Wann kannst Du ungehindert lachen? Wann erfährst Du tiefe Liebe? Wie fühlt sich echter Zorn an? Hast Du Neidgefühle, und woraus resultieren sie? Ist Dein Körper ausgelastet? Wie fühlen sich Deine Muskeln an? Welche Menschen verursachen Freude in Deinem Leben und welche Leid? Wie sind die Unterschiede dieser beiden Empfindungen? Wie siehst Du die Welt? Was gefällt Dir auf ihr und was nicht? Wo willst Du hin, wie soll Dein Leben aussehen? Sprichst Du mit einer anderen Seele? Siehst Du die *Seele* in diesem Menschen, der Dir gegenübersteht? Empfindest Du seine oder ihre Gefühle? Spürst Du seinen Wunsch nach Weiterentwicklung? Kannst Du ihn nachempfinden?«

Ich könnte noch stundenlang so weitermachen.

Die *Dimension*, in der die Seele »denkt« und »fühlt«, ist also eine andere. Sie orientiert sich nicht an *materiellen* Werten.

Von daher verlangt Euch die Übung, Eure Stimme der Seele aufzuwecken, einiges ab! Es ist auch durchaus möglich, dass Ihr beim ersten Mal scheitert, dass es Euch nicht gelingt, zu ihr vorzudringen. Nichtsdestotrotz lohnt es sich sehr, denn diese Stimme ist der Zugang zu Eurem *persönlichen* Energiepotenzial, das Euch in die Lage versetzt, Eure Welt zu erschaffen.

Das Gesamthafte dieser Dimension wird Euch nicht mit einem Mal klar werden, aber wenn Ihr beginnt, *systematisch* zu Eurer Seele Kontakt aufzunehmen, werdet Ihr auch systematisch beispielsweise zu einer Verlängerung Eures Lebens beitragen, da Ihr Eure Körperzellen damit extrem aktiviert! Ihr füllt sie mit Energie auf! Ihr gebt ihnen einen *Riesenschub*! Schon allein das ist eine gewaltige Errungenschaft, mal ganz abgesehen von den Wundern, die dann vor Euch liegen und die es zu entdecken gilt!

Ich werde Euch als Nächstes die **Übung zur Erweckung Eurer Seelenstimme** erläutern.

> ❯ Ihr benötigt dafür ein Wochenende ohne Termine, ohne äußere Zwänge, und damit meine ich auch kochen, einkaufen, duschen, baden, Gymnastik machen, laufen – alle normalen Dinge, die man sonst am Wochenende tut. Ihr müsstet Euch also darauf vorbe-

reiten und die Notwendigkeiten vorab am Freitag erledigen – also vorher einkaufen, vorher kochen, alle Getränke bereitstellen, Euch mal einen oder zwei Tage lang nicht waschen, *nichts tun müssen!*
› Weiterhin darf es *keine Störung von außen* geben: Kein Telefon, kein Fernsehen, kein Radio, keine Zeitung, kein Buch, keine Kinder, keine Eltern, keine Freunde.
› Diese Übung könnt Ihr nur allein oder mit einem Partner machen, der Euch wirklich nahesteht, dem Ihr vollständig vertrauen könnt, dem Ihr Euch zu öffnen wagt. Störungen von außen sind aber auch Vogelgezwitscher oder die hereinscheinende Sonne. Es wäre also sinnvoll, zumindest während der Übung die Rollos herunterzulassen und Türen und Fenster zu schließen.

Ende des 28. Buchdiktats vom 11. Februar 2007

Sitzung vom 17. Februar 2007 mit 29. Buchdiktat

Wir haben in der letzten Sitzung schon über die Vorbedingungen gesprochen, die Ihr treffen müsst, um die **Übung zur Erweckung Eurer Seelenstimme** auszuführen.

› Wenn Ihr gut geschlafen und *aus*geschlafen habt, könnt Ihr in der Früh Eure sanitären Bedürfnisse erledigen, am besten gleich etwas essen und trinken und Euch dann in eine bequeme Position begeben. Der Raum, in den Ihr Euch begebt, sollte abgedunkelt sein, ohne Störungen von außen.
› Nun atmet Ihr im Liegen eine halbe Stunde lang erst einmal folgendermaßen durch: Ihr legt eine

Hand auf den *Brustkorb* und eine auf den *Bauch*. Das Einatmen fließt frei, sollte aber möglichst tief sein. Den Aus-Atem müsst Ihr strecken. Die Konzentration auf den Atem sollte vollständig sein. Ihr solltet versuchen, alle Gedanken, die Euch kommen, einfach an Euch vorüberziehen zu lassen – nicht festzuhängen, nicht zu grübeln, einfach vorbeiziehen zu lassen.

› Hier ist die Vorstellung hilfreich, dass mit jedem Atemzug ein neuer Gedanke an Euch vorüberzieht wie eine Wolke am Frühlingshimmel. Den Aus-Atem streckt ihr am besten über den leisen Ton, der entsteht, wenn Ihr die Lippen spitzt, oder über den inneren Rachenton.

› Ist diese lange Zeit der Atemberuhigung vorüber, beginnt Ihr Eure Gliedmaßen systematisch zu entspannen, indem Ihr Euch von Atemzug zu Atemzug wie beim Autogenen Training auf die einzelnen Gliedmaßen konzentriert. Dabei ist es hilfreich, mental beispielsweise mit dem linken Nasenloch *ein*- und dem rechten *aus*zuatmen. Selbstverständlich gelingt das körperlich nicht vollständig, was aber auch nicht notwendig ist. Es handelt sich auch hierbei nur um eine Konzentrationsübung. Nach etwa einer Stunde seid Ihr dann in einem Zustand der Entspannung.

› Nun erst beginnt die eigentliche Übung.
› Ihr könnt es als *Wiedererweckung*, aber auch als *Wiedergeburt* bezeichnen, denn jetzt begebt Ihr Euch auf eine Reise in Eure Vergangenheit. Diese Reise ist so lang wie Euer Leben. Sie beginnt im Jetzt und lässt *Jahr für Jahr* vor Eurem inneren Auge abrollen. Jeder Mensch hat seine eigene Art, sich ein Jahr zu merken.
› Vielleicht gibt es Jahre, in denen Euch nur eine ein-

zige Begebenheit einfällt – dann besteht dieses Jahr aus *dieser* Begebenheit.
› Es mag aber auch einzelne Jahre geben, in denen die Bilder nur so purzeln – dann braucht dieses Jahr eben länger!
› Wichtig ist, dass Ihr *systematisch ein Jahr nach dem anderen rückwärts* vor Eurem inneren Auge ablaufen lasst. Alle Bilder, alle Gefühle, die in Euch hochsteigen, schaut Ihr Euch lediglich an. Ihr beobachtet sie nur.

› Dieses innere Zurückspulen wird sehr viel Zeit in Anspruch nehmen. Wenn Ihr bei den frühesten zehn Jahren Eures Lebens angelangt seid, dürfte es Euch schwerfallen, die Strukturiertheit zu bewahren und ein Jahr vom anderen zu unterscheiden. Versucht es dennoch! Versucht Euch vorzustellen, wie Ihr immer jünger werdet, wie ein Vergangenheitsfilm rückwärts vor Eurem inneren Auge abläuft. Wenn Ihr dann bei Eurer Geburt angekommen seid und Euch beim ersten Mal die tiefe Versenkung in Eure Vergangenheit wirklich gelingt, kann es sein, dass ganz kurz ein »Ich« aus Euch spricht und Euch die Initiation, den ursprünglichen Wunsch mitteilt, mit dem Ihr auf diese materielle Welt gekommen seid: »Es war mein Wunsch, in diesem Leben dieses und jenes zu erfahren.«

› Je nachdem, ob Eure Stimme bereits jetzt Kontakt zu Euch aufnimmt oder nicht, verweilt Ihr an dieser Stelle Eurer Meditation oder nicht. Nehmt Euch viel Zeit! Sollte sie nicht sprechen, kehrt Ihr ganz langsam und behutsam zu Eurer Atemübung zurück.
› Dann beginnt Ihr von vorn.

> *Diesmal* stellt Ihr Euch *Euer Leben von der Geburt bis zum heutigen Tage* vor, und wieder lasst Ihr einen inneren Film vor Euch ablaufen, diesmal *vorwärts*, und nehmt Euch wieder viel Zeit dafür! Beim zweiten Mal werden Euch bereits mehr Situationen einfallen. Die Erinnerung kehrt *in Schritten* zurück. Seid Ihr dann am heutigen Tag, am Tag Eurer Übung angekommen mit Eurem inneren Film, so habt Ihr die Aufgabe, Euch für ein paar Momente auf Eure Wünsche und Hoffnungen für das nun kommende Leben zu konzentrieren. Auch jetzt ist es möglich, dass Eure Stimme in der *Ich-Form* zu Euch spricht, dass sie Euch mitteilt, welche Wünsche sie für dieses Leben hat.

> Es ist aber auch durchaus möglich, dass Eure Stimme sich noch *nicht* meldet! Denn je *länger* Ihr nicht mit ihr gesprochen habt, umso *länger* benötigt sie, um sich herauszuschälen aus dem Konglomerat an Stimmen, das in Eurem Inneren um Aufmerksamkeit wetteifert. Nach dieser intensiven *Rückwärts- und Vorwärtsreise* dürft Ihr über die Atemübung langsam zurückfinden in die Gegenwart, eine halbe Stunde Pause machen, etwas Gutes essen und trinken. Dann legt Ihr Euch wieder hin. Ihr verbringt den *ganzen Tag* mit dieser Rückwärts- und Vorwärtsreise. Am Ende dieses Tages spricht Eure Seele mit Euch – beim einen früher, beim anderen später, aber sie spricht!
> Je *öfter* Ihr diese Reise an diesem Tag vollführt, umso *intensiver* werdet Ihr Euch mit Euren Lebensmustern vertraut machen.
> Wichtig ist, dass Ihr während der ganzen Zeit dieser Übung Euren inneren Film vollständig *wertfrei* vor Euch ablaufen lasst, dass Ihr nicht anfangt, ihn zu beurteilen. Lasst die Bilder einfach vorüberziehen und

schaut sie Euch lediglich an, als ob Ihr Euch das Leben eines anderen anschauen würdet. Bleibt im ruhigen Atem, streckt Euren Aus-Atem so weit als möglich, aber behaltet die Konzentration auf den Bildern.

Wir werden uns beim nächsten Mal dem zweiten Teil der Übung widmen, die Euch die Verbindung zur Stimme der Seele *erhalten* und zugänglich machen soll in Eurem täglichen Leben, das dadurch mit einem anderen Licht, einem vom *geistigen* Anspruch sehr weit entfernten Anspruch erfüllt werden soll.

Ende des 29. Buchdiktats vom 17. Februar 2007

Sitzung vom 24. Februar 2007 mit 30. Buchdiktat

Die **Übung zum Erhalt des Kontaktes mit der eigenen Seelenstimme** ist wesentlich weniger aufwendig. Sicher benötigt Ihr auch hier Abgrenzung und Ruhe, aber sie ist genauso in das tägliche Leben integrierbar – von Mal zu Mal einfacher!

> ❯ Am zweiten Tag Eures »Wiedererweckungswochenendes« steht Ihr ausgeruht und ausgeschlafen auf, erledigt Eure morgendlichen Erfrischungen und kehrt dann mit einer heißen Tasse Tee, Kaffee oder Kakao ins Bett zurück.
> ❯ Entspannt Euch, beherzigt die tiefe Atmung, intensiver Ein-Atem, möglichst langer Aus-Atem, sicher eine halbe Stunde lang.
> ❯ Dann sagt Ihr Eurer Stimme »Guten Morgen«. Ihr fragt sie, wie es ihr geht. Ihr fragt sie nach ihrem Traumempfinden der letzten Nacht. Lasst Euch auf die *Bilder* ein, die dann auf Euch einströmen werden.

> Als Nächstes fragt Ihr sie, welche Reisen sie in dieser Nacht hinter sich gebracht hat. Ihr hört einfach zu. Ihr nehmt die Gefühle, die jetzt in Euch auftauchen, an. Lasst sie zu!

> Ihr fragt Eure Seelenstimme, woher diese Gefühle stammen. Es ist durchaus möglich, dass Euch allein diese wenigen Fragen zwei Stunden festhalten.

> Danach legt Ihr eine *kurze Pause* ein, esst ein bisschen Obst und trinkt vielleicht einen zweiten Tee.

> Ihr setzt Euch nun hin, im Schneidersitz, im Fersensitz oder angelehnt mit ausgestreckten Beinen – jedenfalls bequem. Ihr schließt wieder die Augen und konzentriert Euch auf Euren Atem.

> Dann fragt Ihr Eure Stimme nach ihren *Wünschen für den heutigen Tag*. Habt Ihr diese Antwort erhalten, lasst Euch für die Reflexion darüber Zeit!

> Dann fragt Ihr sie nach ihren *Wünschen für die nächste Woche*. Was eine Woche ist, werdet Ihr Eurer Stimme zunächst erklären müssen. Diese Antwort wird länger ausfallen. Vielleicht ist sie aber auch nur ein Satz und beschränkt sich auf einen intensiven Gefühlswunsch.

> Dann fragt Ihr sie nach ihren *Wünschen für Euer weiteres Leben*. Hier werden viele Gefühle in Euch aufsteigen. Ihr beurteilt sie nicht und schaut sie Euch lediglich an.

> Da der Geist sich einzumischen versuchen wird, nehmt Ihr Euch im Anschluss an diese drei Fragen Zeit, um die Antworten in Ruhe stichpunktartig auf einem Blatt Papier zu notieren. Wenn Ihr alles notiert habt, legt Ihr das Blatt wieder beiseite, begebt Euch in die entspannte Sitzposition zurück, schließt wieder die Augen und wendet Euch Eurem Atem zu. Ihr

denkt jetzt nicht mehr über die Wünsche nach. Ihr lasst sie einfach weiterziehen.

Nun stellt Ihr wieder *Fragen*:
› Liebe Seele, wie wünschst Du Dir, dass ich aussehe?
› Liebe Seele, welche Menschen in meiner Umgebung tun mir gut?
› Liebe Seele, welche meiner Tätigkeiten entfernen Dich von mir?
› Liebe Seele, was kann ich tun, um Dir Freude zu bereiten?
› Liebe Seele, welche Erfahrung im Schmerz und im Leid möchtest Du machen?
› Liebe Seele, was willst Du lernen?

› Diese Fragen sind in der *Du-Form* gestellt, und Eure Stimme wird in der *Ich-Form* antworten. Sie versteht die Abstraktion. Zur Beantwortung jeder dieser Fragen werdet Ihr viel Zeit benötigen. Setzt Euch jedes Mal gleich hinterher an den Tisch und schreibt die Antworten stichpunktartig auf. Und legt jedes Mal danach das Blatt beiseite, ohne darüber nachzudenken und es zu beurteilen. Es ist sehr wichtig, dass Eure Gedanken nicht an den Antworten hängen bleiben. Ihr hört die Antworten, nehmt sie hin, schreibt sie auf und stellt die nächste Frage.
› Nach diesen vielen Fragen und Antworten werdet Ihr ein gewisses Gespür für Eure Seelenstimme entwickeln. Ihr werdet vielleicht feststellen, dass sie mit Euren Anforderungen an Euch selbst nicht übereinstimmen, und wenn doch, so seid Ihr vielleicht schon einen Schritt weiter in Eurer Entwicklung.
› Kehrt nach diesen vielen Antworten nicht gleich wieder in Euer tägliches Leben zurück, sondern ver-

> harrt noch eine Stunde im ruhigen Atem. Ihr könnt Euch an dieser Stelle auch gerne ein wenig bewegen, Euch ausagieren. Schottet Euch weiterhin von der Außenwelt ab, lasst nichts anderes als Eure Seelenstimme an Euch herantreten. Es ist durchaus möglich, dass sie Euch noch mehr zu sagen hat. Nehmt Euch Zeit und bleibt in Geduld, in einer Haltung geduldigen Abwartens.

Nun möchte ich noch ein paar Worte sagen zur täglichen Kontaktaufnahme zur Seelenstimme:

Diese Kontaktaufnahme wird Euch vielleicht nur jeden zweiten Tag gelingen. Aber nehmt Euch bewusst die Zeit in der Früh nach dem Aufwachen, widmet Euch Eurem Atem und stellt Eurer Stimme die Frage, was sie sich für den heutigen Tag wünscht. Nehmt die Antwort hin, beurteilt sie nicht. Diese einzige, kurze Frage täglich wird Euch Verständnis entwickeln lassen für Eure inneren Bedürfnisse.

Es ist durchaus möglich, dass Ihr mit der Beschäftigung mit Eurer eigenen Seele eine Revolution in Eurem Leben auslöst. In jedem Falle aber wird sich der Platz, den Ihr für Eure Seelenstimme bereithaltet, auf Eure Alltagsbeziehungen auswirken, aber auch und vor allem auf die Beziehung zu Euch selbst.

Ende des 30. Buchdiktats vom 24. Februar 2007

Sitzung vom 4. März 2007 mit 31. Buchdiktat

Nachdem wir uns in den letzten beiden Sitzungen mit den *Übungen zur Wiedererweckung* beziehungsweise *zum Erhalt des Kontaktes* mit der Seelenstimme beschäftigt haben, möchte ich Euch heute die *Folgen* erläutern.

In der regelmäßigen Kontaktaufnahme zur eigenen Seelenstimme liegt die große Chance der *Verbindung mit dem persönlichen Energiekern*.

Jedes Seelenwesen ist verbunden mit der Energie, die alles speist. Das Seelenwesen selbst besteht aus purer Energie. Beim Eintritt in ein körperliches Leben geht die Verbindung zur alles speisenden Gesamtenergie nicht verloren, aber der *Kontakt* zu ihr lässt sich *nur* über die Seelenstimme herstellen. Je weniger ein menschliches Wesen mit der eigenen Seele verbunden ist bzw. in Kontakt steht, desto weniger ist ihm der Quell der alles speisenden Energie zugänglich.

Diesen Quell aber erreicht Ihr nicht durch Euren Glauben an die Wissenschaft und die Religion, sondern *nur* über Eure Seele! Eure Seele spricht zu Euch und vermittelt Euch den Zugang zu dieser Energie. Mit dieser Energie seid Ihr in der Lage, alles Leben um Euch herum zu verändern oder es auch so bestehen zu lassen. **In der Kontaktaufnahme und der Sicherstellung des regelmäßigen Kontaktes mit der Seelenstimme liegt die Möglichkeit unermesslicher Energiezufuhr!**

Die erste, kleine Veränderung, die Ihr in Eurem Leben feststellen werdet, wenn Ihr den Kontakt zu Eurer Seelenstimme aufrechterhaltet, ist eine *zunehmende Gesundung Eures Körpers*.

Die nächste Veränderung, die Ihr – zunächst nur verhalten – spüren werdet, ist, dass Ihr Euch *mehr mit Euch selbst im Einklang* befindet. Auch wird es Euch gelingen, besser zu schlafen. Mit der Frage nach dem *Traumerlebnis* wird Euch Euer Traumempfinden auf tieferen Ebenen bewusst. Eure Ängste werden sich verabschieden – auch in den Träumen.

Die nächste wesentliche Veränderung in Eurem Leben wird ein erhöhtes Maß an innerer Ruhe sein. Es ist das Gefühl, zu wissen, wo man hingehört, zu wissen, wo das eigene Zentrum ist und wo dieses eigene Zentrum sich hinbewegen möchte. Diese innere Ruhe wird Eure Umgebung beeinflussen, Euer Verhältnis zu den Menschen, die Euch umgeben, nachhaltig verändern.

Aber die wirklich umwälzende Veränderung in Eurem Leben wird die Erfahrung der unerschöpflichen Energiequelle sein.

Im Gefühl, mit der unerschöpflichen Energiequelle verbunden zu sein, fehlt mir als Seelenwesen nichts mehr. Ich entbehre nichts und von daher kann ich *alles* mit jedem teilen. In diesem Gefühl liegt die Rettung Eures Erdballs.

Ende des 31. Buchdiktats vom 4. März 2007

Sitzung vom 9. April 2007 mit 32. Buchdiktat

Wozu dienen nun diese beiden Übungen noch?

Ist Euch erst einmal *klar*, dass Ihr über eine Seelenstimme verfügt, dass diese Seele zugehörig ist zu einer Seelenwelt, dass Eure Seele unsterblich ist und ihr *niemals* etwas geschehen kann, ist Euch das erst einmal *wirklich* bewusst, so ist die Bewusstmachung der Seelenwelt auch nicht mehr schwierig. Habt Ihr erst einmal Euren Unglauben überwunden, der Euch suggeriert, ein rein materielles Wesen zu sein, so ist auch der Schritt zum stetigen Kontakt mit der Seelenwelt kein großer mehr für Euch.

Und was hält denn nun die Seelenwelt für Euch bereit, wenn Ihr sie kontaktiert?

Zunächst einmal unermessliches Wissen und eine Fülle an Gefühl, Vertrauen, Sinnhaftigkeit für Euer Leben im Hier und Jetzt, in der Materie wie auch im seelischen Dasein. Der Austausch von Informationen, Erfahrungen und

Gefühlen mit anderen Seelenwesen wird aus Euch andere Menschen machen, denn dadurch, dass Ihr die unermessliche Fülle des Daseins erfahrt, müsst Ihr nie mehr Angst, Groll, Eifersucht oder Neid empfinden.

Es ist Euch in regelmäßigem Kontakt zur Seelenstimme möglich, Euer eigenes Leben innerhalb nur eines Jahres *drastisch* zu verändern, Glück und Freude in Eurem Leben ungeheuer zu vermehren. Innerhalb eines *weiteren* Jahres kann es Euch dann ohne Weiteres gelingen, regelmäßigen Kontakt zur Seelenwelt zu pflegen und sogar »Reisen« dorthin zu unternehmen.

Der Kontakt zur Seelenwelt wird Euch nach einiger Zeit selbstverständlich erscheinen und dazu beitragen, wiederum Eure materielle Welt zu verändern. Wie das funktioniert, werden wir in einem der nächsten Kapitel erörtern, in dem es um die *Transformation* der materiellen Welt geht.

Im Kontakt mit der Seelenwelt aber liegt auch die Möglichkeit, die universelle Energie in *potenzierter* Form »anzuzapfen«, um sie vor allem an Bedürftige wie Kinder und alte Menschen, aber auch an Pflanzen und Tiere weiterzugeben. Diese Energie ist *unerschöpflich* und *immer vorhanden*. Sie ist keine Ressource, die Ihr jemals aufbrauchen könntet, denn Ihr tragt selbst zu ihrer Erschaffung bei – aber auch dessen seid Ihr Euch nicht bewusst.

Ende des 32. Buchdiktats vom 9. April 2007

Sitzung vom 28. April 2007 mit 33. Buchdiktat

KAPITEL 9:
Aufbruch in die Seelenwelt

Die Übungen, die ich Euch im letzten Kapitel dargelegt habe, stellen das Mittel für den Aufbruch in Eure Seelenwelt dar. Wie aber sieht nun der Kontakt zur Seelenwelt aus? Wir haben bereits ein paar kleine *Reisen in die Seelenwelt* in Form meditativer Konzentrationsübungen gemacht. Sie sollten es erleichtern, sich eine Vorstellung von der Seelenwelt zu machen. Hier werden wir jetzt fortfahren.

Ich möchte mich nun den *Gesprächen*, der Kommunikation mit der Seelenwelt zuwenden, der Ihr Euch ab einem bestimmten Zeitpunkt des regelmäßigen Kontakts mit Eurer Seelenstimme bewusst werdet. Mit dem Kontakt zur eigenen Seelenstimme schafft Ihr einer Welt Raum, die Ihr vorher *nicht* wahrgenommen habt und auch nicht wahrnehmen konntet. Hört Ihr aber Eurer Seelenstimme in regelmäßigem Abstand zu, so könnt Ihr diese neue Frequenz, diese innere Wahrnehmung, dieses »innere Gehör« erweitern und »mithören«, mit wem Eure Seele kommuniziert.

Zunächst wird es Euch wie ein Gespräch vorkommen, an dem Ihr nur still Anteil nehmt. Nicht Ihr direkt, sondern Eure Seele führt dieses Gespräch. Sie ist der *Mittler*.

Zunächst erscheinen Euch diese Gespräche fremd. Sie handeln nicht von persönlichem oder beruflichem Erfolg, von Weiterkommen, finanziellem Wohlstand, Materiellem in jeglicher Art, sondern hier dreht es sich um den Austausch von Erfahrungen, die einzelne Seelen in der materiellen Welt machen, an denen sie ihre jeweiligen Gesprächspartner teilhaben lassen, sich quasi »erquicken und laben«.

Hier diskutieren Seelen beispielsweise über den Vorteil eines kurzen oder langen Lebens, über den Nachteil einer schweren Krankheit, über die Empfindungen in einem einsamen oder aber einem sozial breit gefächerten Dasein, über den Vorteil von Ungeduld oder den Nachteil von Unruhe, über die Erfahrung von Ekstase oder aber jahrelanger Langeweile.

Was bringt mich in meiner Erkenntnis voran?

Wo fühle ich mich als Seele frei und ungebunden?

Wie mache ich meinem menschlichen Körper die allseits vorhandene, alles speisende Energie bewusst?

Kann ich meinem menschlichen Wesen Leid ersparen oder mangelt es ihm dann an Erfahrung?

Wie sehr muss es sich seiner Körperlichkeit bewusst werden, um gesund zu bleiben?

Welche Erfahrungen mache ich in einem geistig behinderten Körper?

Mache ich lieber eine *Pause* zwischen meinem zehnten und meinem elften körperlichen Dasein?

Gibt es in der Seelenwelt Anstrengung ebenso wie in der körperlichen Welt?

Gibt es eine *seelische* Geburt?

Ich hatte Euch bereits eine **meditative Übung** an die Hand gegeben, Euch diese Reise in die Seelenwelt vorzustellen:

> ❯ Ihr liegt entspannt in Eurem Bett oder auf Eurem Sofa und stellt Euch nun, während Ihr ruhig und regelmäßig atmet, wieder vor, Euren materiellen Körper zu verlassen, zunächst den seelischen Kopf

zu heben, dann den seelischen Oberkörper zu lösen, die seelische Hüfte und den Unterleib, die seelischen Oberschenkel anzuheben, zuletzt die Unterschenkel und die Füße vom materiellen Körper zu entfernen, Euch schwebend zunächst im Raum, in dem Ihr Euch befindet, über Eurem materiellen Körper zu bewegen und dann durch die Stockwerke über Euch hindurch und durch das Dach Euer Haus zu verlassen, schwebend Eure Umgebung unter Euch zunächst noch wahrzunehmen, wie sie im Sonnenschein liegt, die Gärten zu betrachten und dann in einem seelischen Schwindel, einer leichten Orientierungslosigkeit in einen seelischen Nebel einzutauchen und die Welt unter Euch nicht mehr gänzlich wahrzunehmen, in diesem Nebel Euch schwerelos drehend und wendend, den blauen Himmel, die Atmosphäre zu verlassen und mit einem nächsten, schwebend empfundenen Schwindel in den Himmel der seelischen Welt einzutreten.
> Eintritt in den seelischen Himmel, Wahrnehmen der vollständig unterschiedlichen seelischen Atmosphäre, die einmal in allen Farben schillert, dann wieder ein erdengleiches Blau suggeriert, plötzlich eine seelische Welt wahrnehmend, die sich in jeder Sekunde verändert, die aber Euch zunächst ihre ganze Schönheit präsentiert.
> Schwebend, fliegend gar nehmt Ihr herrliche Landschaften wahr:
> Wasserfälle, die im seelischen Sonnenlicht rosa schillern, satte Wiesen und grüne oder gelbe Rapsfelder, oder – wenn es Euch lieber ist – wogende Weizenfelder, dunkelgrüne Tannenwälder oder aber unterschiedlich grüne Mischwälder, wildes Meer, schäumende Gischt, tiefe Höhlen, kühl und feucht, steile

Abhänge, heißer Wüstensand – je nach Eurer Vorstellung.
› Dann eine Beruhigung in der Wahrnehmung: Ihr entscheidet Euch für eine Wahrnehmung, die Euch jetzt gerade behagt. Plötzlich oder vielleicht auch langsam werdet Ihr Euch anderer Gestalten bewusst, die Euch umgeben, sich Euch nähern und scheinbar materiell auftauchen, aber auch wieder nahezu durchsichtig werden können, wenn Euer Interesse an ihnen schwankt. Aber auch Energien, die sich Euch machtvoll zuwenden, die in ihrer Aussage kräftig und deutlich gefärbt erscheinen, ob in einer Farbe oder in einer Form sei dahingestellt, denn das entspricht Eurer jeweiligen Wahrnehmung.
› Möglich, dass Ihr mit einem Anliegen in die seelische Welt kommt und sich daher um Euch herum Seelen versammeln, die Euch mit Rat und Tat zur Seite stehen wollen und Euch dann, aufgefüllt mit Informationen, zurückkehren lassen. Möglich aber auch, dass Ihr nur ein wenig körperliche Auszeit benötigt habt und Euch einfach ein wenig *einschwingt* auf die seelische Welt. Hierbei kann Euer Fokus einmal auf die eine und gleich wieder auf die andere Seele, die sich Euch nähert, konzentriert sein. Eure Aufmerksamkeit schwingt sozusagen hin und her. Ihr lernt und lasst Euch gleichzeitig in der seelischen Hängematte hin und her schwingen, um Euch seelisch zu entspannen – frei von Verpflichtung, Angst und körperlicher Enge.
› In dieser seelischen Hängematte finden denn auch die schönsten Gespräche statt.
› *Ohne Anliegen* öffnet Ihr Euch der seelischen Welt und nehmt einfach nur wahr, wie groß Eure Entfaltungsmöglichkeiten sind, wie groß die Möglichkeiten

der unterschiedlichen materiellen Erschaffung, wie groß die Möglichkeiten, Eure Welt zu verändern, wie vielfältig die Möglichkeiten an Gefühlserfahrungen, wie herrlich die unendlichen Weiten des Wissens, von denen Ihr vielleicht erst zwei Prozent erfahren, gesehen, erfühlt habt. Vielleicht sitzt in dieser seelischen Hängematte ein Seelenfreund an Eurer Seite und fragt Euch, was Euch gerade bewegt, mit welchen Gefühlen Ihr Euch gerade beschäftigt. Womöglich erfahrt Ihr von ihm gänzlich *andere* Erlebnisse und Gefühle, könnt Euch selbst infrage stellen, Euch korrigieren und erspüren, wie viele unterschiedliche Reaktionsmöglichkeiten Euch in Eurem materiellen wie auch Eurem seelischen Leben offen stehen.

› Seid Ihr *mit einem Anliegen* in die seelische Welt gereist, und um Euch herum versammeln sich Seelen, die Euch unterstützen, Euch helfen, über ein Problem hinwegzukommen, so wird Euch jede dieser Euch zugeneigten Seelen eine andere Reaktionsmöglichkeit darstellen. Somit kehrt Ihr erfüllt von dem Wissen zurück, dass Ihr viele parallele Wege geht, die Erfahrungen ins materielle Leben hineinkatapultieren oder aber die unterschiedlichen Erfahrungen auch nur in Euren Gedanken und Gefühlen wahrnehmen könnt. Mit dieser Fülle an Wissen zurück in der materiellen Welt, erscheinen Euch die dortigen Probleme plötzlich wie Chancen, das Leben zu bereichern. In der *Sicherheit*, viele unterschiedliche Seinsmöglichkeiten erfahren zu können, liegt *Freiheit* – das Gegenteil von Gefangensein, von Ausgeliefertsein, von Determiniertsein.

Ende des 33. Buchdiktats vom 28. April 2007

Sitzung vom 12. Mai 2007 mit 34. Buchdiktat

Kehrt nun eine Seele von ihrer Seelenreise zurück in die materielle Welt und zu ihrem menschlichen Wesen und teilt sie ihm mit, welche Erfahrungen sie in der Seelenwelt gemacht, welche Ratschläge sie erhalten hat, so ist die unmittelbare Folge ein enormer Energiezustrom, ein Gefühl des Verbundenseins mit dem All-Eins und eine friedvolle Fröhlichkeit. Ist die Seele in der Lage, ihrer Stimme in regelmäßigen Abständen Gehör zu verschaffen und ihr materialisiertes Wesen an ihren Erkenntnissen in der Seelenwelt teilhaben zu lassen, so verändert sich *jedes* menschliche Wesen in radikaler Weise. Das Gefühl des Aufgehobenseins, die Verbindung mit Allem, **die Freiheit von jeglichem Bedürfnis** verändern jedes menschliche Wesen radikal zum Positiven, weg von Neid und Eifersucht, Stress, Anspannung, Ärger, Groll, Frustration, Unlust, Depression, Hysterie …

Die Folgen im täglichen Leben sind größere Gelassenheit, mehr Ruhe und das Gefühl, die eigene Mitte gefunden zu haben, das Streben nach Macht, Ruhm und Reichtum nimmt auffällig ab.

Ende des 34. Buchdiktats vom 12. Mai 2007

Sitzung vom 27. Mai 2007 mit 35. Buchdiktat

Ich möchte mich heute mit der alles speisenden Energie befassen. Ich möchte Euch erläutern, wie Ihr das Reservoir der unerschöpflichen Energie im All-Eins mithilfe des Kontaktes zu Eurer Seelenstimme und mithilfe von Seelenreisen anzapfen könnt. Im Kontakt mit Eurer Seelenstimme liegt der Schlüssel zu dieser Energie.

Nun ist Eure Seele mit Euch verbunden. Aber so, wie Ihr

nicht nur aus Eurer Seele besteht, sondern auch aus Eurem Geist und Eurem Körper, so besteht Eure Seele nicht nur aus Euch selbst. Sie hat Zugang zu anderen Inkarnationen, anderen Materialisationen ihrer selbst, aber auch zur alles umfassenden Energie jenseits aller Materialisation und jenseits aller Seelenwelten. Die Verbindung zur alles umfassenden Energie *und* zur materiellen Welt stellt die Seelenwelt dar.

Die alles umfassende Energie bedient sich der Konzentration als *Leitung*. Das Seelenwesen, mit dem Ihr als menschliches Wesen Kontakt aufnehmt – sei es nun Eure eigene Seele oder die eines anderen Menschen – nimmt wiederum über eine »imaginäre Stromleitung« Kontakt zur alles speisenden Energie auf. Im Moment des Gespräches mit Eurer Seelenstimme, des Einsseins mit Eurer Seele, oder aber des Kontakts zu einer anderen Seele, fließt Euch Menschen vollständig unbewusst positive – man könnte auch sagen – Liebesenergie zu. Das Seelenwesen nutzt den Kontakt, um Euch Menschen systematisch mit der Energie des All-Eins zu erfüllen. Die Seelenwelt tauscht sich permanent mit der alles speisenden Energie aus – in Bewusstheit und Gelassenheit.

Nun könnt Ihr dieses Auffüllen aber nicht nur im Kontakt mit Eurer Seelenstimme, sondern zu jedem Zeitpunkt erfahren, wann immer Ihr es wollt, und sie auch *bewusst herbeiführen*. Eure Seele ist dafür Euer Mittler, Euer Verbindungsglied.

Es ist mit einer Form von zunehmender Erleuchtung zu rechnen, wenn Ihr Euch von dieser Energie aufladen lasst, Ihr erfahrt Ideen und habt Visionen von einer besseren oder anderen Welt, aber auch von Euch selbst in dieser Welt. Wir haben es hier mit ausschließlich *positiver* Energie zu tun – wohlwollend, offenherzig, liebevoll, kraftvoll, aber sanft zugleich. **Diese Energie befördert das Gute in die Welt.**

Die alles speisende Energie steht bildlich gesprochen *jenseits* der Seelenwelt und ist am besten zu beschreiben als imaginäres Kraftwerk mit unerschöpflichen Ressourcen. Mit zunehmender Verbindung zur Seelenwelt und damit automatisch zur unerschöpflichen Energie steigt der Energielevel eines jeden Menschen um ein Erhebliches an. Das führt zu den bereits von mir angedeuteten Folgen wie mehr Gesundheit, größere Vitalität, längeres Leben, mehr Ruhe und Gelassenheit, in der eigenen Mitte sein.

Diese alles speisende oder unerschöpfliche Energie resultiert aus der sich bündelnden Energie in der *Seelenwelt*, aber auch aus dem *All-Eins*. Das All-Eins ist *alles*, es umfasst alles!

Diese unerschöpfliche Energie ist gebündelt, gerichtet, in der Seelenwelt vorhanden. Die Seelenwelt ist der *Ursprung*, die *Basis* unserer menschlichen, tierischen, pflanzlichen, gesamthaft materiellen Welt. Aber diese unerschöpfliche Energie speist auch noch eine oder mehrere andere Welten *neben* dieser Seelenwelt. Die Seelenwelt ist eine gebündelte Energieform mit Bewusstsein, für die wir hier in diesem Buch eine Bezeichnung finden, eine Bezeichnung, die für Menschen etwas *Vorstellbares* hat. *Jenseits* dieser Vorstellungswelt gibt es auch *andere* Formen gebündelter, *bewusster* Energie, die sich in anderer Form materialisieren. Hier bestehen unendlich viele Möglichkeiten, für die wir keine Worte haben, für die Ihr *Menschen* keine Worte habt und für die nicht mal *ich* als Seelenwesen Worte finde, Vorstellungswelten, von denen ich lediglich *ahne*, dass sie existieren.

Die unerschöpfliche Energie breitet sich aus und zieht sich zusammen. Ihr Potenzial vergrößert und verringert sich *wellenförmig*. Dabei sind die Möglichkeiten des Seins in energetischer und materieller Form unerschöpflich vielfältig. Diese Energie lässt sich nicht aufbrauchen. Sie existierte »vor« der Seelenwelt, »während« der Seelenwelt und »nach« der Seelenwelt, »vor« der materiellen, »während« der materiellen und »nach« der materiellen Welt, wenn es Zeit gäbe. Sie ist immer da!

(»Ist das ein anderes Wort für Gott?«)

Gott, wie Ihr ihn beschreibt oder sie oder es, ist bereits *ausgerichtete* Energie, Energie mit *Bewusstsein*. Diese unerschöpfliche Energie enthält auch *nicht* ausgerichtete, unbewusste Anteile. Sie enthält Chaos *und* Ordnung, Alles-was-ist ...

Ende des 35. Buchdiktats vom 27. Mai 2007

Sitzung vom 15. Juli 2007 mit 36. Buchdiktat

Ich möchte heute noch einmal den Begriff »Gott« beleuchten.

Grundvoraussetzung für *meine* Botschaft war und ist, dass Gott *alles* ist und alles sein *kann*! Lediglich in Eurer *Vorstellung* ist Gott Beschränkungen ausgesetzt. Daher bezeichne ich von jetzt an Gott als die *gerichtete Energie*, mit der *Ihr* Eure Vorstellungswelt beschränkt. Jenseits dieser Vorstellungswelt existiert *auch* ein Gott, eine alles speisende Energie, nur ist sie für *Eure* Vorstellungswelt *nicht* gerichtet. Sie erscheint Euch daher nicht vorhanden, und ich kann sie innerhalb *Eurer* Vorstellungswelt nicht als Gott bezeichnen. Ich beschränke also momentan, um es Euch zu erleichtern, mir zu folgen, den Begriff Gott auf *die* Form der alles speisenden Energie, die *Eure* Welt erschafft. Nichtsdestotrotz erschafft diese alles speisende Energie auch eine *andere* Welt. In dem Moment, in dem Ihr bereit seid, Eure Vorstellungswelt zu *sprengen*, wird Euch bewusst werden, dass Gott mehr ist als die gerichtete Energie, die Ihr Euch jetzt vorstellen könnt, dass sie im wahrsten Sinne des Wortes göttlich ist.

Im Laufe Eurer zunehmenden Verbindung mit der seelischen Welt wird Euch auch zunehmend bewusster werden, wie beschränkt Eure Sichtweise bisher *war*, jetzt *ist* und später einmal *nicht mehr sein wird*! Dann seid Ihr in der Lage, den Gottesbegriff zu erweitern.

Vorerst werden wir daher die Definition Gottes auf die gerichtete Energie beschränken, die alles speisende Energie, die Eure Seelenwelt und Eure materielle Welt erschafft. Im Moment der Erweiterung Eures Bewusstseins werden wir in der Lage sein, auch diesen Gottesbegriff zu erweitern – nicht in diesem, aber in einem weiteren Buch!

Nun möchte ich mich noch einmal den Implikationen zuwenden, die der Kontakt mit der eigenen Seelenstimme, aber auch der Kontakt zu anderen Seelenstimmen in Eurem materiellen Leben mit sich bringt.

Unsere beiden Autoren haben bei den Übungen zur Erweckung und zum Erhalt ihrer Seelenstimme klare Vorgaben für ihr tägliches Leben und ihren weiteren Lebensweg erhalten, aber sie stellen fest, dass es relativ schwierig ist, diese Vorgaben einzuhalten. Das tägliche Gespräch mit der eigenen Seelenstimme, in Ruhe und Geborgenheit, ohne zeitlichen Druck, ist in den Alltag schwer zu integrieren. Es gerät bisweilen unbeachtet, *unbewusst* in Vergessenheit. Selbstverständlich leistet der Geist hier Vorschub, da er die Macht über das *bewusste* Leben und den Alltag nicht abgeben möchte. Beide Autoren haben sporadischen Kontakt zu ihrer Stimme, nicht regelmäßig und in gewisser Weise nicht institutionalisiert, und sie stellen fest, dass das zu Reibungen in ihrem materiellen Leben führt, Reibungen der alten mit der neuen Welt, der inneren mit der äußeren Welt, der beruflichen mit der privaten Welt!

Der Kontakt mit der eigenen Seelenstimme ist keine Eintagsfliege! Er muss kultiviert werden. Er muss *integraler Bestandteil des Lebens* werden. Erst dann bringt er die gewünschten Veränderungen für das eigene Leben mit sich. Erst dann kann er die positiven energetischen Schwingungen, die mit ihm einhergehen, in positive Materialisationen umwandeln.

Es ist für Eure Gesundung, Kräftigung und den Erhalt eines langen, vitalen materiellen Lebens unerlässlich, den Kontakt zur eigenen Seelenstimme zu *ritualisieren*, so wie Ihr in der Früh und am Abend Zähne putzt. *Täglich* mit ihr zu sprechen, sie um Rat zu fragen, ist notwendig, um Veränderungen in Eurem materiellen Leben, auf dieser Welt, für alle Menschen hervorzubringen.

Hier ist der Schlüssel für eine gesunde Welt.

Ende des 36. Buchdiktats vom 15. Juli 2007

Sitzung vom 22. Juli 2007 mit 37. Buchdiktat

Bevor ich dieses Kapitel schließe, möchte ich mich noch mit zwei Dingen beschäftigen.

Erstens:

Wie sieht Euer Lebensalltag aus, wenn Ihr Euch regelmäßig an Eure Seelenstimme wendet, wenn Ihr sie in allen Lebenslagen um Rat fragt?

Zweitens:

Wie wirkt sich die Verbindung zur alles speisenden Energie auf Euer Leben aus?

Euer Wecker klingelt um sechs Uhr, denn Ihr müsst um Viertel nach sechs aufstehen. Ihr erwacht. Ihr nutzt diese Viertelstunde, um Eure Stimme zu fragen, wie es ihr geht, was sie sich von diesem Tag wünscht und erhofft und welche Empfehlungen sie für Euch hat:
– Ich möchte, dass Du die vier Termine, die Du heute wahrnehmen musst, in Gelassenheit und mit Pausen abwickelst.
– Ich möchte die Zeit haben, mit Dir nach einem Termin in Kontakt zu treten oder ich möchte, dass Du in Deiner Mittagspause fünf Minuten Deiner »seelischen Ernährung« widmest.
– Ich möchte Dich auffüllen mit der uns allseits umgebenden Energie.

Das innerlich Gesagte gibt Euch zu denken.

Beim Frühstück fragt Ihr Eure Stimme, ob Euch denn das, was Ihr esst, *gut*tut. Ihr betrachtet die Lebensmittel. Eure Stimme führt Euch in eine für Euch positive Richtung und erklärt Euch, was gut für Euch ist. Gleichzeitig lädt der Kontakt zu ihr die Lebensmittel, die Ihr zu Euch nehmt, und auch das Wasser positiv auf. Die Moleküle der Nahrungsmittel verbinden sich mit der alles speisenden Energie, die über den Kontakt zu Eurer Seelenstimme auf dieser »imaginären Stromleitung« zu Euch kommt.

Diese Energie ist in der Lage, beispielsweise Verunreinigungen oder Schadstoffe, die sich auf oder in den Lebensmitteln befinden, die Ihr zu Euch nehmt, für Euch *unschädlich* zu machen und sie sogar mit einer Lebenskraft, einer positiven, liebevollen Energie zu füllen, die in Eurem Magen, in Eurem Verdauungstrakt und in Eurem Blutkreislauf eine pulsierende Energie hinterlässt! Ihr seid gekräftigt und aufgeladen.

Immer wieder, in den Arbeitspausen, ist es unerlässlich, die Seelenstimme zu fragen, ob das, was Ihr vorhabt, zu

Euch zu nehmen, gut für Euch ist. Es ist wichtig, dass Ihr lernt, Eurer Seelenstimme wirklich *zuzuhören*, und das ist nicht nur auf Eure Nahrung bezogen, sondern auf alles, was Ihr tut.

Die Bitte um Zufuhr universeller Energie wird in jedem Falle *sofort* beantwortet. Sprecht Ihr mit Eurer Seelenstimme, so ist die Verbindung zur universellen Energie immerfort vorhanden. Ihr braucht nur zu bitten, und sie ist da! Es besteht die Möglichkeit, dass Eure Seelenstimme zu Euch sagt, Ihr solltet Euch eine halbe Stunde an die frische Luft begeben, grüne Bäume oder den Regen betrachten, Schnee fallen sehen und kalte Luft einatmen.

Beendet Ihr Eure Pause, so seid Ihr in der Tat frisch und ausgeruht. Euer mit positiv aufgeladener Energie ausgestattetes Schutzschild ist einerseits unantastbar, undurchdringlich, aber andererseits strahlt es auch nach außen ab, womit Ihr in der Lage seid, auch übel meinende Energieräuber »stillzulegen«. Sie erhalten von Euch universelle Energie, erreichen aber Euer Inneres nicht. Sie können Euch nicht irritieren, nicht in Euch eindringen, Euch nicht beeinflussen und Euer Leben nicht beeinträchtigen. Sie bleiben verwundert zurück ob der kurzfristig erfahrenen Energiezufuhr.

Am Abend eines Tages im Kontakt mit Eurer Stimme seid Ihr ausgeglichen, nicht genervt, nicht gestresst und voller Tatendrang. Ihr geht mit Freude in Euren Abend. Ihr bewegt Euch gerne noch. Ihr freut Euch auf Euer Abendessen, das Ihr wieder bewusst in Abstimmung mit Eurer Stimme einnehmt, das Ihr aber auch bewusst mit universeller Energie anfüllt, damit Euer gesamter Organismus von Eurer Mahlzeit profitiert. Auf diese Weise erhaltet Ihr Euren Körper gesund. Die Energie, die Ihr ihm gleichzeitig mit der Mahlzeit zuführt, und die unschädlich gemachten Schadstoffe lassen Euch im ersten Schritt bis zu 120 Jahre alt werden – in der nachfolgenden Generation noch einmal älter! Ihr erkrankt weder an Herzinfarkten noch an Gehirnschlägen noch an Arthrose noch an Krebs oder Diabetes. Ich könnte hier jede andere Form von Erkrankung nennen.

Ihr sterbt letztendlich an der Entscheidung, sterben zu wollen – bewusst und auch langsam, nicht dahinsiechend, sondern bei vollem Bewusstsein, *vital* bis zur letzten Minute!

Wenn Ihr mit ein wenig Übung insgesamt eine halbe bis dreiviertel Stunde pro Tag auf die Konzentration auf Eure Stimme und die Verbindung mit der universellen Energie verwendet, verändert diese dreiviertel Stunde *alles* in Eurem Leben! Sie macht Euch unverletzlich. Sie verlängert Euer Leben immens. Sie macht Euch gesund und schmerzfrei und nebenbei glücklich und ausgefüllt, aber auch wesentlich leistungsfähiger und natürlich auch wählerischer im Umgang mit Eurer *eigenen* Zeit!

Ende des 37. Buchdiktats vom 22 Juli 2007

Sitzung vom 16. August 2007 mit 38. Buchdiktat

Ich möchte heute darüber sprechen, wie sich die Verbindung zur eigenen Seelenstimme und damit einhergehend zur universellen Energie auf Euren Lebensalltag auswirkt. Aufgrund der Tatsache, dass die meisten Menschen sich nicht im Kontakt mit ihrer Seelenstimme befinden, ihre eigene Seele negieren und sich auf einen Geist und einen Körper reduzieren, sind sie energetisch *nicht* aufgefüllt. Ihr seid *nicht* im Reinen mit Euch und befindet Euch *nicht* im seelischen Gleichgewicht. Da Ihr in Eurem Leben nur selten Situationen erfahrt, in denen Ihr Euch – mehr durch Zufall als bewusst herbeigeführt – im Gleichgewicht befindet, habt Ihr ständig das Bedürfnis, anderen Menschen Aufmerksamkeit abzuringen, um Euch dadurch Energie zuzuführen.

Übt Ihr nun den Kontakt zu Eurer Seelenstimme, die immaterielle Vereinigung mit Eurer Seele, so wird Euch mit der Zeit bewusst, wie stark die Energiezufuhr ist, die aus diesem Kontakt resultiert. Die universelle Energie erreicht Euch aber auch, indem Ihr sie einfach bittend anruft. Je mehr Ihr Euch dieser Energiezufuhr bewusst werdet, umso ausgefüllter, ruhiger und gelassener könnt Ihr Euer diesseitiges Leben führen und umso mehr seid Ihr auch in der Lage, die universelle Energie weiterzuleiten – von Euch zu jedem anderen Menschen, jedem anderen Lebewesen, aber auch zu Euren vermeintlich leblosen Gegenständen. Jede Minute, in der Ihr die universelle Energie beispielsweise der Euch umgebenden Natur widmet, wird Euch von Eurer Umwelt sofort gedankt, indem sie um Euch herum erstrahlt. Eine menschliche Gemeinschaft, die sich in Verbindung zur universellen Energie befindet, hat es nicht mehr notwendig, Kriege zu führen, mit anderen in Konkurrenz zu treten oder ihnen neidvoll zu begegnen. Wir haben es hier mit einer friedvollen Gesellschaft zu tun, die ihr Augenmerk auf seelisches Wachstum und den Erhalt ihrer materiellen und immateriellen Welt richtet. Denn aus der Verbindung zur universellen Energie ergibt sich jederzeit *neuer* Überfluss. Diese Form von Überfluss liegt außerhalb Eurer Vorstellungswelt, denn die Verbindung zur universellen Energie schafft in Windeseile *die* Materie, die Ihr Euch wünscht – in der Art und in der Menge, wie Ihr sie Euch wünscht!

Das heißt konkret: Ob Gesundheit oder Wohlstand oder eine schöne Umgebung – gleich, um was es geht, materiell oder immateriell – Eure Wünsche werden sofort gewährt! Eure Verbindung zur universellen Energie lässt Euch erfahren, erfühlen, teilhaben an allem, was Ihr Euch wünscht. Hier herrscht Vielfalt und *kein Mangel*!

In einer Gemeinschaft von Menschen, die mit der universellen Energie verbunden sind, gibt es keine Politik, die irgendjemandem Schaden zufügen würde. Es gibt kein Weglassen von Informationen, kein bewusstes Lügen oder Betrügen. Es gibt keinen Streit um materielle Güter, denn diese sind mannigfaltig vorhanden und können ständig neu erschaffen werden. Es gibt keine Grenzen, keine Ausgrenzungen, keine Sekten und Eliten jedweder Form. Niemand hat es notwendig, sich abzugrenzen, denn jeder Mensch ist *in sich und um sich herum heil*. Er kann in seiner Einheit nicht angetastet werden. Er nimmt sich liebevoll eines jeden anderen an und schenkt sich und seine Energie. Sie muss ihm *nicht* genommen werden. Er bleibt nichtsdestotrotz eins in seiner Einheit, ist unantastbar, unverletzbar und jederzeit in der Lage, sich in sich selbst zurückzuziehen, um Kontakt mit seiner Seele herzustellen.

Ende des 38. Buchdiktats vom 16. August 2007

Sitzung vom 17. August 2007 mit 39. Buchdiktat

Schon ein Einzelner, der befriedigt, ausgeglichen und in seiner Mitte ist, kann den Rest der Gemeinschaft stark beeinflussen. Aber in dem Moment, in dem die *ganze* Gemeinschaft aus dem Gefühl des Aufgehobenseins in der Seelenwelt heraus lebt, befördert sie so viel »überschüssige Energie« nach außen, dass sie damit die Natur unschätzbar beflügeln und verändern kann. Und nicht nur die Natur profitiert von dieser überschüssigen Energie. Mit dieser Energie seid Ihr in der Lage, Eure Heizungen zu betreiben, Euren Strombedarf zu decken, Eure Vorräte zu kühlen, Eure Pflanzen ohne Dünger wachsen zu lassen, Eure Nutztiere zu einer verbesserten Produktion von beispielsweise Milch anzuregen.

Ihr seid in der Lage, über einen energetischen Schutzschild die Wärmedämmung für Eure Häuser oder das Baumaterial für Eure Wohnungen und Straßen zu erschaffen. Ihr seid sogar in der Lage, auf direktem Wege für Nahrung zu sorgen, indem Ihr das natürliche pflanzliche Wachstum energetisch befördert, sodass die Ernten reichhaltiger und die Lebensmittel nahrhafter sein werden.

Weiterhin wird sich über diese Energieform ein neues, für Euch momentan noch nicht vorstellbares Informationsnetz entwickeln lassen, mit dem Ihr in der Lage seid zu kommunizieren, ohne ständig Wellenlängen auszustrahlen, die für Kopfschmerzen und Schädigungen in der Hirnrinde sorgen. Denn das ist das, was Eure Computer und Handys, aber auch Eure Röntgengeräte, Laser und Ultraschallgeräte momentan noch tun. All diese technischen »Krücken« mit ihren schädlichen Auswirkungen auf Euren Körper werden in dieser Form nicht mehr notwendig sein. Ihr werdet sie ersetzen können über dieses *modifizierte Energienetz*.

Auch einer Polizei, einer Armee, einer Judikative werdet Ihr nicht mehr bedürfen. Kein Mensch wird mehr einen anderen Menschen umbringen, ihn verletzen oder ihm etwas stehlen.

Euer Tauschmittel *Geld* verliert vollkommen an Bedeutung. Reichtum, wie Ihr ihn in Eurer jetzigen Welt versteht, aber auch Armut, Not, Leid, Krankheit sind nicht mehr notwendig in einer Welt mit einem Überschuss an universeller Energie.

Ich weiß, dass sich das jetzt alles wie Science-Fiction anhört, aber im Praktizieren des Kontakts zur eigenen Seelenstimme werdet Ihr nach einiger Zeit bereits eine tiefe Veränderung in Euch spüren, eine andersartige, vollkommen *neue*

Zufriedenheit. Dazu braucht Ihr noch nicht ein einziges Mal um die universelle Energie *gebeten* haben, denn schon allein der Kontakt zu Eurer Seelenstimme verändert Euch immens und damit Eure Umwelt!

Hierin liegt mein Wunsch, aber auch mein Geschenk für Euch: Übt diesen Kontakt, übt ihn *jeden* Tag *mehrfach*, und meine andersartige Welt, die Welt in Verbindung mit der universellen Energie, wird Euch nicht mehr andersartig erscheinen.

Ende des 39. Buchdiktats vom 17. August 2007

Sitzung vom 9. September 2007 mit 40. Buchdiktat

KAPITEL 10:
Vollendung der Schöpfung?

Seit Anbeginn der Aufzeichnungen menschlicher Geschichte haben sich Menschen jeder Couleur, Herkunft oder Schicht immer wieder für die Vollendung der Schöpfung gehalten. Stets war mithilfe einer religiösen Verbrämung einem einzelnen, zumeist männlichen Mitglied einer Gemeinschaft, einer Familie oder Dynastie die göttliche Verbindung »angedichtet« worden. In fast jeder Hochkultur gab es Tiergötter oder die Anbetung der Sonne und des Mondes, der Planeten im weitesten Sinne, aber eben auch die Vergöttlichung einer menschlichen Dynastie. Keine einzige Hochkultur hat jemals infrage gestellt, ob der Mensch denn wirklich die Vollendung der Schöpfung ist. Bis in Eure heutige wissenschaftlich orientierte Zeit habt Ihr diese Frage nie ernsthaft gestellt.

Im Gegensatz zu dem Zustand, in dem sich die Menschheit derzeit befindet, sind sich die meisten Tiere und Pflanzen, selbst die Atmosphäre Eurer Erde ihrer Verbundenheit mit der seelischen Welt *bewusster*. Sie stellen sie *nicht* infrage, so wie Ihr das tut. Sie haben sich *nicht* davon entfernt. Alle Tiere, die auf dieser Welt leben, verfügen über eine tief empfundene, rein gefühlsmäßige Verbindung zur Seelenwelt. Jedes Lebewesen, und sei es noch so vermeintlich primitiv, verfügt über eine Seele und über eine Verbindung zur Seelenwelt. Auf ihre Weise beobachten die Tiere Euch Menschen und betrachten Euch als Versuchsobjekte, deren Handlungen sie nicht nachfühlen können, da sie sich selbst nie so weit von der Seelenwelt entfernen und entfernt haben. Tiere, die sehr nahe mit Menschen zusammenleben, haben einen ausgeprägten Spürsinn für die Befindlichkeiten der Menschen ihrer Umgebung, mit denen sie gefühlsmäßig verbunden sind. Sie *spüren*, wenn eine schwangere Frau ihr Kind gebiert. Sie *spüren*, wenn ein Kind der Familie, in der sie leben, in Gefahr ist. Sie *spüren*, wenn ein Mitglied der Familie Aggression entwickelt. Sie *spüren* aber auch, wenn ein Mitglied der Familie stirbt. Diese Gefühle können sie den Tieren in ihrer Nähe und auch in weiter Entfernung über ein Kommunikationssystem mitteilen, das Euch verloren gegangen ist: Über *Gefühlsintensität*.

Ihr nennt diese Fähigkeit Witterung, Spürsinn, Instinkt, aber wie weit sich dieser Spürsinn letztendlich erstreckt, wie viel *Wissen*, tief offenbartes Erden- und Seelenwissen hier vorliegt, ist Euch Menschen nicht bewusst. Tiere in Eurer Umgebung nehmen bisweilen Schutzfunktionen wahr, wenn die Menschen diese Schutzfunktion aufgrund ihrer erlernten geistigen Mechanismen nicht mehr wahrzunehmen in der Lage sind.

Der Spürsinn Eurer Pflanzen reicht noch viel weiter. Ein *Wald* spürt sowohl über die Entfernung von Hunderten von Kilometern hinweg als auch in der Zeitdimension, dass er gefällt werden soll, dass es ihm sozusagen an die Wurzeln geht. Die Bäume beginnen Feuchtigkeit abzusondern. Sie schwitzen sozusagen Angstschweiß. Ein leichtes *Zittern* ist ihnen auch anzufühlen. Wenn man beispielsweise mithilfe eines Wünschelrutengängers durch einen Wald, der innerhalb der nächsten Stunden gefällt werden soll, hindurchgeht, dann wird sich die Wünschelrute wie wild bewegen. Ihr Menschen spürt diese intensiven Gefühle normalerweise nicht. Ihr nehmt auch die Kommunikation der Bäume untereinander nicht wahr. Ihr seht und fühlt die Schwingung nicht, die sich drastisch verändert. Das energetische Umfeld eines Waldes, der vor der Fällung steht, entspricht dem energetischen Umfeld einer Gruppe von Menschen, die vor einer lebensbedrohlichen Krebsoperation stehen.

Selbst in Euren *Ozeanen* ist jedes Lebewesen inklusive der Algen in einem Umkreis von fünfzig bis hundert Quadratkilometern je nach Wassertemperatur in Hab-Acht-Stellung, sobald einer Eurer großen Tanker vorbeifährt. Alle Meeresbewohner kommunizieren miteinander über die Funktionalität dieses Tankers. Sie wissen weit im Voraus, ob dieser Flecken Wasser mitsamt seinen Meeresbewohnern verseucht werden könnte oder nicht. Es ist auch der Energiearbeit des Meeres und seiner Bewohner zu verdanken, dass sie bislang immer in der Lage waren, eine auch noch so große Ölpest zu überstehen.

Eingedenk der stetigen Verbindung zur Seelenwelt ist die Gemeinschaft Eurer Tier-, Pflanzen- und Mineralienwelt, Eurer Ozeane und Flüsse in der Lage, sämtliche Eurer menschlichen Vergehen gegen die Natur zumindest einzudämmen, abzuschwächen oder sogar auszugleichen.

Es ist der *Geduld* dieser Lebewesen und auch ihrer *Demut* dem Leben gegenüber zu verdanken, dass Eure Welt heute noch auf die Weise existiert, *wie* sie existiert.

Über diese Dimension des Beschütztseins ist die Menschheit sich in keinster Weise bewusst! Das Beschütztsein geht sogar so weit, dass sich Eure Zuchttiere *bewusst* für Euch *opfern*. Sie geben ihr Leben, um *Euer* Leben zu erhalten. Sie sind sich ihrer Verbindung mit der Seelenwelt bewusst – anders als *Ihr* bewusst seid, aber sie sind sich bewusst. Sie *entscheiden* sich, Euch zu unterstützen. Sie *entscheiden* sich, Euch als Nahrung zu dienen. Auch der Salat, den Ihr zu

Euch nehmt, jede Orange, die Ihr verzehrt, jedes Steak, jede Kartoffel, jede Krabbe, jedes Stück Fisch entscheidet sich, Euch als Nahrung zu dienen.

Aber alle Lebewesen auf dieser Welt wünschen sich nichts sehnlicher, als dass Ihr Menschen *endlich* realisiert, dass Ihr Euch *selbst* von der Welt abschneidet, dass Ihr Euch »herausschneidet« aus einer Gemeinschaft – einer Gemeinschaft von Seelenwesen. Daher seid Ihr der Vollendung der Schöpfung momentan nicht unbedingt nahe.

Ein Schwein, ein Baum, eine Orchidee, ein Stein und ein Wassertropfen sind sich ihrer Vollendung *bewusster* als Ihr. Das ist für Euch schwerlich vorstellbar, aber seid Euch gewiss, dass Euch die *gesamte* Flora und Fauna beobachtet in Eurem Tun, dass sie sozusagen einen Kaffeeklatsch über Euch hält, ein wenig amüsiert und ein wenig verwundert, wie weit weg Ihr von der Erkenntnis seid, mit allem verbunden zu sein.

Aber es besteht kein Zweifel: Ihr könnt diese Verbundenheit wieder erlangen! Die Erde wird *jubeln*, wenn Ihr das tut!

Es gibt Menschen unter Euch, die *Auren* sehen können. Diese Menschen wissen, dass auch Tiere und Pflanzen eine Aura haben. Ein gut trainierter Aura-Seher wird sicher auch das Phänomen kennen, dass sich die Auren von zwei Tieren einer Gattung, aber auch zwei Tieren verschiedener Gattungen verbinden oder dass sich die Auren von Büschen und Bäumen, von Blumen vor einem Fenster miteinander verbinden, aber auch wieder trennen können. Diese Form des Energieaustausches ist aber noch nicht das Kommunikationssystem. Pflanzen und Tiere sind in der Lage, sich gegenseitig Energie zuzuführen, wenn es Ihnen nicht gut geht oder sie der Unterstützung bedürfen. Sie können aber auch über für Euch nicht wahrnehmbare Wellenlängen »Gefühle« austauschen. Über diese Gefühle können sie sich einander mitteilen und sich »erzählen«, was in ihrer Welt gerade geschieht, aber auch, was kilometerweit entfernt von ihnen stattfindet.

(Mira lächelt:) Auch *sie* verfügen über ein immaterielles World Wide Web. Sie benötigen keinen Computer und kein Handy, um sich auszutauschen. Da sind sie Euch um »Wellenlängen« voraus, beziehungsweise sie sind sich ihrer Energie *bewusst*. Denn Ihr Menschen seid auch in der Lage, ohne Computer und ohne Mobiltelefone miteinander zu kommunizieren. Nur das Wissen darum, *wie* das funktioniert, ist Euch abhandengekommen.

Ende des 40. Buchdiktats vom 9. September 2007

Sitzung vom 16. September 2007 mit 41. Buchdiktat

In unserer letzten Sitzung sprach ich vom sogenannten *Gefühlsbewusstsein*, über das alle Wesen auf Eurer Welt verfügen. Tiere und Pflanzen haben kein *denkendes* Bewusstsein. Ihr Gefühlsbewusstsein allerdings teilt ihnen alle wichtigen Informationen ungleich schneller, direkter und ungefilterter mit. Ihr Menschen filtert dagegen durch Euer denkendes Bewusstsein eine Menge an Gefühlsenergie heraus, die Ihr nicht bemerkt, weil Ihr Eure Aufmerksamkeit auf Euer denkendes Bewusstsein beschränkt.

Tiere und Pflanzen sprechen nicht miteinander. Sie kommunizieren, wie ich bereits sagte, über Gefühlsintensität. Sie sind in der Lage, ihre Gefühle auszutauschen über Gattungen, ja selbst über Flora und Fauna hinweg.

Das denkende Bewusstsein eines jeden Menschen schränkt seine Wahrnehmung über alle Maßen ein. Er nimmt nicht mehr wahr, dass ihm ein Vogel, der in seinem Garten zwitschert, mitteilt, wie sehr er sich dafür bedankt, seine Kirschen essen zu dürfen. Die *liebevolle Energie*, die in den Tieren und Pflanzen in Eurer Umgebung, um Euch herum vorhanden ist und die sie Euch offerieren, die sie Euch schenken, geht Euch vollständig verloren.

Ein weiteres Beispiel: Ihr lebt in einem Haus mit Garten. Alle Pflanzen in diesem Garten und alle Tiere, die ihn bevölkern, umhüllen Euch als Bewohner mit ihrer liebevollen Energie. Sie entscheiden sich, ihr Leben mit Euch zu teilen. Schenkt Ihr den Tieren und Pflanzen in Eurer unmittelbaren Umgebung Aufmerksamkeit, so profitieren sie unmittelbar davon. Diese Energie, diese potenzierte Liebe, kommt ihrer Gesundheit zugute. Entsprechend kommen die energetischen, liebevollen Schwingungen der Tiere und Pflanzen in Eurer unmittelbaren Umgebung *Euch* zugute. Ihr lebt in einem gemeinsamen, kleinen Kosmos. Ihr seid eine *Lebensgemeinschaft* eingegangen.

Ich habe bereits erklärt, dass jedem Tier und jeder Pflanze seelische Komponenten zugrunde liegen.

Ich muss nun ein wenig ausholen, um verständlich zu machen, dass nicht eine Seele sich den Körper eines Tieres als Inkarnation sucht, sondern dass es sich hier um ein Konglomerat an *Miniatur-Seelenanteilen* handelt.

Vielleicht kann ich es am besten so formulieren: Wir haben es mit der Vorstufe einer seelischen Identität zu tun, die sich mit anderen Vorstufen seelischer Identitäten zusammentut, um die Erfahrungen einer tierischen oder pflanzlichen Existenz zu machen. Das bedeutet, dass auch Miniaturanteile Eurer Seele sich in einem Tier oder einer Pflanze materialisiert haben. Das Wort Miniatur bezieht sich hierbei nicht auf die Größe des Anteils, sondern auf die Menge an gerichteter Energie. Dabei hat die Menge an gerichteter Energie keinerlei Auswirkung auf die Qualität.

Nun verfügen Seelen über strukturiertes Bewusstsein. Sie treffen bewusste Entscheidungen für oder gegen eine Inkarnation, für oder gegen ein Weiterleben dieser Inkarnation, für oder gegen eine lediglich *seelische* Weiterentwicklung und so weiter. Sie verfügen über klares, gerichtetes Bewusstsein.

Tiere verfügen, wie ich bereits sagte, über *Gefühls*bewusstsein. Das heißt, begeben sich Seelenanteile in die Materialisationsform beispielsweise eines Hundes, so *entscheidet* sich der Seelenanteil, der sich mit dieser Materialisationsform verbindet, bewusst für ein *reines* Gefühlsbewusstsein. Er gibt während der Materialisation – außer im Schlaf – sein gerichtetes, strukturiertes Bewusstsein zwar nicht *auf*, aber er gibt es *hin*. Dieser Seelenanteil entscheidet sich für eine rein gefühlsorientierte Bewusstheit. Er legt sozusagen seinen *Wahrnehmungsfokus* auf die reine Gefühlsintensität. Gleichzeitig ist er sich aber der Verbindung mit der Gesamtseele bewusst.

Im Klartext bedeutet das, dass *ein* Seelenanteil eines jeden Menschen sich möglicherweise in Form eines Tieres oder einer Pflanze oder eines Steins manifestiert hat.

Wie ich bereits erwähnte, sprechen Tiere und Pflanzen nicht miteinander, aber sie stehen in telepathischer Verbindung, nicht über Gedanken, aber über Gefühle. Das heißt auch, dass die Tiere und Pflanzen Eurer Umgebung unmittelbar an Euren Gefühlen teilnehmen.

Was will ich damit zum Ausdruck bringen? Alles auf dieser Eurer Welt ist energetisch miteinander verbunden. Der Unterschied in der Art der Verbindung liegt lediglich im gerichteten, denkenden Bewusstsein oder aber im Gefühlsbewusstsein. Die eine Form der Materialisation ist mehr dem *denkenden* Bewusstsein verhaftet und die andere mehr dem *Gefühls*bewusstsein. Aber verbunden ist *alles* miteinander! Nichts existiert für sich, getrennt vom anderen, denn alles entspringt reiner Energie – Energie, die sich entschieden hat, unterschiedliche Seinsformen anzunehmen.

Ich möchte daher in der nächsten Sitzung eine weitere *Übung* mit Euch machen. Diese Übung dient der Wiederbelebung des immateriellen Informationssystems, des reinen Gefühlsbewusstseins. Einfach ausgedrückt bedeutet das, dass Ihr wieder lernen könnt, auch ohne Eure modernen Kommunikationsmittel und auch ohne Worte miteinander zu kommunizieren und vor allen Dingen einander Energie zuzuführen. Eure Tiere und Pflanzen stehen in direkter, uneingeschränkter Verbindung zur alles speisenden Energie. Dieser stetigen Energiezufuhr werden sie sich über ihr Gefühlsbewusstsein gewahr. Somit sind sie sich auf dieser Gefühlsebene auch der Tatsache bewusst, dass sie unsterblich, unvergänglich sind, dass sie sich lediglich verändern in der Art ihrer Materialisation.

Die nächste Sitzung soll dazu dienen, Euch Eures unabhängigen Gefühlsbewusstseins gewahr zu werden, Euch in die Lage zu versetzen, Euch über diese enorme energetische Ausstrahlung miteinander zu verbinden oder aber mit den Tieren und Pflanzen Eurer Umgebung, um wieder wahrzunehmen, *wie* die gesamte materialisierte Welt jenseits einer Materie auf Gefühlsebenen miteinander kommuniziert. Eine weitere Bewusstmachung Eurer Verbindung zur Seelenwelt, Eurer Verbindung als Seelen untereinander *auf* dieser Erde, *in* dieser Welt.

Ende des 41. Buchdiktats vom 16. September 2007

Sitzung vom 29. September 2007 mit 42. Buchdiktat

Wir machen heute die *Übung zur Wiederbelebung Eures unabhängigen Gefühlsbewusstseins.*

Eingangs noch ein paar Erläuterungen:

Die Übung zur Wiedererweckung beziehungsweise zur Kontaktaufnahme zu Eurer Seelenstimme war schon ein erster Schritt in die Richtung, Euch Eurem Gefühlsbewusstsein anzunähern. Nur ist das *Gespräch* mit Eurer Seelenstimme ein noch weitaus bewussterer Vorgang – der auch durchaus vom Denken gestreift wird – als das bei Eurem Gefühlsbewusstsein der Fall ist.

Wie aber nehmt Ihr nun das Gefühlsbewusstsein »bewusst« wahr, *ohne* Euch von Eurem strukturierten Denken *ablenken* zu lassen? Am besten gelingt Euch das, und das wisst Ihr sehr gut, wenn Ihr Euch nach Eurem »Bauch« richtet. Nur ist der »Bauch« allein *nicht* das Sprachrohr des Gefühlsbewusstseins. Aber dieses prickelnde oder unangenehme Bauchgefühl ist zumindest *der* Teil Eures Gefühlsbewusstseins, der Euch auch als Erwachsene noch präsent ist.

Kinder bis zum Alter von acht Jahren sind sich ihrer Verbindung zur Seelenwelt *bewusst*. Zumeist sind sie nicht in der Lage, diese Verbindung zu artikulieren, aber sie fühlen sich noch beschützt und umhegt, es sei denn, sie werden von Erwachsenen aus ihrer Umgebung daran gehindert. Für *sich* genommen, fühlen sie sich beschützt und umhegt. Sie entscheiden noch auf einer reinen Gefühlsebene, sie denken über Entscheidungen noch nicht nach. Sie entscheiden im Bewusstsein eines guten oder unguten Gefühls für eine Situation. Das geht im Laufe des Erwachsenwerdens schrittweise verloren, und zwar im weitesten Sinne deshalb, weil Euch von der Außenwelt weisgemacht wird, dass die Entscheidung nach dem *reinen* Gefühl Euch in prekäre, gefährliche oder abwegige, lächerliche Situationen manövrieren könnte. Dabei sind Kinder *nie* lächerlich, und Kinder *allein* geraten auch nie in Gefahr! Kinder wissen intuitiv, welcher

Weg für sie der richtige ist, welche Entscheidung für sie die richtige ist, was sie besser tun oder lassen sollten.

Ich versuche jetzt einmal zu beschreiben, wie sich eine Entscheidung anfühlt, die durch das Gefühlsbewusstsein beeinflusst wurde. Ihr Menschen denkt jeden Tag Abertausende von Gedanken – für oder wider eine Entscheidung, für oder wider eine Aktion, für oder wider einen Menschen und so weiter. Die meisten Entscheidungen werden nach kurzer oder längerer *Bedenkzeit* gefällt, aber es gibt auch Entscheidungen in Eurem täglichen Leben, die *ohne* großes Nachdenken »spontan« gefällt werden. Das sind zumeist die Entscheidungen, denen Ihr keine große Bedeutung beimesst.

Hat eine Entscheidung in Eurem Leben große Tragweite, so traut Ihr Euren Gefühlen nicht oder nicht ausreichend. Ihr traut Euren Gefühlen *nicht* zu, Euch auf den richtigen Weg zu geleiten. Aber zumeist gibt es vor einer Entscheidung von Tragweite einen kleinen Moment, in dem Euer Gefühl Euch genau sagt, Euch *spüren* lässt, was gut für Euch ist und was nicht! Dieser Moment wird Euch entweder nur sehr kurz bewusst oder aber er ragt nicht einmal mehr ins denkende Bewusstsein hinein. Hinterher wisst Ihr nur noch, dass Ihr ein *unbestimmtes* Gefühl davon hattet, was richtig und was falsch ist. Dann setzt das *Denken* ein, und mithilfe von Erfahrung, Experiment oder erlerntem Wissen entscheidet Ihr Euch für oder wider eine Aktion, für oder wider einen Menschen, für oder wider einen Weg in Eurem Leben.

Nichtsdestotrotz hat jeder Mensch *jenseits* allen erlernten Wissens, jenseits der Erfahrung und des Experimentes ein *eindeutiges* Gefühlsbewusstsein dafür, ob der Weg, die Situation oder der Mensch jetzt gut für ihn ist oder nicht. Ihr verdrängt es nur, denn manchmal weist Euch das Gefühl einen *ehrlicheren* Weg – ehrlicher Euch selbst gegenüber, als das Eurem denkenden Bewusstsein lieb ist. Das Gefühlsbewusstsein geht *immer* den Weg der Seele. Da muss die Seelenstimme noch kein Wort gesprochen haben. Das Gefühlsbewusstsein spürt den richtigen Weg.

Damit möchte ich mich nicht auf die Aussage festlegen lassen, dass im Leben alles vorherbestimmt ist! Weit gefehlt! Es gibt auch Entscheidungen, bei denen Euch *mehrere* Möglichkeiten bleiben, die gut für Euch sind. Aber in Momenten von Ja oder Nein, gut oder böse ist Euer Gefühlsbewusstsein ein eindeutiger Wegweiser!

Nun kommen wir zu der **Übung** selbst. Sie ist einfach und doch sehr aufwendig. Ihr müsst Euch für diese Übung allerdings nicht ein ganzes Wochenende zurückziehen. Ihr müsst auch nicht ungestört sein, aber Ihr benötigt eine bestimmte Zeitspanne, um experimentieren zu können.

> ❯ Die Übung besteht aus zwei Teilen:
> ❯ Der *erste* Teil besteht darin, sich des Gefühlsbewusstseins *gewahr* zu werden.
> ❯ Der *zweite* Teil besteht darin, das Gefühlsbewusstsein *entscheiden* zu lassen, bevor jegliche andere Instanz sich einschaltet, unabhängig davon, ob Ihr diese Entscheidung dann entsprechend Eurer Gefühlslage ausführt.
>
> ❯ Also, **erster Teil**: Wie werde ich mir meines Gefühlsbewusstseins gewahr?
> ❯ Es ist sinnvoll, Ihr setzt Euch in einen bequemen Stuhl oder Ihr legt Euch hin und praktiziert wieder die tiefe und entspannte Atmung. Diesmal aber wollt Ihr nicht mit Eurer Seelenstimme sprechen, sondern Ihr wollt *nur fühlen*. In dieser ruhigen Situation in entspannter, bewusster Atmung schließt Ihr zunächst die Augen und *spürt* in Euch hinein, in jeden Winkel Eures Körpers.

› Wie empfinde ich meine Atmung?
› Wie empfinde ich meinen Herzschlag?
› Wie empfinde ich meine Muskelspannung?
› Wie empfinde ich die Funktionen meines Magens und meines Darms?
› Wie fühlt sich meine Haut an?
› Wie empfinde ich die Arbeit meines Gehirns?
› Wie empfinde ich die Verbindung von meinem Rückenmark zu den kleinsten Nervenzellen?

› Versucht, offen zu bleiben für die Empfindungen, die sich Euch mitteilen. Sie sind zumeist sehr spontan und auch leicht zugänglich, aber sie sind ungewöhnlich für Euch denkende Menschen, denn Eurer körperlichen Empfindungen werdet Ihr Euch vielfach nur im Schmerz oder in der Ekstase bewusst, manchmal vielleicht auch beim Sport.

› Verbindet Ihr nun die körperlichen Empfindungen miteinander, so entsteht eine Ebene des *reinen Gefühls für* etwas. Ich fühle mich so oder so, ist das Ergebnis der Bewusstmachung Eurer körperlichen Empfindungen. Oberhalb dieser materiellen Schwingungen schwingt Euer Gefühl.
› Ihr seid dann in der Lage zu sagen: Ich fühle mich schwer. Ich fühle mich leicht. Ich fühle mich ruhig oder auch unruhig.
› Je nachdem, ob Ihr in der Meditation oder in körperlicher Konzentration, beispielsweise beim Tai Chi, gelernt habt, Euch dieser Ebenen bewusst zu werden oder nicht, so lange werdet Ihr für die Übungen benötigen. Habt Ihr Euch diese Gefühle noch nie bewusst gemacht, kann es durchaus sein, dass Ihr ein bis zwei Stunden benötigt, um ohne

störende Gedanken auf Eurer reinen *Gefühlsbasis* zu bleiben.
› Unterschätzt das denkende Bewusstsein nicht. Es kann hier sehr störend wirken. Es ist durchaus möglich, dass sich das für Euch ganz leicht anhört, aber Ihr das erste Mal bei dieser Übung scheitert. Dann versucht es einfach am nächsten Tag noch einmal! Hier hilft nur *Übung*!

› Der **zweite Teil** dieser Übung ist leichter zugänglich, aber er ist auch leichter wieder zu verdrängen. Ich möchte Euch mit dieser Übung einladen, zunächst einmal an scheinbar kleinen, unwichtigen Entscheidungen auszuprobieren, wie sich die reine *Gefühlslenkung* anfühlt, welchen Unterschied Ihr spürt, wenn Ihr Euch nach Eurem Gefühl richtet.
› Beginnt die Übung mit dem Aufstehen. Nehmt Euch einen Tag heraus, an dem Ihr nicht aufstehen müsst, denn schon der Weckruf einer Uhr ist eine denkende, bereits vorher gefallene Entscheidung, oder anders gesagt, nach einem Denkmuster entschieden.
› Also: Ihr erwacht an einem Tag, an dem Ihr *nicht* aufstehen müsst. Ihr liegt im Bett. Euer denkendes Bewusstsein signalisiert Euch: Du musst jetzt Zähneputzen! Geh auf die Toilette! Wasch Dir den Schlaf aus den Augen! Du hast heute dieses oder jenes vor! Nutze die Zeit!

› So, und jetzt nutzt Ihr die Zeit *anderweitig*! Konzentriert Euch auf Euer Gefühl.
› Was fühlt Ihr?
› Ich fühle mich jetzt gut im Bett.
› Ich fühle mich leicht und ausgeschlafen.

› Ich freue mich aufs Aufstehen oder aber ich fühle mich noch schwer.
› Ich sehe noch die Bilder meines letzten Traumes. Ich bleibe noch ein bisschen liegen und kehre langsam in die Welt zurück.

› *Jede* weitere Entscheidung dieses Tages fällt Ihr *immer* nach Eurem Gefühl.
› Ich fühle mich jetzt durstig.
› Ich fühle mich hungrig.
› Ich fühle mich jetzt traurig, daher mag ich fröhliche Musik hören.
› Ich fühle mich jetzt dunkel, daher möchte ich in die Sonne gehen.
› Ich fühle mich jetzt ungelenk, daher möchte ich mich bewegen.

› Und dann geht Ihr ins Detail.
› Ich möchte mich bewegen.
› Ich fühle mich jetzt nach Wasser.
› Ich möchte gerne schwimmen.

› Und auch beim Essen: Ich fühle mich jetzt nach Fisch, daher besorge ich mir eine Fischsemmel. Oder nach Obst oder nach Joghurt, was auch immer! Aber ich fühle mich so, und daher tue ich es!
› Ich fühle mich jetzt nach Küssen, daher suche ich die Nähe meines Partners.
› Ich fühle mich aber *nicht* nach Beischlaf, also küsse ich nur.

› Am Ende eines solchen Tages habt Ihr diesen mit reinen Gefühlsentscheidungen verbracht. Durchaus möglich, dass diese Euch einen Tag voller Überraschungen gebracht haben. Durchaus möglich, dass Ihr am Ende dieses Tages über Euch selbst erstaunt seid. Aber am Ende dieses Tages seid Ihr mehr bei Euch selbst!

Ende des 42. Buchdiktats vom 29. September 2007

Sitzung vom 4. November 2007 mit 43. Buchdiktat

Ich möchte beginnen, indem ich noch einmal die Übung rekapituliere, die ich Euch in der letzten Sitzung durchgegeben habe.

Einen Tag zu durchleben, indem Ihr Euch nur nach Eurem Gefühlsbewusstsein richtet, hält, wie gesagt, große Überraschungen bereit. Wenn Ihr Euch nun aber vorstellt, diese Entscheidungen nach dem reinen Gefühlsbewusstsein auf Euer tägliches Leben zu übertragen, so mögen sich Euch viele Widrigkeiten in den Weg stellen. Ich habe bereits erwähnt, dass es Fixpunkte gibt im Leben eines jeden Menschen, die nicht einfach zu beseitigen sind. Ich möchte nicht so unrealistisch klingen, Euch zu raten, ein Leben nur nach Gefühlsentscheidungen zu leben. Aber ich möchte Euch den Rat mit auf den Weg geben, ein Leben zu führen, das Euren Gefühlsentscheidungen *entspricht* und Euch mehr und mehr Eurem Gefühlsbewusstsein anzuvertrauen, ohne die Fixpunkte zu beseitigen. Die Entscheidung, den Beruf zu wechseln, weil Ihr Euch mit ihm nicht mehr wohlfühlt, sollte in Abstimmung mit der Seelenstimme gefällt werden, nicht nur aus dem Gefühlsbewusstsein heraus! Aber Ihr könnt sehr wohl Euer tägliches Leben froher, glücklicher und entspannter, aber nichtsdestotrotz leistungsfähig führen, wenn Ihr Gefühlsentscheidungen einfließen lasst.

In Übereinstimmung mit Eurem Gefühl beginnt Ihr z. B.

ein Geschäftsgespräch. Ihr führt das Gespräch, und es gibt einen Moment währenddessen, in dem Euer *Gefühl* Euch etwas zuruft – nicht mit Worten, aber beispielsweise mit dem Aufstellen der Härchen an Euren Armen oder mit einem leichten Übelkeitsgefühl im Magen oder mit dem Bedürfnis, besonders häufig zu zwinkern, oder mit einer erhöhten Atemfrequenz. Hier sagt Euch Euer Gefühlsbewusstsein treffsicher: Ich fühle mich nicht wohl!

Ihr könnt lernen, dafür zu sorgen, dass Ihr Euch wieder wohlfühlt, indem Ihr das Gespräch entweder in eine andere Richtung lenkt, die Euch wieder angenehm ist, oder, wenn das unangenehme Gefühl zu krass ist, das Gespräch für heute beendet. Ihr könnt weiter höflich und freundlich sein, aber Ihr richtet Euch nach *Eurem* Gefühl.

Aber so weit muss es gar nicht gehen. Manchmal ist das Gefühl schon vorbei, wenn Ihr einfach andere *Worte* wählt und damit beim Gegenüber zeitgleich andere Antworten hervorruft.

Ein weiteres Beispiel:
Ihr geht zum Arzt, der Euch zu einer Operation rät. Ihr achtet auf Euer Gefühl. Ihr reagiert äußerst genau auf das, was der Arzt Euch erklärt. Ihr spürt etwas im Moment der Erläuterung, und wenn Ihr Euch nicht hundertprozentig wohlfühlt, lasst Ihr Euch auf die Operation *nicht* ein. Ihr geht zu einem *weiteren* Arzt und holt einen *weiteren* Rat ein. Oder Ihr geht zu einem Heilpraktiker und lasst Euch von diesem raten. Oder aber Ihr geht heim, geht *in* Euch und fragt Euch, was zu dieser Situation geführt hat.

Was hat mich krank werden lassen? Oder: Was hat zum Verschleiß meiner Knie oder meiner Schultern geführt? – je nachdem, um welche Operationsart es sich auch immer handeln mag!

Mit Bewusstheit, viel Zeit, viel Ruhe und viel Training seid Ihr in der Lage, jede Krankheit vollständig zu beseitigen. Das gilt aber nur, wenn Ihr Euch die Zeit dafür nehmt und daran *glaubt*! Es gibt angeborene Behinderungen, die in der Heilung *sichtbar* eingeschränkt sind. Aber auch hier könnt Ihr im Laufe Eures Lebens Fortschritte erzielen, wenn Ihr Euch mit der Krankheit oder der Behinderung bewusst auseinandersetzt, wenn Ihr die *Ursache* herausfindet und dieser Krankheit mit Ruhe, Bewusstheit, Konzentration und Gelassenheit entgegentretet. So könnt Ihr auch hier zu einer Besserung gelangen, wenn Ihr auch eine Behinderung nicht vollständig beseitigen könnt. Krankheiten, Abnutzungen, die im Laufe eines Lebens auftauchen, könnt Ihr mit Eurem *eigenen* Bewusstsein vollständig heilen.

Allerdings befindet Ihr Euch in Euren *Denk*systemen – gesellschaftlich, wirtschaftlich, religiös. Für die Heilung einiger Krankheiten bedürfte es einer vollständigen Abwendung von diesen Denksystemen, was wiederum einer großen Anstrengung bedarf.

Sehr intensiv praktizieren könnt Ihr die Entscheidung entsprechend des Gefühlsbewusstseins bei Eurer *Ernährung*. Das hier auszuprobieren kann für Euch nicht nachteilig sein, sondern Ihr erfahrt unmittelbar, dass Euer Körper es Euch danken wird! Handelt Ihr entsprechend des inneren Gefühls, ob Ihr jetzt dieses oder jenes zu Euch nehmen möchtet oder nicht, so fühlt Ihr Euch hinterher entsprechend kraftvoller. Denn Euer Gefühlsbewusstsein weiß genau, *was* Ihr benötigt und was Euch *nicht* guttut.

Nun ist die Nahrungsaufnahme nichts anderes als die Aufnahme von Informationen, die Aufnahme von Lebensenergie. Der Umgang mit anderen Menschen stellt nichts anderes dar als den Austausch von Lebensenergien. Auch hier zeigt Euch Euer Gefühlsbewusstsein sehr deutlich, was gut für Euch ist und was nicht, bzw. *wer* gut für Euch ist und wer *nicht*. Wenn Ihr Euch, bevor Ihr mit einem Menschen Kontakt aufnehmt, die zwei Sekunden der Muße gönnt, um nachzuspüren, ob das jetzt in diesem Moment der *richtige* Mensch mit der *richtigen* Information und damit der richtigen Energiezufuhr für Euch ist, wenn Ihr Euch also diese Muße gönnt, geht Ihr aus beinahe allen zwischenmenschlichen Beziehungen gestärkt hervor und *nicht* geschwächt. Es gibt einen Moment *vor* jeglichem Kontakt mit anderen Menschen, da spürt Ihr, ohne dass Euer Geist und ohne dass Eure Seelenstimme auch nur *einen* Ton zu Euch sagt, ob dieser Mensch jetzt gut für *Euch* ist oder nicht!

In der vollen Konsequenz seid Ihr nicht täglich und nicht jederzeit in der Lage, entsprechend Eurem Gefühl zu handeln. Es gibt Situationen, da müsst Ihr »durch«.

Aber es gibt viele kleine Situationen im Leben, da habt Ihr sehr wohl die Wahl!

Ihr habt die Wahl, ob Ihr zu diesem oder jenem Obsthändler geht, der zwei Straßen weiter ist. Ihr habt die Wahl, ob Ihr zu diesem oder jenem Arzt geht, der im anderen Stadtteil auf Euch wartet.

Und wenn Ihr nun diese *vielen* Situationen zusammennehmt und dann die *wenigen* Situationen übrig lasst, in denen Ihr vielleicht *keine* Wahl habt, so erzeugt Ihr zumindest bei zwei Dritteln Eurer menschlichen Begegnungen schon ein angenehmes Wohlgefühl, und es bleibt nur noch ein Drittel, bei dem das *nicht* so ist oder bei dem Ihr sogar in der Lage seid, die Situation durch Eure *eigene* Energie und Euer *eigenes* Bewusstsein in eine andere Richtung zu lenken. Damit verschafft Ihr Euch grundlegend mehr Wohlgefühl für Euer Leben.

Was bedeutet das nun eigentlich: Ihr verschafft Euch Wohlgefühl?

Es bedeutet, dass Ihr verhindert, dass Euch jemand Energie *stiehlt*, und Ihr sorgt im Gegenteil dafür, dass Euer Energiehaushalt im Gleichgewicht bleibt, oder dass Ihr sogar Energie hinzugewinnt. Selbstverständlich tauscht Ihr Euch aus und gebt daher auch freiwillig Energie ab, aber diese Energie, die Ihr freiwillig abgebt, fließt sozusagen durch Euch hindurch. Sie gehört nicht zu Euren Reserven, sondern sie ist *überschüssig*, und das ist ein wesentlicher Unterschied! Denn wenn Ihr Euch in Eurer Mitte befindet, in einem energetischen Gleichgewicht, wenn Ihr Euch mit Euch selbst wohlfühlt, wenn Ihr entsprechend Eurem Gefühlsbewusstsein handelt oder Euch zumindest Mühe gebt, das verstärkt zu tun, und wenn Ihr in Kontakt mit Eurer Seelenstimme steht und wichtige und unwichtige Entscheidungen mit ihrer Hilfe fällt, dann ist Eure Verbindung zur universellen Energie immer vorhanden, nicht unterbrochen. Dann seid Ihr in der Lage, die Energie, die Euch aus dem All-Eins zufließt, sowohl für Euch zu verwerten, als auch wohlwollend an Eure Umgebung weiterzuleiten.

Ihr müsst nicht alle Eure alten Bindungen kappen, Euren Beruf aufgeben, Euren Besitz verkaufen etc., aber Ihr könnt mit vielen kleinen Schritten Euer Wohlbefinden erheblich steigern und Euch dann in Eurer Lebenssituation *aufgehobener* fühlen, ohne Euch ausgeliefert, ausgenutzt, krank, einsam, verlassen, unverstanden oder was auch immer fühlen zu müssen. Denn in der Verbindung mit Euch selbst und im Wissen um die Anbindung an das All-Eins und damit an das Füllhorn der universellen Energie liegt die Erkenntnis, dass Ihr nichts weiter benötigt, dass es Euch an nichts mangelt.

Ende des 43. Buchdiktats vom 4. November 2007

Sitzung vom 25. November 2007 mit 44. Buchdiktat

Ich möchte heute noch einmal zusammenfassen:

In den beiden letzten Sitzungen haben wir uns mit dem Gefühlsbewusstsein beschäftigt, vorher lange mit Eurer Seelenstimme, mit Eurem seelischen Begleiter, mit der Verbindung zur universellen Energie, mit der Entdeckung der Seelenwelt, mit der Erläuterung der Entwicklung Eures Geistes und der vermeintlichen Trennung von Eurer Seele.

Und wohin hat uns dies alles geführt?

Wenn Ihr, liebe Leser, zumindest einige meiner Übungen ausprobiert haben solltet, hat es Euch zu einer verstärkten Bewusstwerdung geführt, wer Euer »Ich« wirklich ist, zu einer größeren Klarheit über Eure eigene Identität, falls Euer *Glaube* dazu ausreicht.

Reicht er nicht aus und habt Ihr nur *Interesse*, so ist das auch schon ein großer Schritt!

Meine Aufgabe aber ist es, Klarheit, Bewusstmachung, Erleuchtung in Euer Leben zu bringen und Euch Möglichkeiten, Übungen an die Hand zu geben, damit Ihr Euch der Realität der seelischen Welt einerseits *bewusst* werdet, sie aber andererseits auch wirklich *empfindet*, sie zu einem Teil des eigenen Lebens werden lasst. Über die Durchgaben, die dieses Medium für Euch weitergibt, wird *jedem* einzelnen von Euch *bewusst*, dass neben dem scheinbar einzig realen Leben noch ein anderes existiert, eine andere Welt, die ich nicht anfassen, nicht riechen, nicht schmecken, aber sehr wohl bisweilen *sehen* kann und in jedem Falle *hören*! Nach einjähriger Übung beziehungsweise Praxis des Sprechens mit der eigenen Seelenstimme wäre jeder Mensch auf dieser Welt in der Lage, Kontakt zur Seelenwelt aufzunehmen und zu halten, wäre jeder Mensch in der Lage, ein Medium zu sein.

Nicht jeder Mensch wird dazu auserkoren, Botschaften zu transportieren, aber prinzipiell ist jeder von Euch nach ausreichender Praxis in der Lage, nicht nur zu seiner Seelenstimme, nicht nur zu seinem seelischen Begleiter, sondern auch zu anderen Seelenstimmen Kontakt aufzunehmen.

Also noch einmal: Je öfter Ihr Euch auf Euer Gefühlsbewusstsein verlasst, Eurem Gefühlsbewusstsein vertraut, mit Euer Seelenstimme sprecht, je öfter Ihr versucht, Kontakt zu Eurem seelischen Begleiter aufzunehmen – und mag dieser Kontakt im ersten Jahr auch nur aus einzelnen Sätzen bestehen, aus Blitzen, die in Euer Bewusstsein hineinragen – umso mehr Kontakt stellt Ihr zur seelischen Welt her und umso leichter wird Euch auch der Kontakt zu anderen Seelen fallen. In dem Moment, in dem das zu Eurem Alltag wird – *neben* Eurem materialisierten Alltag – verändert sich etwas Entscheidendes in Eurem Leben. Ihr verliert für immer Eure Ängste um Euer Dasein.

Ich bin als Seele jederzeit in der Lage, mich zu materialisieren oder zu *ent*materialisieren. Ich bin jederzeit in der Lage, mich aus der materiellen Zeit für eine kurze Zeitspanne zu verabschieden und wieder in die materielle Welt zurückzukehren! Ich kann *parallel* mehrere materielle Leben führen. Ich bin nicht beschränkt auf *ein* Leben. Ich bin auch nicht beschränkt auf *eine* Erde.

Mir ist bewusst, dass die Einsicht in diese Tatsache den meisten meiner Leser sehr schwerfallen wird. Aber dieses Buch dient dazu, Euch so viele Mittel der Bewusstmachung an die Hand zu geben, dass es nicht mehr möglich ist, *diese* Welt aus *Eurer* Welt herauszuradieren!

Ich möchte Euch jetzt einmal eine Situation schildern, wie sie Euch möglich wäre, wenn Ihr Euch dieses Themas aktiv annähmt. Stellt Euch einen Tisch vor, an dem zehn Personen Platz haben. Ihr habt eine Abendeinladung und Freunde eingeladen. Acht Personen sind bereits da. Nun treffen auch die letzten beiden ein. Wodurch unterscheiden sie sich von den anderen acht?

Bei den ersten acht Personen haben wir es mit Menschen unterschiedlichen Alters zu tun, unterschiedlicher Herkunft, Hautfarbe und körperlicher Verfassung.

Bei den letzten beiden Personen haben wir es dagegen mit Seelenwesen zu tun, die speziell für Euch eine niedrigere, langsamere Schwingung einnehmen, um sich in ein Stadium der *Vormaterialisation* zu begeben, die ein *vor*materielles Alter, eine *vor*materielle körperliche Erscheinung, eine *vor*materielle Hautfarbe, ein insgesamt *vor*materielles Erscheinungsbild an den Tag legen, um mit Euch auf einer ähnlichen Schwingungsebene zu sein und mit Euch kommunizieren zu können.

Seelenwesen kommunizieren auf einer Schwingungsebene miteinander, die für Euch ohne Training, ohne Bewusstmachung und Übung nicht erreichbar, nicht wahrnehmbar ist. Sie ist Euch sowohl vollständig unbewusst als auch vollständig fremd!

Es ist beinahe wie das Erlernen oder Einüben eines neuen Instruments. Ihr lernt Geige spielen, aber zunächst hört sich Euer Streichen fürchterlich schräg an. Erst nach und nach entlockt Ihr dem Instrument auch harmonische Töne. Irgendwann werden Lieder daraus. Etwas Ähnliches geschieht, wenn Ihr Euch durch Einüben der Wahrnehmung dieser *inneren* Welt, dieser *inneren* Schwingungen, dieser *scheinbar* inneren Energie, dieser anderen Welt annähert.

Wenn Ihr also in der Lage seid, konsequent und dauerhaft Kontakt zu Eurer Seelenstimme zu halten, nehmt Ihr irgendwann auch die anderen seelischen Frequenzen wahr. Somit können auch Eure *seelischen* Freunde zu Eurer Abendgesellschaft eingeladen werden und sich mit Euch austauschen. Wenn sie möchten, sind sie in der Lage, menschliche Gestalt anzunehmen, so wie Ihr jederzeit in der Lage seid, Euch auf Eure seelische Gestalt zu reduzieren.

Damit möchte ich für heute schließen und dieses Kapitel beenden. In der nächsten Sitzung werden wir uns mit dem neuen Kapitel beschäftigen, das den Titel »Zeitdimensionen« trägt.

Ende des 44. Buchdiktats vom 25. November 2007

Sitzung vom 2. Dezember 2007 mit 45. Buchdiktat

KAPITEL 11:
Zeitdimensionen

Wir werden uns dem Thema unseres neuen Kapitels heute sehr »langsam« annähern. Langsam deshalb, weil es vieler Erläuterungen bedarf, um Euch die Zeitdimension, so wie ich sie betrachte, im Verhältnis zu der Zeitdimension, so wie Ihr sie betrachtet, zu erklären. Meine Erklärungen für Zeit werden einigen Eurer Wissenschaftler nicht fremd sein. Aber meine *Betrachtungsweise* ist Euch sicherlich fremd.

Nun denn: Zeit ist ein Konstrukt subjektiver Wahrnehmungen in Eurer Welt. »Zeit« Eures Lebens versucht Ihr Menschen, Eure Zeit einzuteilen, ob es über Uhren – Sand-, Sonnen- oder Quarzuhren – sei oder mithilfe der Computertechnik. Ihr versucht Eure Tage und Nächte in Zeit *aufzuteilen*. Euer ganzes Leben bestimmt sich über die Zeit.

Schon als kleines Kind werdet Ihr zumindest in der westlichen Welt an die Zeitdimension oder, besser gesagt, an die Zeiteinteilung gewöhnt. Bevor ein Kind die Zeit mithilfe der Uhr einzuteilen lernt, *empfindet* es Zeit oder es hat gar kein Gefühl für Zeit. Einmal kommt ihm ein Geschehnis kurz und schnell vor, beim nächsten Mal verrinnt die Zeit scheinbar sehr langsam. Bevor sie die Uhrzeit erlernen, also mit fünf oder sechs Jahren noch, ist Zeit für Kinder abhängig von dem Gefühl, das sie mit ihr verbinden.

Wenn sie auf die weihnachtliche Bescherung warten, ist die Zeit unwahrscheinlich lang und alles ist langweilig. Sind sie aber auf einem Kindergeburtstag, vergeht die Zeit unsagbar schnell, und sie sind traurig, wenn ihre Mutter kommt, um sie abzuholen.

Kinder in diesem Alter *empfinden* Zeit. Hier ist Zeit etwas äußerst *Relatives*.

Je erwachsener und älter Menschen in Eurer Gesellschaft werden, umso mehr sind sie gezwungen, sich ihre Zeit *einzuteilen*.

Der Alltag eines berufstätigen *Erwachsenen* ist sehr stark von der Zeit geprägt. Die Arbeits*dauer*, die Arbeits*tage*, die Zeit, die noch für Besorgungen, für Einkäufe oder Arztbesuche, Behördengänge und dergleichen mehr zur Verfügung steht, und dann die *restliche* Zeit, die man zu Hause mit der Familie verbringt, mit sportlichen Aktivitäten, mit dem Abendessen, der Körperpflege oder was auch immer.

Zeit Eures Lebens lebt Ihr *eingeteilt*. Ein Tag ohne zeitliche Einteilung scheint Euch ab einem gewissen Alter gar nicht mehr möglich! Nicht mal im *Urlaub*. Selbst dann fällt es Euch schwer, einfach nur zu sein, nichts zu tun, die Zeit vollkommen zu vergessen.

Zeit ist ein ständiger Begleiter in Eurem Leben. Erst im Alter und mit Abnahme der Aufgaben und mit weniger Verantwortung beginnt Ihr, auf einmal wieder *mehr* Zeit zu haben – manchmal sogar mehr Zeit, als Euch lieb ist, da Ihr nicht mehr wisst, was Ihr mit dieser Zeit anfangen sollt. Ihr habt vielleicht zunächst *vergessen*, was Euch selbst einmal *Freude* bereitet hat, vor der Zeit, während der Ihr durch Zeitmangel in Stress geraten seid. Im Alter müsst Ihr erst wieder lernen, mit einem »Zuviel« an Zeit zurechtzukommen.

Vielleicht seid Ihr aber auch schwer krank, seht Euren Tod nahen und stellt fest: »Meine Zeit ist bereits abgelaufen. Ich habe nicht mehr so viel Zeit zur Verfügung, um alle meine Hobbys auszuleben und meinen Ruhestand zu genießen.«

An der Wahl meiner Formulierungen seht Ihr, mit wie vielen unterschiedlichen Zeitbegriffen Ihr Euer Leben verbringt. Zeit ist in Eurer Gesellschaft sehr wichtig. Zumeist habt Ihr zu wenig davon. Wie gesagt, nur in der frühen Kindheit und im Alter reicht Euch die Zeit auf einmal aus.

Könnt Ihr Euch vorstellen, wie es wäre, Zeit *auszudehnen*?

Könnt Ihr Euch vorstellen, in der Lage zu sein, Eure Zeit beliebig auszudehnen beziehungsweise *zusammenzupressen*?

Könnt Ihr Euch vorstellen, beliebig in die Zeit hineinzutreten und aus ihr heraus? Wahrscheinlich wird Euch diese Vorstellung schwerfallen, aber das ist genau das, was wir in der Seelenwelt tun. Die Wahrnehmung von Zeit ist abhängig von der Schwingungsebene, auf der sich ein Wesen befindet.

In der *Seelenwelt* existiert *keine* Zeit. Wir leben außerhalb der Zeit, aber wir können sie nutzen! Sie ist für uns Seelenwesen eine andere Manifestation von Materie.

Der Rückschluss dieser Tatsache bedeutet:

Zeit nur in der Materie. Keine Zeit ohne Materie.

Oder exakter formuliert:

Je *tiefer* die Schwingungsebene, umso langsamer die Zeit.
Je *höher* die Schwingungsebene, umso schneller die Zeit.

Als *Seele* befinde ich mich auf einer Schwingungsebene, die *keine* Zeit mehr benötigt.

In dem Moment, in dem ich als reines Seelenwesen meine Schwingungsebene reduziere, um beispielsweise Kontakt zur materiellen Welt aufzunehmen, trete ich in die Zeit ein. Während des Kontaktes mit der materiellen Welt – zum Beispiel während dieser medialen Übertragung – vergeht auch für mich die Zeit entsprechend *der* Zeitdimension, in der sich das Medium befindet. Trete ich aus dieser Verbindung heraus in meinen Seelenbereich zurück, bin ich wieder *jenseits* der Zeit.

Versteht mich nicht falsch: Ich bin kein Zauberer, ich kann die Zeit nicht anhalten! Aber ich benötige sie nicht.

Auf der materiellen Ebene des Lebens *benötigt* Ihr jedoch die Zeit, da Ihr auf dieser Schwingungsebene ohne Zeit nicht leben könnt. Nichtsdestotrotz seid Ihr als lebende Wesen, die sich auf dieser Erde materialisiert haben, in der Lage, auch aus der Zeit herauszutreten oder zumindest Eure Zeitdimensionen zu verändern, indem Ihr Euch auf ein anderes Schwingungsniveau begebt. Mit diesem Schwingungsniveau geht einher, dass Ihr Euch entweder teilweise oder völlig dematerialisiert.

Das ist für viele Menschen unvorstellbar. Es übersteigt ihre geistigen Fähigkeiten. Aber in dem Moment, in dem Ihr beginnt, meine Übungen regelmäßig auszuführen, indem Ihr regelmäßig Kontakt zu Eurem Seelenbegleiter herstellt und über ihn Kontakt zur Seelenwelt, werdet Ihr in der Lage sein, *Seelenreisen* vorzunehmen.

Wenn Ihr dies praktiziert, werdet Ihr feststellen, dass Eure Empfindung für Zeit *während* dieser Seelenreise mit der Zeit in Eurer materiellen Welt *nicht übereinstimmt*. Eine Seelenreise mag in Eurer Empfindung eine Stunde oder zwei, vielleicht auch zehn Stunden dauern, doch wenn Ihr zurückkehrt, stellt Ihr fest, dass nicht einmal fünf Minuten vergangen sind. Für die Menge an Informationen, die Ihr erhalten habt, würdet Ihr jedoch viel mehr Zeit *benötigt* haben!

Es ist auch möglich, dass Ihr zu Eurer Beunruhigung feststellt, dass Ihr zwei Tage *verloren* habt und Euch nicht erklären könnt, wo diese Zeit geblieben ist!

Ich möchte Euch ein *kleines Beispiel* anführen:

Stellt Euch vor, Ihr befindet Euch in einer *Prüfungssituation*. Ihr habt eine Stunde Zeit für diesen Test. Ihr habt Euch gut vorbereitet und seid sehr ruhig, aber der Fragenkatalog umfasst über siebzig Einzelfragen. Einen Moment lang geratet Ihr in Panik, weil Ihr befürchtet, nicht genügend *Zeit* zum Ausfüllen dieser Fragen zu haben. Jetzt gibt es mehrere Möglichkeiten, mit dieser Situation umzugehen:

Ihr lasst die Panik zu, vergesst alles und setzt den Test in den Sand.

Ihr lasst die Panik zu, vergesst *nicht* alles und füllt wenigstens die Hälfte der Fragen aus.

Ihr könnt aber auch ruhig bleiben und den Test meistern.

Oder aber Ihr *dehnt* Eure Zeit *aus*:

»Ich habe *eine* Stunde Zeit. Ich bin mir darüber bewusst, dass mir diese eine Stunde nicht reichen wird, also dehne ich meine Zeit um zehn Minuten aus. Diese zehn Minuten wird *kein* anderer Mensch um mich herum wahrnehmen. Aber *ich* habe sie zur Verfügung, da ich meine Zeit ausgedehnt habe.«

Und wie funktioniert das?
Ihr begebt Euch auf eine *höhere* Schwingungsebene!
Ihr seid eine Verbindung aus Körper, Geist und Seele. In einer solchen Prüfungssituation ist die Seele in der Lage, die Verbindung zu Geist und Körper zu lockern, aus der Dimension der Zeit herauszutreten, sich aufzufüllen mit universellen Informationen wie beim Update eines Computers, wieder einzutreten in die Zeitdimension und die Informationen »innerhalb kürzester Zeit« zu reproduzieren, um den Test mit Bravour zu meistern.

Ohne die Verbindung zum All-Eins, ohne die Anbindung an das Allwissende ist diese Art des Abrufs von Informationen nicht möglich. Aber in der »kurzfristigen« Versenkung, in der »kurzfristigen« Konzentration auf die Informationen, die die Seelenstimme mitzuteilen hat, liegt der Schlüssel für Genialität.

Als Seelenwesen seid Ihr in der Lage, aus der Zeit heraus- und in die riesengroße, virtuelle Bibliothek der Seelenwelt *ein*zutreten, Euch alle Informationen zugänglich zu machen, die Ihr benötigt, um zu Eurem Körper und Eurem Geist zurückzukehren und diese Informationen fließen zu lassen, ohne dass auch nur eine Minute vergangen ist!

Es gibt Kinder auf Eurer Welt, die das praktizieren.

Es gibt Wissenschaftler auf dieser Welt, die mithilfe dieser Technik, derer sie sich manchmal nicht bewusst werden, *Nobelpreise* gewinnen!

Ende des 45. Buchdiktats vom 2. Dezember 2007

Sitzung vom 8. Dezember 2007 mit 46. Buchdiktat

Ich möchte heute über das Thema Materie sprechen. Wenn Ihr, liebe Leser, von meinem Weltbild ausgeht, ist die Welt, in der Ihr Euch befindet, *reine, reinste* Illusion, so wie auch *meine* Welt Illusion ist. Mit folgendem Unterschied: Ihr *benutzt* beziehungsweise nutzt *erheblich mehr Energie*, als ich oder andere Seelenwesen das tun.

Um den Zustand, in dem sich Seelenwesen befinden, zu erhalten, bedarf es hingegen keiner großen Energie.

Der Zustand Eurer Welt, liebe Leser, bedarf unermesslicher Energiequellen, um ihn so zu erhalten, wie er jetzt existiert, in dieser Gegenwart, dieser Vergangenheit oder einer ähnlich gestalteten Zukunft. Wie ist das zu verstehen?

Jedes Seelenwesen bedient sich eines Teils der universellen Energie, um sich in einer bestimmten Form zu *materialisieren*. Um diese *Materialisation* aufrechtzuerhalten, bedarf das Seelenwesen stetiger Energiezufuhr.

Grundsätzlich gilt Folgendes: Eine Seele benötigt zur eindeutig identifizierbaren Materialisation in ein Menschenwesen Energie auf einer ganz bestimmten Schwingungsebene.

Ich erläutere es bildhaft: Jedes *Seelen*wesen schwingt sich auf einer für es typischen Schwingungsebene ein. Es hält sich auf dieser Schwingungsebene und benötigt dafür keine zusätzliche Energie. Jede Veränderung im Hinblick auf Materialisation oder Dematerialisation bedarf allerdings eines großen Energieaufwandes. Im Moment der Materialisation lässt sich das Seelenwesen auf eine tiefere Schwingungsebene ein. Um diese Schwingungsebene wieder zu verlassen, benötigt es Konzentration und wiederum Energiezufuhr. Aber es ist für jede Wesenheit prinzipiell leichter, sich zu *de*materialisieren als sich zu *materialisieren*, denn in der *Dematerialisation* herrscht eine *höhere* Schwingungsebene vor, in der *Materialisation* eine *tiefere*.

Ich werde die Art, wie Materialisation oder Dematerialisation vonstattengehen, jetzt anhand eines einfachen Beispieles erläutern, das Euch Menschen sehr vertraut ist.
    Jeder von Euch kennt *Wasser*. Wasser hat *drei Erscheinungsformen*:
- *Wasserdampf*, bisweilen sogar Wasser*gas*, das Ihr nicht einmal mehr durch das Beschlagen von Fenstern und Türen erkennt,
- Wasser in seiner *flüssigen* Form und
- Wasser in seiner festen Form, nämlich als *Eis*.

Beim Wasser erfolgt die *scheinbare* Dematerialisation durch Erhitzung.
    Was ist Erhitzung anderes als Zufuhr von Energie?
    Die Materialisation von Dampf in die flüssige Form des Moleküls erfolgt durch *Entzug* von Energie, während sich die zunehmende Dichte in Form von Eis durch weiteren mannigfachen Energieentzug einstellt.

Dieses Beispiel ist hervorragend, um Euch zu erläutern, was geschieht, wenn Seelen sich manifestieren. Daher möchte ich einen wenn auch etwas hinkenden Vergleich aufstellen.

Stellt Euch vor, Ihr seid Wasser. Ihr Menschen in Eurer beweglichen, agilen, lebendigen Form seid wie *flüssiges Wasser*.

Wir Seelenwesen befinden uns in einem Zustand schon jenseits des Wasserdampfes. Wir sind nur mehr *Gas*. Und die Euch umgebende materielle Welt, scheinbar unbeweglich, fest und unverrückbar, kommt dem Zustand des *Eises* sehr nahe. Auch hier handelt es sich wie beim Wasser lediglich um *unterschiedliche* Erscheinungsformen des *gleichen* Moleküls.

Wir Seelen bestehen aus dem *gleichen* Grundstoff wie Ihr Menschen, aber auch wie Eure Häuser, die Gegenstände in Eurer Welt, Eure Autos, Maschinen, Computer.

Jetzt werdet Ihr protestieren und sagen: Wie kann es einer wagen, einen Menschen mit einem *Ding* zu vergleichen?! Allerdings sind Eure »Dinge« nur *scheinbar* fest gefügt und unbeweglich. Sie befinden sich in einer anderen molekularen Form als Ihr oder als wir Seelenwesen. Aber *alles* besteht aus der gleichen Energie, den gleichen Atomen, den gleichen Elektronen, den gleichen Neutronen – nur in einer anderen Erscheinungsform. Der einzige Unterschied zwischen ihnen ist die Zufuhr beziehungsweise der Abzug von Energie, wobei diese Erläuterung ein wenig irreführend erscheinen mag, denn um Materie in ihrer fest gefügten, scheinbar unbeweglichen Form zu erschaffen, wird viel Energie, viel Konzentration gebraucht. Aber nach Fertigstellung dieser Materieform befindet sie sich in einem Zustand ruhiger, sehr langsamer Schwingung. Daher wirkt diese Materieform stabil, unveränderbar, fest.

Nun möchte ich zurückkommen zu meinem Bild des Wassers. Führt Ihr Euch nun als menschliche Wesen gezielt und konzentriert mehr Energie des All-Eins zu, so seid Ihr in der Lage, Eure langsame, körperliche Schwingung in eine schnellere, seelische Schwingung umzuwandeln, so wie Wasser verdampft. Dann seid Ihr wie Wasser zwar trotzdem vorhanden, aber auf einer schnelleren Schwingungsebene – wenn es Euch lieber ist, auf einer *höheren* Schwingungsebene. Ihr seid mitsamt Eurer Identität, wenn wir bei dem Vergleich bleiben, nicht mehr als flüssiges Molekül, sondern als *Gas* vorhanden – in der *vollständigen* Identität Eurer Persönlichkeit, nur in einem anderen molekularen Zustand.

Und dieser molekulare Zustand ermöglicht Euch Reisen durch Zeit und Raum. Diese Reisen unternimmt jeder Mensch. Es gibt keinen Menschen auf Eurer Welt, der nicht schon einmal eine Zeitreise gemacht hätte, um sie hinterher für einen Traum zu halten. Doch was sind Träume anderes als wiederum die Veränderung des molekularen Zustandes? Denn im Schlaf begebt Ihr Euch ebenso auf eine andere Schwingungsebene, auf der Ihr in der Lage seid, Euren Körper zu verlassen – oder besser noch, je nachdem, wie es Euch beliebt und Ihr es benötigt, ihn mithilfe von Energiezufuhr zu *dematerialisieren*. Ihr könnt ihn einfach ruhig schlafen lassen, während Ihr Euch in anderen Sphären befindet.

Der Schlaf bietet die perfekte Möglichkeit, um auszutesten, was Ihr als menschliche Wesen im Bewusstsein Eurer Zugehörigkeit zur Seelenwelt alles erleben, welche unterschiedlichen Zustände Ihr wahrnehmen könnt.

Lasst mich Euch den *Unterschied* zwischen einer *Astralreise* und einer *Dematerialisation* erklären. Verlasst Ihr Menschen während des Schlafes Euren Körper, dann reist Eure

Seele. Wenn Ihr Euch aber während des Schlafes – und zwar nur dann, weil Ihr nicht daran glaubt, Euch bei *Bewusstsein* dematerialisieren zu können – wenn Ihr Euch also während des Schlafes dematerialisiert, dann reist auch Euer *Geist* mit. Diese Form der Dematerialisation benötigt einen aufgeklärten, reifen Geist, einen Geist, der in stetiger Verbindung zur eigenen Seele steht und nicht mehr infrage stellt, dass er das »Produkt« eines Seelenwesens ist.

Macht Ihr aber eine *Astralreise*, so reist lediglich Eure Seele. Euer Geist ruht sich aus und schläft.

Bislang ist es Euch in diesem Zeitalter vielfach *nicht* gelungen, Euch zu dematerialisieren. Es gibt nur wenige Menschen, die diese Kunst beherrschen. Derzeit sind die allermeisten Menschen lediglich zu Astralreisen in der Lage.

Dann gibt es aber auch noch die Möglichkeit der bewussten, wachen Dematerialisation. Die scheint Euch Menschen in diesem Zeitalter am schwersten zu fallen. Allein der Glaube reicht nicht aus. Aber es ist nicht nur der Glaube, es ist auch die mangelnde Bewusstmachung der Tatsache, dass Ihr *im Grunde* Seelenwesen seid!

Ende des 46. Buchdiktats vom 8. Dezember 2007

Sitzung vom 16. Dezember 2007 mit 47. Buchdiktat

Zunächst möchte ich noch einen Widerspruch auflösen, der sich möglicherweise aus der letzten Sitzung ergeben hat, und eine Definition präzisieren. Wenn ich von »Seelenwesen« spreche, meine ich Identitäten, Persönlichkeiten *ohne* Materialisation. Auch Ihr *Menschen*wesen seid *Seelen*wesen. Allerdings befindet Ihr Euch in einer materialisierten Form.

Euer Seelenwesen begleitet Euch, ist an Euch gebunden, existiert aber dennoch, parallel und immerdar, in *demate-*

rialisierter Form. Wenn ich also von »Seelenwesen« spreche, so meine ich Seelenwesen in *nicht-materialisierter Form*. Das also zum besseren Verständnis, denn der Widerspruch, der sich in der letzten Sitzung ergeben hat, ist nur scheinbar.

Alle Wesenheiten, egal in welcher Form sie existieren in *diesem* All-Eins oder auch in einem anderen, benötigen zu ihrem Fortbestand Energie – Energie des All-Eins, *universelle* Energie. Seelenwesen in nicht-materialisierter Form benötigen, wenn sie auf ihrer Schwingungsebene verbleiben, zu ihrem Erhalt wie gesagt relativ wenig universelle Energie. *Jegliche Veränderung* ihres energetischen Zustandes benötigt dagegen ein *Erhebliches* an universeller Energie. Unter energetischen Zuständen sind dabei alle Zustände in diesem oder jedem anderen All-Eins zu verstehen, also auch Eure materialisierte Form als Menschenwesen.

Auch der *Erhalt* eines Seelenwesens in *personalisierter*, also *persönlichkeitsstrukturierter* Form, also mit unverwechselbarer Identität benötigt Energie. Materialisiert sich dieses Seelenwesen, benötigt es sehr *viel* Energie. Ist es ein Menschenwesen, das sich *de*materialisieren möchte, benötigt es ebenso Energie, allerdings in anderer Form! Jegliche Veränderung eines materiellen, aber auch eines *nicht*-materiellen Zustandes benötigt Energie.

Was *ist* denn diese Energie? Ich könnte ein anderes Wort benutzen, das bei Euch vielleicht ein Licht aufgehen lässt: Konzentration.

Wasser begibt sich mit Bewusstsein und Konzentration in den Zustand des Eises. Hier geschieht eine *willentliche* Veränderung. *Diese willentliche Veränderung ist Energie.*

Ich habe jetzt bereits des Öfteren von der »langsameren« Schwingung des Materiezustandes und der »schnelleren«

oder »höheren« Schwingung des seelischen Zustandes gesprochen. Auch hier arbeite ich mit einem Bild, um Euch etwas zu erklären und Euch einen Zustand nahezubringen. Schnellere oder höhere Schwingungsebene bedeutet nicht, dass eine Seele sich ständig in Hektik, in Schnelligkeit, in einem rasenden Zustand befindet. Diese Wesenheit *schwingt* lediglich auf einer anderen Ebene als *die* Wesenheit, die materialisiert ist. Die Worte »langsam« und »schnell« benutze ich nur, um Euch den Unterschied zwischen zwei Wesenheiten mit Euren Worten einigermaßen nahezubringen, damit Ihr Euch diese unterschiedlichen Zustände besser vorstellen könnt. Denn Ihr Menschenwesen lebt in Eurer Welt, in Eurem materiellen Zustand dermaßen angebunden, festgefahren, dass Euch die Vorstellung, Eure Seele existiere neben Euch, mit Euch, in Euch, bei Euch, »lediglich« auf einer anderen Schwingungsebene, fremd erscheint. Für viele Menschen ist das so unvorstellbar, dass sie die Existenz einer Seelenwelt völlig negieren ...

Also noch einmal:
Die gesamte Materie der Menschenwelt befindet sich beispielsweise auf der Schwingungsebene A.
Die Seelenwelt befindet sich auf der Schwingungsebene B.
Seelen, die sich entschließen, sich auf die Schwingungsebene A der Menschenwelt zu begeben, transformieren sich mithilfe von Energie von Schwingungsebene B auf Schwingungsebene A.
Dazwischen gibt es noch die Schwingungsebenen AB und BA. Hier handelt es sich um Menschen, die vielleicht schon wieder dematerialisiert sind, sich aber noch nicht in die Seelenwelt zurückbegeben haben, sich also der Seelenwelt nicht völlig oder ganz und gar nicht bewusst sind.
Oder aber Seelenwesen, die mit dem materiellen Zustand Experimente durchführen, die versuchen, zwischen dem ei-

nen und dem anderen Zustand *Zwischenzustände* zu erfahren, die auch Verbindungen ausprobieren, um sich weiterzuentwickeln, also vorübergehend Materiezustand erreichen, um mit Menschen zu kommunizieren, und aus diesem materiellen Zustand nach der Kommunikation sofort wieder verschwinden.

Oder Menschen, die gestorben sind, deren Geist aber renitent reagiert und sein Bewusstsein nicht aufzugeben gewillt ist, die sich ihres seelischen Daseins nicht bewusst werden wollen. Diese Wesenheiten sitzen sozusagen fest zwischen den Welten.

Nun ja, es gibt unendlich viele Seinszustände, sowohl in materialisierter als auch in nicht-materialisierter Form.

Wenn ich bei dem Bild der Schwingungsebene bleibe, so ist die Schwingung des renitenten Geistes nach dem Tode nicht so hoch oder nicht so schnell wie die des Seelenwesens.

Ich weiß, dass es schwer ist, mir zu folgen. In diese Thematik könnt Ihr Euch als Menschen nur hinein*fühlen*, nur selten hineindenken.

Ich kann auch für die vermeintlich schnellere oder höhere Schwingungsebene der Seele das Wort »reinere Schwingungsebene« einsetzen. Die Seele befindet sich auf einer sehr *reinen* Schwingungsebene.

Nun möchte ich aber heute noch über das Thema »Zeit und Materie« sprechen:

Zeit und Materie und *keine* Zeit, *keine* Materie.

Zeit ist eine Erfindung, die mit der Schaffung der Materie als willentlichem Akt der Seelenwelt einhergeht, um Erfahrungen zu sammeln. Zeit ist also nur ein anderer Ausdruck für Materie oder besser gesagt, um Materie erklärbar zu machen. Um Euch Materie in dieser sichtbaren, fühlbaren, riechbaren, schmeckbaren Form vorzustellen, benötigt Ihr zeitliche Abläufe.

Um ein Schnitzel zu essen, benötigt Ihr *Zeit*.

Um Rad zu fahren, um als Körper zu wachsen und auch wieder zu zerfallen, benötigt Ihr *Zeit*. Dreidimensionalität in der Materie existiert nicht ohne die vierte Dimension der Zeit.

So, nun sind wir also bei den unterschiedlichen Dimensionen, die in Eurer materiellen Welt existieren.

Die drei Dimensionen der Räumlichkeit und die vierte Dimension der Zeit resultieren alle aus einer *Ur*dimension, die ich nicht die *fünfte*, sondern lieber die *nullte* Dimension nennen möchte, nämlich der Dimension der Seelenwelt, die ohne oder jenseits Eurer Dimensionen existiert, ihrer nullten Dimension Energie zuführt und damit in *Eure* vier Dimensionen eintritt.

Im Klartext bedeutet das: *Die Seelenwelt erschafft die materielle Welt.* Die materielle Welt existiert nicht unabhängig von der Seelenwelt. Die Seelenwelt erschafft die Dimensionen, in denen Ihr Eure Welt betrachtet. Sie erschafft sie, erhält sie am Leben und kann sie *jederzeit* wieder *de*materialisieren.

Das bedeutet nicht, dass Ihr Menschenwesen der Seelenwelt ausgeliefert seid. Aber die Unabhängigkeit, in der die Menschenwelt meint zu existieren, ist ein *reinstes Hirngespinst*!

Die Arroganz, Überheblichkeit, Machtgier, Besessenheit und Unduldsamkeit, mit der viele Menschen an diese ihre Welt herantreten, zeigt klar und deutlich, wie weit sich die menschliche Welt von ihren eigenen Ursprüngen gelöst hat, in welchem unbewussten Zustand sich die gesamte menschliche Welt momentan befindet.

Eure materialisierte, menschliche Welt, Eure Erde, Euer Universum existiert also in *dieser* Form, weil sich *Teile* der Seelenwelt entschieden haben, Experimente zu machen auf einer anderen energetischen Schwingungsebene.

Teile der Seelenwelt haben sich also entschieden, sich in einer *materialisierten* Form zu manifestieren in Eurer existierenden menschlichen Welt.

Diese Teile der Seelenwelt sind zwar nicht *vollständig* gebunden an die materielle Form, aber sie können sich von ihr auch nicht *lösen* ohne eine bewusste Entscheidung. Nun geschieht in Eurer Welt eine seelisch *unbewusste Loslösung*. Euer gemeinschaftliches, geistiges Bewusstsein löst sich *vermeintlich* von der *Verbundenheit* mit der seelischen Welt. Selbstverständlich haben wir es hier mit einer erhöhten Form des *Unbewussten* und nicht des *Bewussten* zu tun.

Selbstverständlich könnt Ihr Euch nicht wirklich von der seelischen Welt lösen, aber Ihr ver*meint* es zu tun! Und diese Tätigkeit führt Euch in zunehmende Unbewusstheit, führt Euch in Zustände der Gier, des Machtstrebens, der Eifersucht, des Neids, des Streits, des Krieges, denn das sich *Entfernen* von der seelischen Welt produziert ein Gefühl von Verlassenheit, Traurigkeit, Einsamkeit, Verlorenheit, mit dem Ihr Menschen nicht zurechtkommt. Ihr *empfindet* Verlust, ja selbstverständlich, den Verlust der seelischen Welt, aber dessen seid Ihr Euch nicht bewusst!

In diesem Zustand der Unbewusstheit zerstört Ihr Euren Lebensraum.

Es gibt keinen strafenden Gott, von daher auch keine Instanz, die Euch davor *bewahren* würde, Euren Lebensraum zu zerstören.

Es gibt nur *eine* Möglichkeit, das zu verhindern, und das ist zunehmende *Bewusstheit* und die Erinnerung an die Verbundenheit mit der seelischen Welt! Wie ich schon so oft betont habe: In der *Verbundenheit* mit der eigenen Seele seid Ihr nicht mehr verloren, nicht mehr einsam, nicht mehr allein und Ihr benötigt *keine* Macht, *keinen* Reichtum, *keine*

Position, *keinen* Beruf, um glücklich zu werden. Im Zustand der Verbundenheit mit Eurer Seele *seid* Ihr glücklich. Wir haben es hier also mit einer *Verselbstständigung*, einer *vermeintlichen* Verselbstständigung der Materie zu tun, die sich *unbewusst* erhebt über den immateriellen Zustand der Seelenwelt, ohne auch nur noch zu erahnen, dass sie *nur* und *lediglich* aus diesem Zustand heraus *existiert*!

(*»Du sprachst davon, dass ein Teil der Seelenwelt sich entschieden hat, sich zu materialisieren. Aber es haben doch alle zunächst entschieden, sich zu materialisieren, da es ja Zeit nicht gibt.«)*

Gut, das ist eine schlaue Frage.

Ja, richtig! Aber da es Zeit nicht gibt und sie eine weitere Erfindung der materiellen Welt ist, ist es auch richtig, dass wir Seelenwesen uns *alle* materialisiert haben.

Natürlich versuche ich immer, meine Erläuterungen mit *Euren* Bildern darzustellen, sodass ich mich für Euch *verständlich* ausdrücke. Daher spreche ich von einem *Teil*, denn in der *jetzt* existierenden materiellen Welt, in der Ihr lebt, existiert für Euch *Zeit*, und in dieser Dimension verblieben, existieren weiterhin Seelenwesen auf *meiner* Schwingungsebene, die sich in dieser für Euch existierenden Zeit nicht materialisiert haben. Aber hier ist kein Gegensatz, denn die Seelen sind in der Seelenwelt alle miteinander verbunden.

Das Problem ist Eure *Unbewusstheit*. Das Problem ist der *Geist*, der sich gegen die Seele erhebt, der Geist, der sich unabhängig fühlt und meint, dass jenseits seines Bewusstseins *nichts* existiert außer dem unendlichen Universum!

Und die *Seelenwesen*, die ja *verbunden* sind mit ihrer materialisierten Form als Mensch, leiden unter dieser Unbewusstheit! Die Verselbstständigung des Geistes ist momentan zu weit vorangeschritten, und die Seelen tun sich schwer, den Geist zurückzuholen.

(*»Was ist denn die Lösung dafür? Ist unser Buch allein die Lösung? Oder gibt es noch andere Mechanismen, die in der Lage sind, diesen* Selbstzerstörungsprozess *des Geistes aufzuhalten, der momentan voranschreitet? Ich war immer der Meinung und der Hoffnung, dass wir uns in die andere Richtung bewegen, nämlich* bewusster *werden! Aber jetzt höre ich gerade das Gegenteil. Wir werden scheinbar immer noch unbewusster, das heißt, wir sind immer mehr dabei, noch mehr zu zerstören!«*)

Lieber Conrad, ich enthalte mich der Beurteilung! Euer Buch, *unser* Buch ist in der Tat *ein* Versuch *eines* Botschafters, mehr Bewusstheit in Eure Welt zu bringen – *ein* Versuch von *vielen* Versuchen! Es gibt sehr viele Wege, mit Euch Menschen in Verbindung zu treten. *Mein* Weg ist es, mit *Euch* beiden dieses Buch zu schreiben, es mit möglichst vielen, einfachen Übungen zu füllen, um Euch einen Weg aufzuzeigen, *mehr Bewusstheit* in Eurem Leben zu empfinden und Euch rückzuverbinden mit Eurer Seele, aber auch, um Euch die Seelenwelt als existierende Welt stetig, täglich, minütlich nahezubringen, um sie für Euch leicht erreichbar, ständig verfügbar, alltäglich zu machen. Wenn mir das gelänge mit diesem Buch – zumindest für eine Gruppe von Menschen – dann wäre ich sehr glücklich!

In jedem Falle halte ich für *jeden* meiner Leser die Möglichkeit bereit, mit mir Kontakt aufzunehmen, denn das ist die Möglichkeit, die sich jeder schaffen kann durch das Lesen dieses Buches und das Einüben dieser Übungen. Meine *Botschaften* werde ich allerdings weiterhin über den Kanal, den ich mir seit Jahren aufgebaut habe, weitergeben. Und für mich ist es das Wichtigste, dass *jeder* meiner Leser den Zugang zu sich selbst, zu seinem Gefühlsbewusstsein, seiner *eigenen* Seele, zur *Stimme* der eigenen Seele und zum eigenen seelischen Begleiter findet.

Ende des 47. Buchdiktats vom 16. Dezember 2007

Sitzung vom 20. Januar 2008 mit 48. Buchdiktat

In der heutigen Sitzung möchte ich noch einmal zwei unterschiedliche Gesichtspunkte der Zeitdimension ins Auge fassen.
Zunächst spreche ich vom *Jungbrunnen der Zeitreisen*. Was meine ich damit?

Die *drei* unterschiedlichen Möglichkeiten, als materialisiertes Wesen eine *Seelenreise* zu anzutreten, habe ich Euch bereits erklärt:

– Einmal die *reine* Seelenreise während des Schlafs (Geist und Körper ruhen sich aus) oder
– die beiden unterschiedlichen Formen der Dematerialisation,
 unbewusst *während* des Schlafes oder
 bewusst im Wachzustand.

Mir geht es hier aber um die Seelenreise während eines *Trancezustandes*, den Ihr während einer Übung selbst erzeugen könnt, in der Ihr Euch als Seele von Eurem Körper und Eurem Geist ein wenig loslöst und eine Reise außerhalb Eurer Zeit antretet, Euch mit universeller Energie auffüllt und dadurch hinterher quasi *verjüngt* in Eure Zeitdimension zurückkehrt.

Das könnte man als seelische Schönheitskur bezeichnen.

Ihr kommt von Eurer Seelenreise zurück und übertragt Euren energetisch aufgefüllten Zustand auf Euren Körper und Euren Geist und verjüngt Euch *über* die Seele *in* Körper und Geist. Diese Verjüngung findet tatsächlich statt! Sie ist *keine* Verjüngung, die sich auf die Seele *oder* den Geist beschränkt, sondern sie bindet den Körper mit ein.

Hierzu benötigt Ihr also kein Schönheitselixier, sondern *lediglich Konzentration und eine Form von Loslassen*, die Euch jetzt noch fremd erscheint. Auf diese Art und Weise ist beziehungsweise wäre es Euch Menschen möglich, auch mit siebzig Jahren noch wie vierzig oder fünfundvierzig auszuschauen und mit neunzig noch über den Geist eines Dreißigjährigen zu verfügen!

Die Übung für diese Verjüngungskur möchte ich gerne in der nächsten Sitzung mit Euch beiden machen.

Der *zweite* Gesichtspunkt, den ich heute noch betrachten will, ist *Wahrsagerei*!

Unter dem Gesichtspunkt, dass *Zeit*, Eure vierte Dimension in der materiellen Welt, in der Welt der Seele nicht existiert, dass der zeitliche Ablauf, so wie Ihr ihn in Eurer Welt versteht, nämlich linear und konsequent – im Grunde gar nicht existiert, dass also alle Zeit – Vergangenheit, Gegenwart und Zukunft – *gleichzeitig* stattfindet, unter diesem Gesichtspunkt betrachtet gibt es keine Wahrsagerei oder Hellseherei. Wir haben es hier lediglich mit einem Phänomen zu tun, bei dem sich kurzfristig, wie bei einem durch Blitz beleuchteten Bild, ein Zugang zu einer parallel existierenden Zeitdimension ergibt, kurzfristig die Einsicht in eine andere Zeitdimension gestattet wird. Es gibt »Wahr-Sager«, die sich, obwohl sie die wirkliche Dimension ihrer Wahrnehmung nicht erfassen, der Tatsache kurzfristig, in abgehackten Momenten bewusst sind, dass *kein* Gestern, Heute und

Morgen existiert. Sie versetzen sich also von einer Zeitebene in eine andere und geben »richtige« Informationen weiter.

Wie ich schon des Öfteren sagte, benötigt Euer Geist die zeitlichen Abläufe, um nicht verrückt zu werden. Er erträgt es nicht, dass alles »gleichzeitig« geschieht. Aber dem ist tatsächlich so, und diese Erkenntnis könnte für Euch Menschen einige tief greifende Folgen haben. Wenn Ihr nämlich lernen würdet, Euren Geist zu *überlisten*, fiele es Euch wesentlich leichter, ein erfülltes, glückliches Leben zu führen. Denn in der Akzeptanz der Gleichzeitigkeit allen Geschehens liegt die große Chance, den eigenen Lebensweg, den vermeintlich leuchtenden Weg, die richtige Entscheidung zu erkennen.

Das heißt konkret – ich nehme Dich, lieber Conrad, als Beispiel:

Du weißt auf einer bestimmten Ebene Deines Daseins um Deine Zukunft. Deine Zukunft existiert gleichzeitig mit Deiner Gegenwart.

Du weißt, in welche Richtung Du Dich entwickeln wirst. Nur Dein *Geist* streitet nachhaltig dieses Wissen ab. Er hat Angst und fühlt sich verwirrt.

Jeder Mensch auf dieser Welt ist in der Lage, sein eigener Wahrsager zu sein und letztendlich genau vorherzusehen, wohin sein Weg ihn führt!

Keine Angst. Dieses Wissen ist nicht unerträglich. Im Gegenteil: Es macht ruhig und friedlich und beleuchtet die Tatsache, dass ich als Mensch immer eine *Wahl* habe! Ich bin nichts und niemandem ausgeliefert, keinem Schicksal, keiner Macht. Ich habe mein Leben und meine Entwicklung *vollkommen* selbst in der Hand.

Ihr könnt spielerisch versuchen, Euch *selbst* zum Wahrsager Eures Lebens zu machen, zunächst mit kleinen Dingen, Alltäglichkeiten, dann mit zunehmendem Vertrauen Euch auch den wesentlichen Dingen in Eurem Leben widmen, bei wichtigen Entscheidungen, Berufswahl, Partnerwünschen und so weiter. Selbst *Kinder*wünschen kann man sich auf diese Art und Weise annähern.

Probiert es einfach, indem Ihr Euch zunächst der vermeintlichen »Zufälle« annehmt.
Jeder Mensch hat ein »*Gespür*« für die vermeintliche Zukunft. Er weiß, wie sie aussehen wird, sowohl für sich selbst, als auch für viele Menschen seiner näheren Umgebung. Er hat es nur vollständig verdrängt in der Annahme, dieses Wissen nicht ertragen zu können. Aber im *Wissen* um die Illusion des materiellen Daseins und im Wissen, dass es im immateriellen Leben ausschließlich um das *Sammeln von Erfahrungen* geht, und in der *Akzeptanz* dieser Tatsache liegt die Möglichkeit, die Angst des Geistes zu überwinden.

In der ehrlichen Annahme der *Gleichzeitigkeit* allen Seins liegt auch die Annahme der Seelenwelt als Erschaffer oder Erschafferin dieser Eurer materiellen Daseinsform.

Traut Euch zu, Eure Zukunft zu sehen, und Ihr werdet sie sehen! Akzeptiert auch die Unwägbarkeiten in Eurem Leben, und Ihr seht Eure Zukunft! Das kann Euch sehr hilfreich sein im täglichen Leben, da Ihr viel besser wisst, *welche* Entscheidungen Ihr zu fällen habt und *wie* diese Entscheidungen zu fällen sind.

Ende des 48. Buchdiktats vom 20. Januar 2008

Sitzung vom 27. Januar 2008 mit 49. Buchdiktat

Wir werden heute die von mir so benannte **Jungbrunnen-Übung** machen. Auch für diese Übung gilt, wie für alle anderen, die ich Euch genannt habe, dass Ihr nicht mit *einem*

Mal erwarten könnt, Linderung, Besserung, Heilung oder aber Verjüngung in Körper, Geist und Seele zu erfahren. Aber in der *täglichen Übung* liegt auch hier wiederum der Zugang zur universellen Energie und die stetige, mit kleinen Schritten vollzogene Veränderung Eures Lebens.

Vorab ein paar erläuternde Worte zum Verständnis dieser Übung.

Jeder meiner Leser hat einen persönlichen, einzigartigen Zugang zu seinem individuellen Heil. Das heißt, dass für *jeden* meiner Leser diese Übung mit seinen persönlichen Bildern, seinen ganz eigenen Assoziationen ablaufen wird. Ich nenne Euch hier lediglich *Beispiele*. Es ist durchaus möglich, dass Ihr diese Übung mit meinem Beispiel ausprobiert und feststellt, dass Ihr Euch damit nicht wohlfühlt, dass sie für Euch nicht stimmt.

Dann bitte ich Euch: Seid so frei und bedient Euch Eurer eigenen Bilder. Denn in diesen Bildern, in Euren Gefühlen oder auch Worten liegt Euer persönlicher Zugang zur universellen Energie und damit Euer Weg zur Gesundung von einem körperlichen, geistigen oder seelischen Übel oder Euer persönlicher Weg, Euch von einer Verletzung durch einen Unfall nahezu zu befreien oder – und das sage ich jetzt provokant – Euer Weg zu ewiger Jugend.

Ich werde für diese Übung drei oder vier »Bildergalerien« vor Euch erstehen lassen, um sie Euch nahezubringen. Die Entscheidung, ob Ihr mit diesen Bildern arbeiten könnt oder Eure eigenen benutzt, liegt bei Euch.

Auch diese Übung ist wieder eine Konzentrationsübung, bei der Ihr Euch zurückzieht an einen ungestörten Ort, und die Ungestörtheit auch sicherstellt.

Ihr seid frei in der Entscheidung, ob Ihr die Übung im Sitzen oder im Liegen abhalten möchtet. Wichtig ist, dass

Ihr Euch wiederum in eine tiefe, regelmäßige Atmung versetzt, und mit dieser Atmung in Eurem Körper Entspannung hervorruft. Ich brauche mich hier nicht zu wiederholen.

> Ich beginne mit dem Zeitpunkt der körperlichen Entspannung. Ihr liegt oder sitzt entspannt, Eure Glieder sind leicht. Eure Atmung ist ruhig und tief und gleichmäßig.
> Und wieder beginnt Ihr mit der Vorstellung, Euren seelischen Kopf vom physischen Kopf zu lösen. Nach und nach löst Ihr Euren seelischen Körper bewusst langsam vom physischen Leib. Bevor Ihr Euch entfernt vom physischen Körper, verharrt Ihr noch ein paar Augenblicke neben oder über ihm schwebend.
> Ihr schaut ihn Euch quasi an und rekapituliert ruhig und gelassen, welche körperlichen Schmerzen Ihr gerne beseitigen, welche körperliche Anspannung Ihr gerne lösen, von welcher Krankheit Ihr Euch gerne trennen würdet oder auch, wenn es Euch gut geht, welchem Körperteil Ihr mehr Energie zuführen möchtet, um es *erstrahlen* zu lassen, um es jung und wie neu werden zu lassen.
> Ihr konzentriert Euch auf *einen* Wunsch. Sagen wir, Ihr habt Rückenschmerzen und würdet gerne ein von diesen regelmäßigen Schmerzen befreites Leben führen. Diesen Wunsch nehmt Ihr mit auf Eure Seelenreise.
> Ihr löst Euch nun von der Betrachtung Eures physischen Körpers. Ihr tretet die Euch bereits bekannte Reise durch den Nebel in die Seelendimension an mit dem Unterschied, dass Ihr heute bereits im Nebel von zwei »helfenden Händen«, die zu zwei helfenden Seelenwesen gehören, die Euch unter die »seelischen Arme greifen«, abgeholt werdet.

› Und hier beginnt nun Eure Freiheit in der Assoziation.
› Ich beginne mit dem ersten Beispiel.
› Ihr stellt Euch vor, die beiden Seelenwesen »fliegen« mit Euch in ein wunderschön gelegenes »*seelisches Krankenhaus*«. Ihr erhaltet ein wunderschönes Zimmer mit einem herrlichen Blick auf eine Meeresküste. Hier dürft Ihr Euch ausruhen. Eine der beiden Seelenwesen-»Krankenschwestern« sorgt für eine heiße Badewanne, in der Ihr Euch entspannen könnt. Die nächste bereitet heiße Wickel für Euch vor, um Euch im Anschluss ans Baden ausgiebig zu massieren.
› Nach dieser angenehmen Prozedur werdet Ihr dem für Euch zuständigen seelischen Professor – sage ich ein bisschen schmunzelnd – vorgestellt. Er nimmt sich Eurer an. Ihr gebt Euch in seine Hände. Er führt kein Skalpell mit sich, auch keine Betäubungsspritzen oder Schmerztabletten. Er ist angefüllt mit univer- seller Energie. Er *strahlt* geradezu! Er strotzt nur so vor Energie. Es ist, als vibriere sein seelischer Körper, als oszilliere die Energie in ihm und um ihn herum.
› Ihr liegt in Eurem Bett und fühlt Euch nach der Badewanne und der Massage bereits entspannt, aber noch nicht schmerzfrei. Nun legt Euch Euer Professor die Hände auf die Stellen Eures Rückens, die Euch schmerzen. Zunächst einmal seid Ihr verblüfft, da sich die Schmerzen verstärken, seid irritiert, da Ihr Euch doch von Eurem physischen Körper gelöst habt.
› Wieso fühlt Ihr die Schmerzen jetzt noch stärker?
› Euer Arzt zieht zunächst dunkle Energie, Anspannung, Angst, Groll, aufgestauten Hass aus Euch he-

raus. Er beseitigt sozusagen gebundene, fehlgeleitete Energie. Man könnte es auch als Entfernung eines Schattendaseins bezeichnen. Dann versetzt er Euch in einen seelischen Schlaf, in dem Ihr träumerisch nachvollzieht, wie Ihr Euch von all den dunklen Energien löst.
› Plötzlich seid Ihr in der Lage, Euch im Traum von all den unangenehmen, aufgestauten Gefühlen zu lösen, von Selbstmitleid oder Selbsthass, von Eifersucht, Rachsucht, Gier oder Hoffartigkeit, von Hochmut und Neid. Noch im Schlaf fühlt Ihr Euch befreit.
› Nun weckt Euch der Arzt und legt Euch erneut die Hände auf. Plötzlich spürt Ihr eine heiße, äußerst lebendige, wirbelnde Energie. Sie durchdringt jede Faser Eures seelischen Körpers. Sie verharrt an Eurem seelischen Rücken und beginnt, die Zellen des seelischen Rückens in ruhigere Schwingung zu versetzen.
› Dann plötzlich ist die Ruhe auch in den Zellen des seelischen Rückens nicht mehr notwendig. Der Rücken fühlt sich schmerzfrei an, und die Zellen beginnen zu tanzen. Das Energieniveau wird angehoben. Freude löst alle anderen Gefühle ab. Euer seelischer Arzt hebt Euch mit seiner Energiezufuhr in die Höhe. Ihr schwebt oberhalb Eures seelischen Körpers, als ob Ihr in der Lage wärt, sogar *diesen* zu verlassen und Euch mit der universellen Energie plötzlich und immerdar zu verbinden, ohne Euch auflösen zu müssen.
› Nach dieser unmittelbaren Erfahrung der universellen Energie ruht sich der seelische Körper im weichen Bett der Klinik aus.
› Wir verlassen dieses Beispiel, um uns dem nächsten zuzuwenden.

❯ Wir sind wieder beim Durchfliegen des Nebels von einer Dimension in die andere. Euer seelischer Körper wird wieder von zwei Seelenwesen abgeholt, die Euch helfend zur Seite stehen. Sie machen sich mit Euch auf zu einem *seelischen Vulkankrater*. Dieser Krater ist voller Lava. Rot, Gelb, Orangetöne herrschen vor. Ihr schwebt über diesem Krater. In ihm blubbert es bisweilen.

❯ Ganz langsam lasst Ihr Euch hinabsinken in diese Lava. Sie berührt Eure Füße, Eure seelischen Beine, Euren seelischen Unterleib, Euren Oberkörper, Eure Schultern, erreicht Euren Hals, und wie selbstverständlich lasst Ihr Euren Hinterkopf in die Lava hineinsinken. Ein Gefühl von unerschöpflicher Energie durchströmt Euch. Eure Zellen werden belebt, aufgefüllt mit Energie und beginnen zu pulsieren, bis schließlich Euer gesamter seelischer Körper *strahlt* – orange, rot, gelb, weiß.

❯ Eure Finger leuchten, Eure Wirbelsäule leuchtet, Eure Hüfte, Eure Knie, Eure Zehen. Leicht, wie mit Engelsflügeln ausgestattet, helfen Euch die beiden Seelenwesen aus der Lava heraus – langsam, unsagbar langsam. Es durchströmt Euch Freude und das Gefühl des Verbundenseins mit allem. Dieses Gefühl des Leuchtens, des Strahlens, der Vitalität, nehmt Ihr voller Leben mit auf den Rückweg zu Eurem physischen Körper.

❯ In der einzigartigen Gewissheit, mit universeller Energie aufgefüllt zu sein, kehrt die Seele aus dem seelischen Vulkan in ihren physischen Leib zurück und ist in der Lage, ihr Strahlen auf Geist und Körper zu übertragen, den Körper anzufüllen mit Energie, indem sie sich ganz langsam und ruhig in ihn zurückversenkt und das Strahlen vorsichtig und liebevoll auf ihn überträgt.

› Ich habe noch ein weiteres Beispiel.
› Die Seele begibt sich auf ihrer Reise mithilfe der beiden sie begleitenden Seelenwesen in einen weißen, mit Regenbogenfarben durchtränkten Raum, in dem sich nichts befindet als eine Dusche. Unter dieser Dusche wird die Seele abgestellt.
› Plötzlich sind um sie herum Wände aus schillernden, glitzernden Metallsteinen, durchsichtig und doch nicht durchsichtig. Ein imaginärer, warmer Wasserstrahl rieselt über den Kopf der Seele den Rücken hinunter, am Gesäß vorbei, die Beine hinab. Dieses unsagbar angenehme, warme Wasser schillert in Regenbogenfarben, kleidet die Seele sozusagen ein in Regenbogenfarben.
› Nun ist dieses regenbogenfarbene Wasser kein Wasser im herkömmlichen Sinne. Es ist universelle Energie, die den seelischen Körper ruhig und gleichmäßig hinunterfließt, die ihn warm einhüllt. Noch während des Hinunterfließens fühlt sich die Seele angebunden und doch frei, aufgefüllt, voller Leben, abenteuerlustig und doch ganz ruhig. Und nun verbindet sie sich in ihrer Vorstellung mit ihrem Körper. Die regenbogenfarbene Energie fließt über ihr Gesicht. Es ist faltenfrei und straff.
› Narben verringern ihre Tiefe.
› Schlupflider ziehen sich zurück.
› Die Haut wird elastisch.
› Die Muskeln erneuern sich.
› Die Gelenke füllen sich mit Flüssigkeit und werden geschmeidig.
› Die Organe befreien sich von Bakterien und Viren. Sie erfreuen sich einer ungebrochenen Vitalität.
› Das Gehirn erholt sich von unsagbarer Erschöpfung. Neue Synapsen entstehen. Es ist erfrischt und jugendlich.

> Die Sehnen entkrampfen sich.
> Die Knochen lockern sich.
> Der Körper ist erfüllt von Energie.
> Nun löst sich die Seele wieder vom Bild der Verbindung mit ihrem Körper. Sie fühlt sich *frei*. Sie genießt die Wärme des farbigen Wasserstrahls. Sie sieht die Erfahrungen, die auf sie warten, und rekapituliert jene, die sie bereits gemacht hat. Alles offenbart sich ihr in einem Moment.
> Die Freude über das ewige, *immaterielle* Leben, aber auch über das begrenzte *materielle* Leben ist grenzenlos. Die Seele freut sich auf ihr Leben und das Miterleben der anderen Leben, auf das Teilen und Erfahren.
> Leicht und losgelöst von aller materiellen Schwere begibt sie sich auf den Rückweg zu ihrem Körper, der bereits während der Übung Anteil hatte am Auffüllen mit universeller Energie. Sie kehrt langsam in ihren physischen Körper zurück, erfüllt ihren Geist mit Ruhe und Zufriedenheit und den Körper mit Leichtigkeit. Nun fühlt sich auch die Seele wohl und ist gern verbunden mit dem Körper, der ihr unschätzbare Erfahrungen zuteilwerden lässt.
> Seele und Körper verharren noch einige Augenblicke in ruhiger Atmung und nehmen dann in tiefer Zufriedenheit ihr Leben wieder auf.

Ich beende die Übung mit diesen drei Beispielen. Ich könnte noch etliche hinzufügen. Es obliegt einem jeden Leser, seinen Weg zu finden, um den Jungbrunnen in sich zu fühlen. Über die Folgen dieser Übung für jeden Einzelnen möchte ich in der nächsten Sitzung sprechen.

Zweifel an der Wirksamkeit sind vollkommen normal. Probiert es aus in der Gewissheit, dass Ihr Euch damit keinen Schaden zufügen könnt. Ihr könnt *nur* gewinnen: Freiheit, Ruhe, Zufriedenheit und Kraft.

Ende des 49. Buchdiktats vom 27. Januar 2008

Sitzung vom 10. Februar 2008 mit 50. Buchdiktat

Ich werde heute ein paar weitere Beispiele für die *Jungbrunnen-Übung* hinzufügen.

Für alle Leser, die sich mit dem Bild des Krankenhauses oder der Klinik schwertun, empfehle ich, sich stattdessen ein wunderschön gelegenes *Hotel* mit einem großen Wellnessbereich vorzustellen. Der Arzt ist hier kein Arzt, sondern vielleicht ein Masseur, ein Heiler. Die Krankenschwestern sind keine Krankenschwestern, sondern Assistentinnen, die für das Wohlbefinden sorgen, die Euch – wie bereits gesagt – über ein wärmendes Bad und heiße Wickel zur Entspannung verhelfen, Euch mit ätherischen Ölen pflegen, den Raum, in dem Ihr Euch befindet, mit angenehmer Musik und Düften anreichern, sodass Ihr Euch der Massage oder den heilenden Händen vollends hingeben könnt.

Ich habe das Bild des Krankenhauses für diejenigen meiner Leser eingeführt, die in ihrem Glauben an die Heilfähigkeit der Ärzte noch ungebrochen sind, die sich schwertun mit einer »alternativen Heilmethode«. Bei ihnen wird es sich erweisen, dass das Bild des Krankenhauses oder der Klinik sehr hilfreich sein kann und ein intensives Wohlgefühl hervorruft. Aber in der Tat ist es richtig, dass Menschen, die in ihrem Glauben an die Schulmedizin bereits erschüttert sind, sich hier nicht wirklich wohlfühlen werden.

Daher noch einmal: Es ist wichtig, dass jeder meiner Leser *seinen persönlichen Heilraum* für sich erkundschaftet.

Ich möchte nun noch zwei weitere Beispiele hinzufügen, die sich mit ganz anderen Bildern beschäftigen.

> ❯ Das erste Bild ist besonders geeignet für die *Sportler* unter meinen Lesern. Ich übergehe den Beginn der Übung. Wenn Ihr Euch mit Eurem seelischen Körper in den Nebel begebt, um in die Dimension der Seelenwelt einzutreten, holen Euch die beiden helfenden Seelenwesen ab und kleiden Euch in leichte, lockere, Trainingsanzügen ähnliche Kleidung.
> ❯ Ihr begebt Euch auf eine wunderschön gelegene Bergkuppe. Von dieser Bergkuppe schlängelt sich in weiten Kurven ein Weg, der sich in sanftem Wechsel bergab und bergauf zu einem weiteren Hügel hinzieht.
> ❯ Ihr seid nicht allein. Auf dieser Bergkuppe haben sich etliche Seelenwesen versammelt. In einer Gruppe von vier weiteren Seelenwesen begebt Ihr Euch an den Start. Das Signal ertönt, und Ihr beginnt in Eurem eigenen Rhythmus, den sich dahinschlängelnden Bergweg abzulaufen. Ihr tragt keine Schuhe, und der Weg ist mit weichem Moos gepolstert, sodass jeder Eurer Schritte abgefedert wird. Das angenehme Gefühl der nackten Fußsohlen auf dem Moos wirkt kühl und erfrischend.
> ❯ Während Ihr so dahintrabt, nehmt Ihr die wunderschöne Landschaft um Euch herum wahr. Grüne, satte Hügel, klarer, blauer Himmel, helles Sonnenlicht, saftige Wiesen, getränkt mit dem Tau eines frühen Morgens – zwischendrin grüne Wälder mit frischen, kleinen Farnen, ein frühlingshafter Laubwald mit hellgrünen Blättern.
> ❯ Jeder der fünf Läufer behält seinen eigenen Rhythmus bei. Keiner empfindet Konkurrenz zum anderen.

Das Gefühl des Laufens über diese Hügelwiesen, auf diesem moosigen Weg, ist ein so sonderbar befreites, unangestrengtes, dass Ihr Euch bisweilen wundert über Eure Kondition. Noch während Ihr lauft, bemerkt Ihr, dass Ihr Euch zeitweilig, für kurze Augenblicke vom Boden löst, dass Eure Schritte größer, weiter werden, dass sie wie die Sprünge einer Antilope oder einer Gazelle wirken. Ihr werdet leichtfüßiger.
› Auch hier entsteht nun eine intensive Verbindung zur universellen Energie. Jeder weitere Schritt füllt Euch von den Haarwurzeln bis in die seelischen Zehenspitzen mit Energie. Zunächst bemerkt Ihr es nur über die zunehmende Leichtfüßigkeit und die größer werdenden Sprünge.
› Dann wird Euch bewusst, dass Ihr Eure Sprünge als kleine *Flugphasen* bezeichnen könntet. Ihr werdet immer leichter. Währenddessen nehmt Ihr weiter die wunderschöne Landschaft wahr, fühlt Euch eins mit der Welt um Euch herum. Ihr nehmt aber auch die Freude und das Glück Eurer Mitläufer wahr. Ihr seht, wie leicht sie sich fühlen und wie schwerelos sie dahingleiten. Jede Faser Eures seelischen Körpers vibriert. Er ist so voller Leben, so voller Energie, dass Ihr Euch wünscht, der Weg würde niemals enden. Ihr geratet weder in Konditionsschwierigkeiten noch habt Ihr Schweißausbrüche. Alles fällt Euch leicht und fliegt Euch zu!

› Am *Ziel* Eures Laufes angekommen, pulsiert Euer gesamter seelischer Körper. Eure Zellen sind in permanenter Ausdehnung und folgender Kontraktion begriffen. Ihr spürt die *Unendlichkeit*, die *Unerschöpflichkeit* dieser Energie, die Euch zufließt. Ihr fallt Euren Mitläufern in die Arme – in Freude über das erreichte Ziel, aber auch in der unsagbaren Freude über die Energiezufuhr, über das Miteinander-sein-Dürfen in dieser schönen Welt.

› Und in diesem Moment sind die helfenden Hände wieder da! Sie bringen Euch zurück in den Nebel, und Ihr kehrt langsam wieder in *Eure* Dimension zurück. Ihr kehrt zurück zu Eurem physischen Leib und füllt ihn auf mit dieser unerschöpflichen Energie, teilt mit ihm die Information des Erfülltseins jeder Zelle, teilt mit ihm die Freude an der Bewegung, die Freude an der Leichtigkeit.
› Ihr verharrt noch einige Zeit in dieser bewussten Verbindung und begebt Euch dann mit der intensiven Wahrnehmung des Aufgefülltseins, der Beweglichkeit, der Leichtigkeit zurück in Euer materielles Leben.

› Kommen wir zu unserem nächsten Bild. Wir setzen wieder in dem Moment ein, in dem Ihr Euch bereits in die helfenden Hände der Seelenwesen begeben habt. Dieses Mal landet Ihr nicht auf einer Hügelwiese, sondern *inmitten eines flachen Meeres*, nicht weit von einem herrlichen Strand entfernt. Je nach Wunsch ist das Wasser kühl und frisch oder warm und sanft. Es ist kurz vor Sonnenuntergang. Die Sonnenstrahlen sind warm und schmeichelnd. Ihr liegt auf dem Rücken im Meereswasser und paddelt, plätschert ein wenig vor Euch hin. Das Wasser trägt Euch, die Bewegungen sind leicht und flüssig. Je nach Bedürfnis verbleibt Ihr nun entweder in dieser leichten, plätschernden Position oder aber Ihr schwimmt für eine Weile auf dem Rücken und verausgabt Euch scheinbar völlig. Ihr schwimmt und schwimmt und schwimmt. Dabei entfernt Ihr Euch nicht von der Küste. Ihr seid in sicherer Umgebung. Das Sonnenlicht verändert sich nicht. Die Zeit scheint stillzustehen.

❯ Empfindet Ihr nun das Bedürfnis, Euch nach dem Schwimmen ruhig aufs Wasser zu legen und einfach nur dahinzugleiten, so lasst es geschehen! Hattet Ihr von vornherein *nicht* das Bedürfnis, Euch zu verausgaben, so nehmt auch das als gegeben hin und lasst es geschehen. Fühlt Euch verbunden mit dem Wasser, sei es nun kühl und frisch oder warm und sanft. In jedem Falle ist es Euer Freund und nimmt Euch auf. Es droht keine Gefahr von unten, es gibt keine Fische oder Meeresgetier, das nach Euch »greift«. Unter Euch ist der weiße Sand, der auch unweit der Küste vorherrscht. Das Wasser ist klar, und die Bewegung der Wellen beschränkt sich auf ein leichtes Plätschern.

❯ Während Ihr die Wellenbewegungen unter Euch und um Euch herum wahrnehmt und der seelische Körper die Empfindungen der Schwerelosigkeit auskostet, erfahrt Ihr auch hier die ultimative Verbindung mit der universellen Energie. Mit jedem einzelnen Wellenschlag umhüllt Euch die universelle Energie in Eurer Gesamtheit. Keine Faser Eures seelischen Körpers bleibt unberührt. Gibt es Punkte Eures seelischen Körpers, die ein »Mehr« (oder auch ein »Meer«) an universeller Energie bedürfen, so verharren die Wellen hier und füllen auf und füllen auf und füllen auf, durchdringen Eure Zellen und füllen Euch an mit strahlendem Licht, unsagbarer Leichtigkeit, herrlicher Schwerelosigkeit, sodass Euer seelischer Körper »nach einiger Zeit« die Empfindung unerschöpflicher *Kraft* hat, nie erreichtes Wohlempfinden, unbezwingbare Jugendlichkeit, Unverletzlichkeit. Ihr genießt diese

> Gefühle, Ihr kostet sie aus. Ihr fühlt Euch verbunden mit dem Meer um Euch herum, mit der Sonne und dem Himmel über Euch, dem feinen, weichen Sand unter Euch.
> › Nun könnt Ihr diese Aktivität, dieses erhöhte Energieniveau mit Euch zurücknehmen in Eure materielle Welt und Euch wiederum mit Eurem physischen Leib verbinden.

Ich denke, dass die beiden letzten Beispiele intensiv waren und in ihrer Gesamtheit doch nun für jeden meiner Leser etwas dabei sein sollte.

Welchem Zweck dienen diese Übungen? Ich habe diese spezielle Übung »Jungbrunnen-Übung« genannt. Sie dient also der Erhaltung der seelischen, geistigen und körperlichen Gesundheit und der Jugendlichkeit der Körperzellen, aber auch der seelischen Einheit, die Euch »umgibt«.

Im Laufe dieses Buches habe ich Euch nun einige Übungen an die Hand gegeben, um Eure seelische, geistige und körperliche Lebensqualität zu erhöhen, um die Verbindung zu Eurer Seelenstimme zu praktizieren, um den Kontakt zu Eurem seelischen Begleiter zu üben, um die Verbindung zur Seelenwelt aufrechtzuerhalten, um die universelle Energie jederzeit »anzapfen« zu können und die jugendliche Leichtigkeit im Leben zu erhalten.

Ihr müsst diese Übungen *aktiv* und *regelmäßig* in Euer Leben integrieren. Ihr müsst Euch stetig und immer wiederkehrend mit Euch *selbst* beschäftigen. Das hat zur Folge, dass Euer Kontakt zu Eurem Inneren, zu Eurer Seele, zu Eurem göttlichen Wesen zunimmt, was Euch andererseits eine gelassenere Sicht auf die Welt vermittelt. Ihr seid mit dem *Mehr* an Energie, die Euch umgibt und von Euch abstrahlt, besser in der Lage, Eure Umwelt positiv zu beeinflussen. Eure Schwingung überträgt sich. Ihr wirkt sozusagen ansteckend!

Damit beginnt meine Botschaft, Früchte nicht nur für Euch selbst zu tragen, sondern sie beginnt, sich zu vervielfältigen.

Ende des 50. Buchdiktats vom 10. Februar 2008

Sitzung vom 2. März 2008 mit 51. Buchdiktat

KAPITEL 12:
Überwindung der Urängste

Jeder Mensch hat in seinem Leben angstvolle Situationen erleben müssen, seien es nun kleinere oder größere Ängste, ein Kindesmissbrauch, regelmäßige Schläge oder permanentes Anbrüllen durch ein Elternteil, ein Fall in einen tiefen Schacht, oder Ihr seid in einem Schwimmbad beinahe ertrunken. Vielleicht wurdet Ihr als Baby aber einfach auch nicht auf den Arm genommen, wenn Ihr Angst hattet, habt Euch nicht behütet gefühlt oder in einem dunklen Zimmer gefürchtet.

Es gibt viele Situation im Leben von Euch allen, die Ängste auslösen, Ängste, die sich festsetzen, die zur Manie werden, die sich sehr schwer überwinden lassen.

Vielen gelingt es nicht, ihre Ängste zu überwinden, weil diese sich automatisiert haben und immer wieder auftauchen als stetiger Hinweis der Seele, sich mit diesen Themen auseinandersetzen zu müssen.

Aber was sollt Ihr Menschen tun, um das zu überwinden, diese Urängste zu entzaubern oder einfach nur zu verstehen? Dazu benötigt Ihr mehr als nur *ein* Leben. Dazu müsst Ihr Euch darüber bewusst werden, dass Ihr nicht nur ein *Mensch* seid, sondern auch ein *Seelenwesen*. Vielen Menschen erscheinen die fürchterlichen Dinge, die sie erleben mussten in ihrer Kindheit und Jugend oder auch in ihrem Erwachsenendasein als so grauenhaft, dass sie böse werden und den Mut verlieren, weil sie sich fragen, warum ausgerechnet ihnen diese schrecklichen Dinge geschehen mussten.

Euch bleibt nichts anderes übrig, als Euch selbst nicht nur im Kontext Eurer menschlichen, sondern auch im Zusammenhang mit Eurer seelischen Existenz zu betrachten.

Alle Eure Ängste sind eingebettet in einen seelischen Lernprozess. Die grauenhaften Dinge, die Euch Angst machen, geschehen nicht einfach so. Ihr sucht sie Euch selbst aus!

Ihr sucht Euch genau die Situation in *diesem* Elternhaus, mit *diesen* Verwandten, mit *diesen* Freunden, mit *diesem* Ehepartner, mit *diesem* Geschäftspartner, mit *diesem* Chef, mit *diesen* Mitarbeitern aus!

Jedes dieser Leben, die Ihr Euch aussucht, hält schöne und fürchterliche Situationen, hält Erfahrungen bereit, an denen Ihr Euch selbst, aber auch die Euch begleitenden Menschen messen könnt. Es hält unsagbar viele Situationen für Euch bereit, an denen Ihr lernen und wachsen könnt. Und da gehören angstvolle Situationen dazu!

Es war von der Seelenwelt aber niemals gewollt, dass Ihr Menschenwesen in Euren Ängsten zu versinken droht bzw. von ihnen übermannt werdet. So, wie es auch nicht geplant war, dass Ihr Euch Eurer seelischen Existenz in vielen Fällen so unwahrscheinlich *unbewusst* werdet, so war es auch nicht geplant, dass Eure Ängste Euch übermannen sollten. Sie sollten der *Erfahrung* dienen, aber sie haben sich vielfach verselbstständigt.

Da gibt es nur eins: Ihr müsst Euch Eurer seelischen Existenz wieder bewusst werden – auch im Bezug auf die Überwindung Eurer Ängste.

Ich möchte Euch hier eine **Übung** an die Hand geben, die für all diejenigen vielleicht ein bisschen Hoffnung mit sich bringt, die sich in ihrer Kindheit verlassen, verraten, missbraucht oder misshandelt gefühlt haben, für die vielen unter Euch, die diese Misshandlung und diesen Missbrauch, diese Vernachlässigung und den Verrat ganz tief in ihr Unbewusstes verdrängt und Jahre ihres Lebens benötigt haben, um sich dieser verdrängten Mechanismen bewusst zu werden und irgendwann ein erfülltes Leben führen zu können.

Ich sage Euch das zu Euer aller Trost: Seid Euch bewusst, dass Ihr *Seelenwesen* seid und dieses Leben, das Ihr gerade lebt, mit Enthusiasmus und voller Energie gewählt habt, auch wenn es viele Erfahrungen in diesem Leben gibt, die Euch schmerzen oder wütend machen und keineswegs befriedigen. Nichtsdestotrotz habt Ihr dieses Leben gelebt und geht in jedem Falle *gestärkt* daraus hervor!

> ❯ Lasst uns nun mit der Übung beginnen. Ich möchte Euch bitten, Euch noch einmal aufzusetzen und Eure Glieder auszuschütteln.
> ❯ Ich möchte gerne, dass Ihr tief und ruhig ein- und ausatmet. Legt Eure Hände auf Brust und Bauch und macht Euch für einige Atemzüge das Heben und Senken der Bauchdecke bewusst.
> ❯ Schön ruhig, tief ein- und ausatmen!
> ❯ Nun, liebe Leser, treten wir gemeinsam eine Reise an! Ihr bleibt in Eurer bewussten, ruhigen Atmung und nehmt Eure Glieder wahr bis zu diesem Moment.
> ❯ Jetzt lösen sich Eure seelischen Glieder langsam von Eurem physischen Leib. Ihr werdet mit mir gemeinsam an einen Ort des Friedens reisen.
> ❯ Jedes Seelenwesen kennt diesen Ort.
> ❯ Es ist der Ort, zu dem Ihr zurückkehrt, wenn Ihr gestorben seid.

› Es ist der Ort, der auf Euch wartet hinter dem Licht.
› Es ist aber auch der Ort, an dem Ihr Euch befindet, bevor Ihr geboren werdet.
› Und es ist der Ort, an dem alle Seelenwesen bisweilen verweilen.
› Dieser Ort schaut aus wie ein riesengroßes, überdimensionales, rundes »Marshmallow«. Es könnte auch ein kleiner Planet sein, aber in jedem Falle wirkt er wie ein »Marshmallow«, weich wie Watte, aber gleichzeitig nicht so nachgiebig. Er schaut aus wie ein Schweizer Käse. Er hat ganz viele Löcher. Durch diese Löcher können die Seelenwesen in das »Marshmallow« hineinkriechen. Am anderen Ende des Loches aber erwartet jedes Seelenwesen nicht etwa eine dunkle Höhle, sondern ein Etwas, das an eine überdimensionale Bienenwabe erinnern könnte – mit vielen, kleinen Kammern, die alle offen sind und weich und warm, wo man sich richtig hineinschmiegen kann.
› An diesem Ort residiert die Mutterseele oder die Vaterseele oder die Muttervaterseele oder der große Freund, die große Freundin – wie auch immer Ihr das bezeichnen möchtet!

› Ich bleibe bei der Bezeichnung *Mutterseele*. Diese Mutterseele vereint in sich die gesammelte, liebevolle Energie der Seelenwelt – nicht zu verwechseln mit der universellen Energie, denn diese liebevolle Energie dient einzig und allein *einem* Zweck, nämlich der ultimativen Geborgenheit, in die jede Seele, jedes Seelenwesen, wenn es sie benötigt, zurückkehren kann. Diese liebevolle, fürsorgliche Mutterseelenenergie nimmt jedes Seelenwesen in sich auf. Aber es ist nicht so, dass das Seelenwesen sich dabei auflösen müsste.

> Es muss nichts tun. Es kann hier einfach nur *sein* und wird mit Fürsorge und liebevoller Energie beschenkt. Hier fallen *alle* Ängste und *alle* Anspannung von *allen* Seelenwesen ab. Hier ist der Ort, sich den *Urgrund* der eigenen Existenz bewusst zu machen.
> Hier ist der Ort der ultimativen Fürsorge. Er ist intim und allumfassend zugleich, und in dem Moment, in dem es hier aufgenommen worden ist, entledigt sich jedes Seelenwesen seiner Ängste. Sie fallen von ihm ab, denn hier wird jedem Seelenwesen bewusst, dass die Mutterseele Energie für alle hat, unsagbare Geduld, unendliches Verständnis, Ruhe und Geborgenheit.
> Jedes Seelenwesen verfügt über seinen eigenen, persönlichen Zugang zu diesem überdimensionalen »Marshmallow«. Hier vermittelt sich jedem Seelenwesen die Erkenntnis, dass es im All-Eins aufgehoben, die Erkenntnis, dass es unantastbar ist.
> Ihr seid mit einer Identität ausgestattet, die unvergänglich ist, und werdet mit Fürsorge nur so überschüttet, wenn Ihr sie benötigt und Euch an diesen Ort begebt. An diesem Ort geht es nicht darum, sich mit universeller Energie aufzutanken und mit Kraft und ungebrochener Freude ins Leben zurückzukehren.
> Nein, an diesem Ort geht es um den inneren Frieden, die ultimative Geborgenheit, die immerwährende Fürsorge. Hier findet jede Seele zu sich selbst.

> Egal, um welche Angst es in Eurem Leben geht: Das überdimensionale »Marshmallow« ist der Ort des Friedens für jedes Seelenwesen.
> Probiert es. Versucht, an dieser liebevollen Energie teilzuhaben. Versucht Euch diesen Ort vorzustellen,

immer wieder, wenn Ihr in Angst geratet, immer wieder, wenn Ihr Euch an Eure Ängste erinnert, immer wieder, wenn sie Euch zu übermannen drohen. An diesem Ort findet Ihr Frieden. Hier seid Ihr auf ewig aufgehoben, könnt ihn aber auch jederzeit gestärkt verlassen.

› Verbindet die Übung damit, Euch bewusst zu machen:
› »*Ich bin ein Seelenwesen!* Ich habe mich *entschieden*, dieses Leben zu leben.
› Dieses Leben bringt viele Erfahrungen für mich mit sich – angstvolle, freudvolle, ärgerliche, unangenehme und wunderschöne. In jedem Fall hält es viele *Möglichkeiten* für mich bereit.
› Ich bin ein Seelenwesen und nehme diese Möglichkeiten an!
› Ich bin ein Seelenwesen, und mich begleiten andere Seelenwesen.
› Manche sind sich ihres Seelenwesendaseins bewusst, andere wiederum sind meilenweit davon entfernt. Aber alle teilen ihre Erfahrungen mit mir.«

Nach dieser Übung kehrt Ihr in Euer Leben zurück, so wie immer bei unseren Übungen. Bewahrt Euch den Satz: »Ich bin ein Seelenwesen.«

Allein dieser Satz kann Euch helfen, Eure Ängste zu überwinden.

Ende des 51. Buchdiktats vom 2. März 2008

Sitzung vom 9. März 2008 mit 52. Buchdiktat

Jeder Leser ist in der Lage, den Standort der Mutterseele mit seinen eigenen Bildern selbst zu gestalten. Mir geht es lediglich um die Verbildlichung eines *Gefühls*, dieses unmittelbaren und ultimativen Aufgehobenseins. Die Bilder, mit denen jeder Leser diesen Standort findet, sind letztendlich seine Sache. Ich benutze ja diese Bilder – auch bei den anderen Übungen – nur, um Euch etwas zu vergegenwärtigen, das Ihr Euch ohne diese Bilder kaum vorstellen könntet.

› Mein zweites Bild für diejenigen Leser, die ein »Marshmallow-Problem« haben, ist sehr leicht zu visualisieren. Wir kürzen die Übung ab.
› Ihr befindet Euch bereits in einem entspannten Zustand, liegend oder sitzend, mit ruhigem, tiefem Atem, und stellt Euch nun eine *grüne Anhöhe* vor.
Ein sanfter Hügel, kein Berg. Auf diesem Hügel seht Ihr schon von Weitem ein Gebilde aus Holz, das nahezu rund ist wie eine große, hölzerne, abgeschliffene Kugel. Ihr kommt näher und gewahrt die enorme Größe dieser Kugel. Sie sitzt leicht abgeflacht auf dieser Anhöhe.
› Sie wird vom Sonnenlicht beschienen und hat einen rötlich-braunen Farbton. An verschiedenen Stellen befinden sich Öffnungen. Eine dieser Öffnungen ist ebenerdig und leicht erreichbar. Durch diese Öffnung betretet Ihr die hölzerne Kugel. Beim Näherkommen habt Ihr bemerkt, dass die anderen Öffnungen, die sich nicht auf ebener Erde befinden, verglast sind.

› Im Inneren der Kugel erwartet Euch ein ungewöhnlicher Anblick. Die Kugel ist mehrere Stockwerke hoch. In der Mitte erhebt sich eine riesengroße Wendel-

treppe, die alle Kammern, die sich im inneren Rund der Kugel befinden, miteinander verbindet. Auch diese Kammern sind rund und mit federleichten Betten ausgestattet. Die Wände der Kammern sind mit weichen Stoffen bezogen. Es gibt nirgendwo Ecken oder Kanten. Alles im Inneren dieser Kugel, außer der Wendeltreppe, ist mit weichen Materialien überzogen. Das Licht scheint von einem riesengroßen Kamin herzukommen. Es fließt und wechselt von Goldgelb zu Tieforange. Die Lichtbewegungen sind ruhig und fließend.
› Innerhalb der Kugel herrscht ein warmes Raumklima. Du begibst Dich zu Deinem Platz, zu Deiner Kammer irgendwo innerhalb dieser Kugel. Du kannst Dir Deine Kammer aussuchen. Vielleicht ist sie weit oben, vielleicht ist Dir die Mitte lieber, vielleicht magst Du auch lieber in der Nähe des Bodens sein.
› Alle Kammern sind vollkommen gleich ausgestattet. In ihnen herrscht Wärme und dieses goldgelbe bis rötliche Licht. Jede Kammer ist sehr weich, sehr gemütlich, sehr kuschelig. Möchtest Du Ruhe, herrscht absolute Ruhe.
› Möchtest Du Musik, so empfängst Du leise, angenehme Klänge, die Dich vielleicht an das Rauschen des Meeres erinnern oder an das Fließen eines Baches – je nachdem, was Dir behagt. Vielleicht sind es aber auch nur einfache Tonfolgen.
› Hast Du gerne eine Decke und ein weiches Kissen, so werden sie sich Dir in der Farbe, die Du wünschst, und dem Material, das Dir angenehm ist, im Nu offenbaren. Du kannst es Dir unsagbar gemütlich machen.
› In dem Moment, in dem Du Dich niederlässt und Deine Glieder ausstreckst, stellst Du fest, dass die Kammer genau die richtige Größe für Dich hat. Du kannst Deine Arme nach allen Seiten ausstrecken, und Deine Bei-

ne müssen nicht gekrümmt liegen. Du kannst Dich dehnen und strecken. Du hast das Gefühl von tiefem Frieden und absoluter Geborgenheit.
› Dir ist bewusst: »Ich bin ein Seelenwesen. Ich gehöre der Gemeinschaft der Seelenwesen an. Die Mutterseele nährt mich, umsorgt mich, beschützt mich. Ich darf mich hier klein und schwach oder aber groß und stark fühlen – so wie *ich* es möchte! Ich bin aufgenommen, aufgehoben und dennoch *frei*! Ich bin ein Seelenwesen und kann diesen Ort des Friedens nutzen, um zu mir selbst zurückzufinden.
› Ich bin beschützt. Ich bin sicher. Mir wird all die Liebe zuteil, die mir *jederzeit* zusteht. Sie strömt über meinen Seelenkörper hinweg. Noch einmal und noch einmal, so oft ich es wünsche und so lange ich es benötige – bis ich das Gefühl habe, nur noch aus Liebe zu bestehen!«

› In diesem Aufgehobensein kannst Du, lieber Leser, nun schlafen, träumen, wachen, Dich bewegen, hin- und herrollen oder einfach nur liegen und diese Liebe in Dich aufnehmen. Alle angstvollen Bilder verschwinden. Diese Liebe nimmt alle Ängste in sich auf. Eine totale Ruhe und Zufriedenheit bemächtigt sich Deiner.
› Du wirst wissen, wann der Moment gekommen ist, diesen friedvollen Ort wieder zu verlassen. Dann löst Du Dich, verlässt Deine Kammer und verlässt die Kugel, gehst von der Anhöhe hinunter ins Tal, genießt die Sonne und das Blau des Himmels. Du kehrst mit dieser Liebe in Deinen Körper zurück und lässt Deinen physischen Leib teilhaben an dieser absoluten Zufriedenheit, lässt ihn die Liebe von Kopf bis Fuß in sich aufnehmen. Mit diesem Gefühl kehrst Du in Dein Leben zurück.

Ich möchte dieses letzte Bild als Euren persönlichen Schutzraum bezeichnen, liebe Leser. Für jeden von Euch dürfte dieser Raum anders aussehen.

Vielleicht befindet er sich in einem wunderschönen Auto, das sich automatisch versperren lässt, mit einem riesengroßen Daunenbett darin.

Vielleicht ist er aber auch im Dachgeschoss eines Phantasiehauses, das hermetisch abgesichert ist, in das niemand eindringen kann, den Ihr nicht dort haben möchtet, und in dem ein Raum mit einem breiten Sofa oder einem riesengroßen Bett ausgestattet ist.

Vielleicht ist es aber auch ein Platz an einem einsamen Strand mit wunderbar weißem Sand, warmem Sonnenlicht und einem Palmendach über Euch, die Ihr Euch in den warmen Sand legt und dort geborgen fühlt.

Vielleicht ist es auch eine Lichtung innerhalb eines Waldes, den nur Ihr kennt, eine Lichtung, auf die die Sonne scheint, wo es warm und windgeschützt ist, und Ihr auf einem Bett aus weichem Moos lagert.

Vielleicht habt Ihr aber lieber ein Bett aus *Rosenblättern*.

Es sei Euch überlassen. Stellt Euch Euren Schutzraum vor, so wie Ihr es möchtet! Es geht einzig und allein darum, dass dieser Raum für Euch unantastbar ist durch äußere Umstände, dass Ihr geborgen und aufgehoben seid, dass Ihr Euch in Wärme und angenehmer Beleuchtung befindet.

Und nun bitte ich Euch, Euch in diesem Schutzraum eine Seele vorzustellen, die Euch zur Seite steht, die Euch einen warmen Tee bringt, die Euch massiert, die Euch vielleicht mit warmem Wasser wäscht, die Euch salbt mit duftenden Ölen, die Euch vielleicht füttert mit Pralinen oder kandierten Früchten oder auch Nüssen – je nach Belieben.

Diese Seele kann eine Gestalt annehmen, muss es aber nicht. In jedem Falle verbreitet sie Liebe. Sie strahlt diese

Liebe aus mit allem, was sie für Euch tut, ohne Hintergedanken, ohne Zurückhaltung, überschwänglich und im Überfluss – genau so lange, wie Ihr es benötigt.

Hier verschwinden alle Ängste. Sie werden klein und unbedeutend, denn als Seele seid Ihr aufgehoben, beschützt und umsorgt. Die Mutterseele nimmt Euch auf, ohne Bedingungen zu stellen, ohne Euch zu tadeln, in vollkommener Liebe.

Bleibt in diesem Raum, in dieser Vorstellung, umsorgt von dieser Seele, solange Ihr es benötigt.

Macht Euch bewusst, dass Ihr ein Seelenwesen seid.

Macht Euch bewusst, dass Ihr Euch auch Eure Ängste *ausgesucht* habt, um sie anzuschauen, um sie zu beherrschen, um mit ihnen leben zu lernen, um an ihnen zu wachsen.

Denn Euch kann nichts geschehen. Ihr seid ein Seelenwesen. Ihr seid *aufgehoben* in der Seelengemeinschaft.

Nehmt dieses Gefühl mit zurück zu Eurem physischen Leib und füllt ihn mit dieser Liebe auf, von Kopf bis Fuß, sodass er sich erholt und erfüllt und beschützt fühlt.

Wann immer Ihr Euren Schutzraum aufsuchen wollt, ist er für Euch da. Ihr müsst Euch nur die Zeit für ihn und die friedvolle Energie der Mutterseele nehmen. So kehrt Ihr zurück in Euer physisches Leben.

Ende des 52. Buchdiktats vom 9. März 2008

Sitzung vom 29. März 2008 mit 53. Buchdiktat

Wir finden uns heute hier zusammen, um uns ein weiteres Mal der Überwindung der Urängste zu widmen. Um Urängste überwinden zu können, müsst Ihr Euch ihnen sozusagen *spiegelverkehrt* nähern. Hat einer meiner Leser beispielsweise Angst vor dem Ertrinken, so erscheint es mir angeraten, dass er in der Übung, die ich Euch in den letzten beiden Sitzungen vorgestellt habe, ein Bild wählt, das weitab vom Wasser angesiedelt ist.

Wenn Ihr Euch in einen sensitiven Bereich begebt, Kontakt zu Eurer Seele und zur Seelenwelt aufnehmt und versucht, eine Angst Eures *Geistes* zu überwinden, so ist wichtig, dass Ihr Euch Bilder wählt, die Euren Geist *beruhigen* und nicht noch mehr ängstigen. Daher bezeichne ich das als *spiegelverkehrt*.

Ihr wählt Euch also einen Raum, der sich weitab von Eurer Angst befindet.

Haben wir es aber nun bei einem meiner Leser mit einer panischen Angst zu tun, weil er als Kind missbraucht oder entführt oder über einen langen Zeitraum hinweg geschlagen wurde oder auch Schlimmeres, so kann diese Angst mit einem spiegelverkehrten Bild allein nicht erlöst werden. In diesem Falle ist es unumgänglich, dass Du Dich, mein lieber Leser, mit dem Kontakt zu Deiner Seele und Deinem seelischen Begleiter intensiv beschäftigst. Es bedarf sozusagen einer *ultimativen Nähe* zur eigenen Seele, um überhaupt an diese panische Angst herantreten zu können.

Das Gespräch mit Deiner Seelenstimme muss Dir über Monate hinweg wirklich vertraut sein. Es muss für Dich eine Zuflucht geworden sein, und auch erst dann kann die Kontaktaufnahme zum seelischen Begleiter erfolgen. Diesen Kontakt wiederum musst Du über einen längeren Zeitraum praktizieren. Erst dann kann ich Dir ruhigen Gewissens empfehlen, die Überwindung Deiner Urängste in dieser meiner Übung zu versuchen. Denn Du benötigst Halt, Du benötigst Vertrauen und ein intensives Gefühl, *in* Dir selbst, *mit* Dir selbst und *bei* Deinem seelischen Begleiter aufgehoben zu sein, um Dich dieser Urangst stellen zu können. Allerdings halte ich diese Übung, die Urangst zu überwinden, dann für eine äußerst wichtige Möglichkeit zur Unterstützung beispielsweise einer Therapie.

Denn in einer Therapie wird *nur der Geist* therapiert. Der Geist setzt sich auseinander mit Kindheitsängsten, vielleicht sogar so weit verdrängten Gefühlen, dass es gilt, sich dieser zunächst einmal wieder bewusst zu werden. Die Übung zur Überwindung der Urängste kann hier deshalb sehr unterstützend wirken, weil auch die Seele am Prozess der Heilung *beteiligt* wird, und die ist aufgenommen in der Gemeinschaft der Seelenwelt. Diese Dimension wird in der Heilung über eine Therapie nicht beachtet.

Durch die *Erkenntnis* allein kann die Angst nicht überwunden werden.

Die Annäherung an eine Urangst auf geistiger Ebene reicht nicht aus, um diese Urangst zu bewältigen. Ihr benötigt ein seelisches Aufgehobensein, denn nur in diesem Aufgehobensein liegt die Möglichkeit, die angstvolle Situation in einer neuen Dimension, nämlich in einer erlösten, geheilten Form zu *erfühlen*. Manchmal gelingt es sogar, diesen Urängsten im Aufgehobensein in der seelischen Welt ins Gesicht zu schauen, sie noch einmal zu durchleben und sie dann zu verabschieden. Aber selbst wenn es »nur« gelingen sollte, im Aufgehobensein in der Seelenwelt Frieden zu empfinden und die Angst loszulassen, ist auch das schon ein Schritt in ein erfülltes Leben, denn Angst bindet Energie. Angst hindert Euch alle daran, die eigene Energie frei fließen zu lassen, das eigene Leben leben zu können, ohne von den Geistern der Vergangenheit heimgesucht zu werden.

Ihr Menschen braucht ein Gefühl des ultimativen Aufgehobenseins – ohne Angst, frei von Zwang, in unermesslicher Fülle, in bedingungsloser Liebe. Diese Erfahrung ist geeignet, Eure Ängste langsam, aber stetig zu erlösen. Erst in der Seelenwelt erfahrt und *erfühlt* Ihr, dass auch Eure Ängste eine Illusion sind.

Wenn Ihr Euch mit den von mir angebotenen Übungen vertraut macht, könnt Ihr nicht nur Eure Ängste überwinden und die Gemeinschaft mit Eurer Seele pflegen, sondern Euch in Zauberer für Euer eigenes Leben verwandeln und damit vieles verändern, was Euch jetzt unmöglich erscheinen mag.

Nun möchte ich noch ein paar Worte sagen zu unterschiedlichen *Formen* von Urängsten.

Ist einer meiner Leser beispielsweise von seinem Vater missbraucht worden, so ist es äußerst wichtig, wenn dieser Leser meine Übung zur Überwindung der Urängste praktiziert, dass er oder sie sich in einen von ihm selbst hermetisch abgeriegelten Schutzraum begibt und dass er sich mit *weiblichen* Energien umgibt. Die Konfrontation mit *männlichen* Energien sollte hier zunächst vermieden werden.

Genauso umgekehrt. Wurde beispielsweise einer meiner *männlichen* Leser von seiner *Mutter* missbraucht, was auch in *geistiger* Hinsicht geschehen sein kann, so ist es wichtig, dass dieser Leser sich mit einer ruhigen, weisen, verständnisvollen *männlichen* Energie umgibt in seinem Schutzraum, dass er sich dieses auch bildhaft vorstellt, beinahe so, als wäre dieser männliche *Schutzpatron* wirklich in seiner Kindheit an seiner Seite gestanden und hätte ihn errettet aus der Situation des weiblichen Missbrauchs oder des Übergriffes seitens einer weiblich-hysterischen Energie.

Versteht mich nicht falsch, es geht mir hier nicht um Diffamierung des jeweils anderen Geschlechts, sondern um eine *hilfreiche Vorstellung*, die den seelischen Schutzraum in einen wirklich *erfreulichen*, *undurchdringlichen* Bereich verwandelt.

Auch ist es durchaus möglich, dass sich die Bilder mit zunehmender Praxis dieser Übung verändern. Es ist durchaus möglich, auf der einen Seite wieder männliche Energien und auf der anderen wieder weibliche in diesen Schutzraum einzulassen. Dann ist die Heilung schon vorangeschritten. Zunächst aber geht es um *Heilung*, und diese ist etwas sehr Persönliches.

Was tut aber nun ein Leser, der sowohl von männlicher als auch weiblicher Seite geschädigt wurde, beispielsweise von beiden Elternteilen? Hier ist es angesagt, im *Alter* zu differenzieren. Es ist sehr hilfreich, wenn sich dieser Leser das Bild einer *älteren* Person vorstellt. Ob männlich oder weiblich ist hier nicht entscheidend, denn hier geht es nicht um die Überwindung speziell einer gerichteten Energie, sondern hier geht es um das Differenzieren, dass das Angst auslösende Moment nun einmal die *Eltern* waren, dass aber deswegen der Schutz durchaus von anderen Menschen stammen kann.

Vielleicht ist es aber auch sinnvoll, sich das Bild eines besonders friedvollen *Tieres* vorzustellen, das beschützend wirkt, oder aber eine, sagen wir, schemenhafte, körperlose, geisterhafte Person, die gerade in der *Körperlosigkeit* Schutz bieten kann.

Hier sind der Phantasie keine Grenzen gesetzt. Wichtig ist allerdings, dass jeder meiner Leser ein Gefühl dafür entwickelt, welcher Schutzraum und welche Schutzperson für ihn oder sie die meiste Ruhe, Erholung und Heilung bedeuten.

Ende des 53. Buchdiktats vom 29. März 2008

Sitzung vom 30. März 2008 mit 54. Buchdiktat

Mit zunehmender Beschäftigung mit dem Trauma sowohl auf therapeutischer als auch auf seelisch heilender Ebene und mit zunehmender Praxis der Übung zur Überwindung der Urängste wird es nahezu jedem Missbrauchten gelingen, sich auch wieder mit der missbrauchenden Energie auseinanderzusetzen, also auch das Weibliche beziehungsweise Männliche wieder an sich heranzulassen. Voraussetzung dafür ist allerdings zunehmendes *Vertrauen* in sich selbst, *Vertrauen* in die Tatsache, dass Du, lieber Leser, aufgehoben bist bei Deiner Seele, in der Gemeinschaft der Seelenwelt, unverletzlich und beschützt. In der immer wiederkehrenden Erfahrung dieses Beschütztseins liegt denn auch die Möglichkeit zur Überwindung eines *jeden* Traumas. Allein mit dem Verstand kann niemand sein Trauma erlösen. Er benötigt zusätzlich die Überwindung im *Gefühl*, die Heilung durch die Seele.

Das bedarf aber wirklich intensiver Übung, denn zu Beginn wird der *gestörte* Geist zu verhindern suchen, dass Ihr in Eurem persönlichen Schutzraum auch wirklich Schutz findet und dieser Situation auch wirklich *vertraut*. Der Geist wird mit *Nachdruck* versuchen, in dieses Schutzgebiet einzudringen, es infrage zu stellen und zu unterminieren.

Durch ein Trauma wird jeder Geist gestört. Um diese Störung zu beseitigen, bedarf es einer langen Zeit der Genesung und Heilung – und sehr viel Vertrauen.

Jetzt möchte ich noch ein paar Worte zu traumatischen Situationen sagen, wie einem beinahe Ertrinken oder einer lebensgefährlichen Verletzung durch einen Unfall.

Auch für diese Situationen bedarf es einer besonderen *Heilungsformel*.

Beginnt ein Mensch, der in seiner Kindheit beinahe ertrunken ist, die Übung zur Überwindung der Urängste, so sollte er das Element des Wassers von seinem Schutzraum fernhalten – zunächst! Es wird im Laufe dieser Übung ein Zeitpunkt kommen, wo sich der ehemals fast Ertrunkene vollständig aufgehoben fühlt, wo er das Vertrauen zurückerlangt hat. In diesem Stadium der Heilung – lasst es nach ein paar Monaten oder auch erst nach einem Jahr der Fall sein – darf er Wasser langsam, mit zunehmender Tiefe in seine Übung einbauen.

Damit meine ich Folgendes: Hat der ehemals fast Ertrunkene das Vertrauen zurückgewonnen, dass sein Leben unantastbar ist, dass er es sich zurückerobert hat, dass er versorgt und beschützt ist, dass ihm nichts geschehen kann, seine *Seele* bei ihm ist, dass er nicht allein ist, dann kann er beginnen, sich beispielsweise eine Situation in einem ganz seichten See vorzustellen, eine schöne Umgebung, warmes Wasser, Sonnenschein, ein leises Lüftchen. Er kann beginnen, sich vorzustellen, dass er sich in diesem See ausstreckt.

Er wird sehr schnell feststellen, ob sich seine Atmung beschleunigt oder ob er in der Ruhe verbleiben kann. Beschleunigt sich sein Herzschlag, so ist seine Heilung noch nicht weit genug vorangeschritten. Bleibt die Atmung ruhig und regelmäßig und kann er das innere Bild zulassen, ruhig im Seewasser dahinzutreiben, dann kann er in dieser Haltung im See seinen Schutzraum finden, sich in dieser Situation beschützt fühlen und auch hier Vertrauen haben.

Im täglichen Leben wird sich die »Konfrontation« mit dem Wasser nie gänzlich vermeiden lassen, und das wäre auch nicht im Sinne des Erfinders. Aber ohne die Heilung mithilfe der Seele bleibt immer ein Rest Misstrauen. Der ehemals fast Ertrunkene wird in Situationen, in denen er sich ins Wasser begibt, beim Schwimmen oder Baden, selbst in der Dusche immer unbewusst dazu neigen, Energie quasi zu *schlucken*, also sich nicht im Fluss mit sich selbst zu befinden, nicht im eigenen Gleichgewicht zu sein.

Noch heftiger zeigt sich diese Situation bei einem Menschen, der einen schweren Unfall, beispielsweise einen Autounfall hatte und von daher traumatisiert ist. Jedes Mal, wenn dieser Traumatisierte in ein Automobil steigt, wird er unbewusst seine Atmung und seinen Herzschlag derart beschleunigen, dass er sich damit selbst Lebensenergie raubt. Er wird zu diesem Medium Automobil niemals mehr wirklich Vertrauen fassen. Es wird ihn immer anstrengen! Er wird also Energie *binden*, anstatt sich im Fluss zu befinden, im Vertrauen und im Gleichgewicht.

Erst durch eine seelische Heilung wird es ihm möglich sein, im Gleichgewicht zu verbleiben, wieder Vertrauen zu haben, sich selbst im Fluss zu befinden und nicht mehr Situationen heraufbeschwören, die den erneuten Eintritt seines Traumas forcieren.

Sagen wir es ganz deutlich: Ein Traumatisierter neigt *immer* dazu, sein Trauma ein weiteres Mal eintreten lassen zu wollen, um es zu verarbeiten. Nur wird ihm die Verarbeitung durch das wiederholte Erleben leider nicht gelingen.

Ende des 54. Buchdiktats vom 30. März 2008

Sitzung vom 13. April 2008 mit 55. Buchdiktat

Ich habe einige Beispiele von unterschiedlichen Traumata, aber auch zu unterschiedlichen Schutzräumen und Schutzpersonen aufgezeigt. Letztendlich liegt es im Ermessen des jeweiligen Lesers, welcher Schutzraum, welche Schutzperson oder womöglich welches Tier-, Fabel- oder geisterhafte Wesen dem persönlichen Schutz am besten dienen kann.

Niemand muss sich mit meinen Beispielen zufriedengeben oder daran stören, denn sie sind lediglich Formen.

Die *eigene* Form ist immer die beste. Ihr könnt meine Übungen zur Überwindung der Urängste ausprobieren, entweder mit meinen Beispielen oder mithilfe Eurer *eigenen* Phantasie. Denn worauf es letztlich ankommt, ist nur, wo, wie und mit wem Ihr Euch wohl und beschützt fühlt und wieder erlernen könnt, Vertrauen zu fassen. All diese Formen sind lediglich Hilfsmittel, um Euch auf dem Weg zurück zu Euch selbst zu unterstützen.

Diese Übungen dienen letztendlich Eurem persönlichen Glück. Für jeden Menschen, für jede *Seele* sieht das persönliche Glück unterschiedlich aus, aber es ist in der Tat möglich, ein glückliches Leben zu führen, frei von Ängsten, in Verbindung mit dem eigenen Selbst, der Seelenwelt und im Gewahrsein des persönlichen Lebenssinns.

Ich möchte jetzt noch ein paar Worte zu schwer kranken Menschen sagen. Hier handelt es sich ja nicht um Urängste im Sinne einer traumatisierenden Situation, sondern oftmals um plötzlich eintretende Krankheitsformen, die »überraschend« ins Leben treten oder sich lange und schleichend anbahnen.

Krankheiten, egal wie schwer und lebensbedrohlich sie sein mögen, sind immer *Ausdruck geistiger Verdrängung*. Die Seele beschäftigt sich sehr wohl mit dem Thema, das die Krankheit auslöst, aber der Geist versucht nachhaltig, das Problem zu verdrängen. Daher wandert das Problem in den Körper.

Es gibt Traumatisierte, die über den Weg einer schweren Krankheit versuchen, ihr Trauma zu erlösen. Hier wird das Trauma weder geistig verarbeitet, noch darf die Seele Heilung und Erlösung finden. Daher muss der Körper das Trauma ausarbeiten. Ob eine Krankheit sich nun langsam und schleichend entwickelt und dann plötzlich lebensbedrohlich wird, oder ob sie von heute auf morgen auftaucht, quasi aus dem Nichts, ist vollkommen gleichgültig. Das ist lediglich abhängig vom »Geschmack« eines jeden Menschen, der unbewusst über den *Verlauf* seiner Krankheit entscheidet.

Die Ursache einer körperlichen Krankheit liegt zumeist in einem unverarbeiteten Trauma. In dem Moment, in dem sich der Kranke mit diesem Trauma beschäftigt, es aufarbeitet, geistig und seelisch Heilung findet, verschwindet die Krankheit.

Gelingt es Euch also, Euch selbst seelisch zu heilen, so seid Ihr auch in der Lage, Euch körperlich zu heilen, auch wenn vielleicht bereits Schäden aufgetaucht sind.

Ende des 55. Buchdiktats vom 13. April 2008

Sitzung vom 20. April 2008 mit 56. Buchdiktat

KAPITEL 13:
Transformation

Meine lieben Leser, wir haben nun gemeinsam viele Übungen kennengelernt, die Euch den Weg zur seelischen Welt ebnen, es Euch erleichtern sollen, Eure Seele wieder zu finden.

Es gibt unterschiedliche Möglichkeiten, sich das persönliche Seelenleben bewusst zu machen und ins Leben zu integrieren.

Es gibt die Möglichkeit des *Traums*.

Es gibt die Möglichkeit der Seelenreise während des *Schlafs*.

Es gibt die Möglichkeit der *Seelenreisen während unserer Übungen* – die Ihr hoffentlich viel geübt habt –, also im bewussten Zustand,

und es gibt natürlich die *Seelenreisen nach dem Tode und vor der Geburt*.

Aber *was* ist nun eigentlich der für eine Seele ultimative Zustand?

Wo geht die Reise für die Seelen hin?

Wie schaut die Seelenzukunft aus?

Euch Menschen stehen viele Möglichkeiten offen. Ihr könnt zum Beispiel Euren momentanen materiellen Weg weitergehen. Diese Aussichten habe ich bereits in einem früheren Kapitel deutlich gemacht.

Ihr könnt für Euch privat versuchen, Euren Bezug zur eigenen Seele, Eure Erfüllung in Eurem Seelenleben zu finden, für Euch ganz persönlich und vielleicht gerade mal gemeinsam mit Eurem Lebenspartner. Das allein verändert schon viel in Eurem Umfeld.

Was aber geschieht, wenn Ihr beginnt, ein *Seelennetzwerk* zu knüpfen?

Was geschieht, wenn Ihr die Botschaft, dass Ihr eine Seele habt, zu der Ihr in Kontakt steht, dass Ihr wisst, dass es eine Seelenwelt gibt, mit der Ihr Kontakt habt, hinaustragen würdet in Eure Welt?

Wenn Ihr dieses Wissen mit anderen Menschen teilen und Euch mit ihnen seelisch verbünden würdet, so wären die Konsequenzen nicht auszudenken!

Denn mit der Menge derer, die an die seelische Welt glauben, den Kontakt dorthin pflegen und die universelle Energie stetig anzapfen und vermehren, ist es möglich, Eure Welt »vor dem Untergang zu retten«.

Es ist aber auch möglich, eine neue Welt zu erschaffen.

Mit Transformation ist also *Umwandlung* gemeint, und diese Umwandlung betrifft Eure *alte* Welt, Eure *neue* Welt und Euch selbst!

Die nun folgenden Erläuterungen werden Euch zunächst sehr phantastisch erscheinen. Ich bitte Euch, sie einfach zu lesen und Euch eines Urteils zu enthalten. Stellt Euch einfach vor, es handle sich um einen Traum. Dann wird es Euch leichter gelingen, meine »Phantasien« anzunehmen.

Wie Ihr ja bereits wisst, gibt es keine Zeit. Alles existiert gleichzeitig – die Antike, das Mittelalter und die Neuzeit. Und lediglich, weil Euer Geist diese Vorstellung nicht erträgt, hat das Konglomerat *aller* Geister die Zeit »erfunden«. *Jenseits* dieser von Euch erfundenen Zeit existiert noch die »Zeit der Seelen«, die Welt der Seelen. Diese ist genauso existent wie Eure materielle Welt, nur eben auf einer anderen energetischen Ebene.

Falls Ihr bereits ausreichend geübt habt, Reisen in die Seelenwelt zu unternehmen, wird Euch ab einem bestimmten Zeitpunkt klar geworden sein, dass sowohl die materielle als auch die seelische Welt nebeneinander existieren, dass also die Trennung dieser beiden Welten eine künstliche Trennung rein geistiger Natur war.

Ihr erfüllt Eure materielle Welt mit einem *seelischen Licht*. Damit ist die universelle Energie gemeint, die Ihr durch Euer Üben in die materielle Welt hineintransportiert. Dieses seelische Licht lädt Eure materielle Welt auf. Je mehr Menschen je öfter ihre persönliche materielle Welt aufladen, umso besser ist es für das Gesunden Eurer *gemeinsamen* materiellen Welt!

Ende des 56. Buchdiktats vom 20. April 2008

Sitzung vom 26. April 2008 mit 57. Buchdiktat

Wir beginnen jetzt mit dem Buchdiktat und starten mit unserer phantastischen Reise in das Meer der Zeiten.

Es gibt eine Zeit, in der meine Leser leben. Sie selbst sind anfassbar, ebenso wie die Mitmenschen, die Stühle, die Betten, die Häuser, die Bäume, die Pflanzen um sie herum – anfassbar, fest, unverrückbar, zum Teil beweglich, allesamt lebendig, aber jedenfalls äußerst real.

Nun existieren neben dieser Welt des Jahres 2009 die Welten des Jahres 2008, des Jahres 2007 und so weiter, zurück bis zur Entstehung Eurer Erde und auch noch davor. All diese Zeiten, Welten, Erden existieren nebeneinander, untereinander, miteinander, durcheinander, ineinander, zur gleichen Zeit, wie wenn Ihr die Erde in Scheibchen schneiden würdet, in Millionen und Abermillionen dünne Scheibchen wie beim Aufschneiden einer Zwiebel.

Diese Scheiben kann man nun an der Schnittfläche betrachten. Die jeweilige Schnittfläche ist ein Ausschnitt Eurer mannigfaltigen Zeiten. In diese Zeiten könnt Ihr sowohl ein- als auch austreten, und zwar nicht nur in Eurer Vorstellung, sondern vielmehr tatsächlich. Das beinhaltet, dass es *Euch selbst* viele, viele tausend Male gibt, was dazu führt, dass Ihr Euch selbst beobachten, besuchen, anschauen und mit Euch selbst sprechen könntet.

Eure Erde ist, so wie sie in diesem Moment existiert, eine *Konstruktion Eurer Vorstellung*. Ihr habt sie erschaffen und erschafft sie in jedem Moment neu.

Ihr seid als Mensch ein selbst erschaffenes Konstrukt. Aber auch Eure Umwelt, Eure Erde und Eure Mitmenschen sind ein von Euch selbst erschaffenes Konstrukt – in gegenseitigem Einverständnis und mit der Ausstattung an universeller Energie.

Nicht nur gibt es unzählige Zeiten, Erden, Welten, es gibt zusätzlich noch ein Vielfaches mehr an *wahrscheinlichen Welten*, die kurzfristig mit Energie ausgestattet und zu Materie werden, dann aber auch wieder verschwinden – nicht im Sinne von »sich in Rauch auflösen«, sondern lediglich aus der *Materie* verschwinden, während sie als *Energie* selbstverständlich weiterhin vorhanden bleiben.

Kommen wir jetzt zurück zum Bild der Zwiebelscheiben. Diese Abermillionen von Erdscheiben sind neben- oder untereinander aufgereiht, in einem imaginären Netz miteinander verbunden, nie ohneinander funktionsfähig, nicht getrennt, aber eben vielfältig vorhanden, jederzeit erreichbar für jeden Menschen, jedes Tier, jede Seele. Denn alles entspringt einer *Vorstellung* und wird erst mit einer *Entscheidung* und der optimalen *Zufuhr an universeller Energie* zu

Materie, wobei sich jegliche Materie ständig auch in Auflösung befindet, je nachdem, mit wie viel universeller Energie sie angefüllt ist oder nicht.

Eure menschliche Wahrnehmung ist über Jahrtausende hinweg eingeschränkt trainiert. Ihr nehmt die Welten neben Eurer Welt nicht wahr. Ihr seht die Zeiten neben Euren Zeiten nicht. Nichtsdestotrotz sind sowohl die Welten als auch die Zeiten *vorhanden*, und Ihr mit und in ihnen!

Welche Kraft hält nun dieses Konglomerat an Zeiten und Welten zusammen oder zerstreut es? Hiermit meine ich nicht Euer ordnendes Mittel des Geistes. Die Absicht oder die gerichtete Energie oder der Liebe Gott oder Allah oder Buddha – wie auch immer Ihr es bezeichnen wollt – die Absicht, die all dies hält, lenkt, richtet, erschafft sich in jedem Moment, in jeder Zeit, in jeder Welt aufs Neue – unendlich, unsagbar, unaussprechlich, immer vorhanden.

Als Teil dieser Absicht seid Ihr Menschen Euch dieser Absicht nicht gewahr. Ihr blendet Eure Herkunft, Euren Ursprung aus. Ihr blendet die parallelen Zeiten und parallelen Welten aus, um nicht vermeintlich verrückt zu werden, um das Leben, das Ihr führt auf dieser Welt, verstehen zu können.

In Eurer Wahrnehmung der eigenen Beschränktheit und Einzigartigkeit, der »einzigen« Entwicklungsmöglichkeit liegen Einfachheit, Konsequenz, Vernunft, Strukturiertheit, Ordnung, Ruhe. In der Wahrnehmung der *unermesslichen Vielfalt*, der unendlichen Möglichkeiten, der unzähligen Wahrscheinlichkeiten liegt dagegen das Chaos, die Unruhe, die Unordnung, die Anarchie, das Unberechenbare, das Unverständliche. Und was unverständlich ist, darf für Euren Geist nicht sein.

Nun, im Mittelalter schien es – zumindest für einen Teil der Menschheit – unverständlich, dass die Erde nicht der Mittelpunkt des Universums sein sollte. Dieses Weltbild war für einen Teil der Menschheit sehr lange Zeit unverrückbar. Wie chaotisch, anarchisch, unverständlich und verrückt würde Euer heutiges Weltbild auf die Menschen des europäischen Mittelalters gewirkt haben?

Je weiter Ihr Euch scheinbar entwickelt, umso mehr scheinbares Chaos, Anarchie, Unordnung, Unruhe lasst Ihr in Euer Weltbild hinein. Vielleicht wird es daher auch einmal verständlich sein, dass es unsagbar viele Welten gibt, unsagbar viele Conrads oder wie immer Ihr heißt, unsagbar viele Exemplare eines einzelnen Menschen.

Nur die Seele eines jeden Menschen existiert einmal, einzigartig. Die geistigen und materiellen Ausprägungen dieser einen Seele sind vielfältig, und da gehören auch die vielfältigen Ausprägungen Eurer Welt dazu. Momentan könnt Ihr Euch das nicht vorstellen, aber es ist einer Seele möglich, zwischen all den existenten Welten hin- und herzureisen, alle unterschiedlichen Zeiten zur gleichen Zeit in unterschiedlichen materiellen und geistigen Ausprägungen zu besuchen.

Nichts in Eurer Welt ist fest und unverrückbar. Alles fließt.

Wie ich in der letzten Sitzung bereits andeutete, ist es Euch über ein seelisches Netzwerk möglich, Eure Welt, Eure Welten, Eure Zeit, Eure Zeiten zu verändern.

Die Energieübungen, die ich Euch beigebracht habe, beschränken sich nicht auf einen Menschen, der die Übung für sich allein in seinem stillen Kämmerlein machen kann. Ich werde Euch auch Übungen an die Hand geben, die Ihr in *Gruppen* ausführen könnt, die Euch unmittelbar zeigen, wie mächtig Eure Veränderungsmöglichkeiten sind.

Mit bewusster Energiezugabe ist es auch einer kleinen Gruppe von Menschen möglich,
– die Temperatur auf der Erde zu reduzieren oder

- die Resorptionsfähigkeit Eurer Pflanzen für CO_2 zu verdoppeln oder zu verdreifachen oder
- das Immunsystem Eurer Meeresbevölkerung immens zu stärken, sodass ein Großteil der heutigen Meerespopulation auch mit einer Erhöhung der Meerestemperatur um bis zu zwei oder drei Grad überleben kann oder
- Eure Mais- und Weizenpflanzen doppelt so nahrhaft zu machen, also ihre Genstruktur positiv zu verändern oder
- den Stromverbrauch einer Region zu halbieren.

Wodurch? Durch die Zufuhr an universeller Energie.

Es ist möglich, Eure Stromkraftwerke mit universeller Energie zu betreiben, denn alles existiert zunächst in Eurer Vorstellung. So ist es auch mit dem Klimawandel. Er existiert zunächst im Bewusstsein der Menschen, die Veränderungen beobachten und sich ängstigen.

Angst ist ein Energiefresser.
Angst frisst universelle Energie.

Die Angst vor Klimawandel erhöht die Gefahr des Klimawandels. Wie immer hilft Euch Angst nicht weiter.

Mit der Macht Eures Glaubens an die Seelenwelt seid Ihr in der Lage, Euch in der Zeit so weit zurückzuversetzen, dass Ihr die Ursachen Eures Klimawandel beseitigen könnt, um hinterher in die heutige Zeit zurückzukehren.

Und wie soll das funktionieren?

Nun ja, nur über Seelenreisen – wohlgemerkt: *Seelenreisen in der Gemeinschaft.*

Ihr seid jetzt in der Lage, Euch über Eure Übungen universelle Energie zuzuführen und dadurch Euren Körper, Euren Geist, Eure Seele zu stärken. Ihr könnt aber eben noch mehr tun, indem Ihr auch Eure Lebensmittel, Eure Getränke, Euer Wasser mit universeller Energie anreichert und damit wiederum Euch stärkt. Ihr könnt dies sowohl für jemand anderen als auch für Euch selbst tun. Dieser andere, sei es ein Mensch oder ein Tier, muss nicht an die Zufuhr der universellen Energie glauben. Das Ergebnis spürt er trotzdem.

Nun ein sehr naheliegendes Beispiel:
Wenn Kinder geboren werden, sind sie vollständig abhängig.
Allerdings sind sie ultimativ angebunden an die seelische Welt. Sie sind nie allein. In einem unserer früheren Kapitel über den seelischen Begleiter habe ich das schon einmal erwähnt. Führt man einem Neugeborenen nun über Meditation, über Konzentration universelle Energie zu, so ist es in der Lage, alle Nährstoffe, die ihm zugeführt werden, optimal umzuwandeln und für sein Wachstum zu verwenden. Es gedeiht wesentlich besser, wächst schneller, seine Knochenhärte nimmt exponential zu, seine Gehirntätigkeit kann extrem gefördert werden, seine Wahrnehmungsfähigkeit verdoppelt oder verdreifacht sich! Ihr könnt auf diese Weise ein Neugeborenes, ein Baby, ein Kleinkind, ein Kindergartenkind, ein Schulkind vor *allen* Krankheiten bewahren!
Einem Neugeborenen die Hand aufzulegen, es über Konzentration, über Meditation mit universeller Energie zu versorgen, würde auch beispielsweise einen gestörten Schlafrhythmus korrigieren, würde ein unruhiges Kind *ruhig* machen, würde Drei-Monats-Koliken beseitigen – einfach *heilen*. Nichts anderes tun beispielsweise Mütter, ohne es zu wissen, wenn sie sich zu ihrem erkrankten Kind setzen, das in der Nacht unter Fieberschüben leidet, und ihm einfach *Liebe* zuführen. Diese Liebe, ohne Harm, ohne Forderung, selbstlos, ist bereits Zufuhr universeller Energie, auch wenn sich die Mütter darüber nicht bewusst werden. Hier zapfen sie, ohne es zu wissen, universelle Energie an – allein da-

durch, dass sie vielleicht im Stillen um die Heilung ihres Kindes bitten. Das nennt Ihr *die Kraft des Gebets*.

Nun möchte ich ein paar Beispiele anführen, die Euch erläutern sollen, wie Ihr Euch als Seelen *vernetzen* könnt, um die universelle Energie in Eurer Umgebung zu versprühen.

Zunächst einmal ist der rein meditative Weg, um beispielsweise einer Pflanze universelle Energie zuzuführen, schon sehr wirksam. Wenn sich jetzt aber eine Gruppe von meditierenden Menschen, die gemeinsam die universelle Energie anzapfen, gleichzeitig auf ein Objekt konzentrieren, dann erreicht diese Gruppe ungleich mehr.

Eine Gruppe von *zehn* Personen ist in der Lage, mit ausreichender Übung und wiederkehrender Konzentration, beispielsweise den Frankfurter Stadtwald zu stärken.

Es bedarf ausschließlich ausreichender *Übung* und eines intensiven Glaubens, um »Wunderwerke« zu vollbringen.

Oder stellt Euch einen Berghang nach einem Brand vor. Auch hier können zehn Personen in Konzentration, in Verbindung mit der universellen Energie die scheinbar abgestorbenen Pflanzen wieder zum Leben erwecken und dafür sorgen, dass bereits innerhalb eines halben Jahres unzählige Setzlinge wachsen.

Eurer Energie sind *keine Grenzen* gesetzt, was auch bedeutet, dass Eurem Zugang zur universellen Energie keine Grenzen gesetzt sind.

Ein anderes Beispiel: Ein Gebiet wird von starken Regenfällen heimgesucht. Es drohen Überschwemmungen. Auch hier wäre es möglich, durch Zufuhr universeller Energie die Bäche, die sich zu Strömen entwickelt haben, in andere Richtungen zu lenken, dafür zu sorgen, dass sie besser versickern, dass sie das Grundwasser bereichern, dass sie nicht über die Ufer treten. Die universelle Energie ist in der Lage, sowohl *heilend* als auch *präventiv* zu arbeiten.

Ein Krebskranker, der *nicht* an die Seelenwelt und die Existenz universeller Energie glaubt, kann im komatösen Zustand von zwei Personen, die sich ihm in Meditation und Konzentration zuwenden, ihm universelle Energie schenken, allerdings wirklich über Tage, über Wochen hinweg, vollständig geheilt werden – *ohne* Operation, *ohne* Transplantation, *ohne* Blutübertragung, *ohne* Chemotherapie, *ohne* dass an ihm irgendjemand herumschneiden muss. Es bedarf einiger Anstrengung, hoher Konzentration, wirklicher Selbstlosigkeit und eines grenzenlosen Schenkens von universeller Energie. Aber es ist möglich! Und es bedarf nur zweier Menschen, die bereits in Verbindung mit der Seelenwelt leben!

In der Verbindung zu Eurer Seele, in der Verbindung zur Seelenwelt, in der Verbindung zum seelischen Begleiter liegt nicht nur Euer persönliches Heil, sondern auch die Chance auf das Heil Eurer Umwelt.

Ende des 57. Buchdiktats vom 26. April 2008

Sitzung vom 17. Mai 2008 mit 58. Buchdiktat

Ich habe an einigen Beispielen erläutert, was Ihr, liebe Leser, alles mit der universellen Energie anfangen könnt, wenn Ihr meine Übungen beherzigt und den Glauben an die seelische Welt wirklich in Euch »einpflanzt«. Ihr könnt damit Eure Welt, so wie sie jetzt ist, verändern – jederzeit und in allen erdenklichen Dimensionen.

Und, wenn Ihr es immer wieder ausprobiert, wird die Menge an Energie, die Euch zufließt, stetig zunehmen.

Außerdem habe ich dargestellt, dass es einerseits keine Zeit gibt, dass es aber andererseits ungeheuer viele Zeiten gibt – Zeiten, Welten, Erden, die alle nebeneinander existieren und von Euch besucht werden können.

Wenn Ihr lernt, universelle Energie in Eurem Leben anzuwenden, Euch selbst und Eure Umgebung damit aufzufüllen, dann muss sich dies nicht zwingend auf Eure Gegenwart beschränken. Da es keine Zeit im eigentlichen Sinne gibt, könnt Ihr diese Energiezufuhr auch auf Eure Vergangenheit und Eure Zukunft ausdehnen und sie im positiven Sinne verändern.

In der vollen Konsequenz dieses Satzes liegt eine *unsagbare Macht*. Und diese Macht steht Euch zur Verfügung.

Ihr seid Euch dieser Macht bislang nicht bewusst. Ihr fühlt Euch im Gegenteil ausgeliefert und ohnmächtig. Ihr wisst, dass Ihr in vieler Hinsicht falsch lebt und Euch selbst und Eurer Welt Schaden zufügt. Aber Ihr seid der Ansicht, es ginge nicht anders, es gebe keinen anderen Weg.

Ich aber sage Euch: Ihr seid machtvoll ohne Grenzen – *grenzenlos machtvoll*!

Ihr könnt jederzeit alle Zeiten verändern, Ihr könnt heilen, bewahren, verbessern, wachsen lassen.

Ihr benötigt keine Götter, um Eure Welt zu retten. Ihr seid *selbst* die Götter, die die Welt retten können. Diese Macht geht so weit, dass Ihr in der Lage seid, Welten verschwinden und neue entstehen zu lassen.

Mit dem richtigen Einsatz von universeller Energie sind Euch keine Grenzen gesetzt. Daher könnt Ihr nicht untergehen. Ihr seid dem Untergang weder geweiht, noch könnt Ihr ihn jemals erfahren, denn Ihr habt die Mittel zu Eurer eigenen Rettung *jederzeit* in der Hand – allerdings *nur* in der Erkenntnis, ein Seelenwesen zu sein, das mit der Seelenwelt in Verbindung steht, *nur* in der Erkenntnis, mit der universellen Energie jederzeit verbunden zu sein.

Allein mit Eurem Geist könnt Ihr Euch nicht retten!

Der Weg führt über den Glauben an die Seelenwelt, über die Kraft der universellen Energie, über die Akzeptanz der seelischen Welt als Ursprung jeglicher Materialisationen.

Ende des 58. Buchdiktats vom 17. Mai 2008

Sitzung vom 18. Mai 2008 mit 59. Buchdiktat

Was ich Euch, meine lieben Leser, mit meinen vielen Wiederholungen nahebringen möchte, ist die Tatsache, dass Ihr sowohl in Eurer *jetzigen* Welt, in *der* Welt, die Ihr Euch ausgesucht habt, in *der* Wahrscheinlichkeit, in der Ihr als Materie zu leben geruht, dass Ihr sowohl in dieser Welt in der Lage seid, Veränderungen über die Zufuhr universeller Energie hervorzurufen, als auch in jeder *anderen* Wahrscheinlichkeit und jeder *anderen* Materialisation. Wichtig ist mir, zu betonen, dass Euer Weg über die Rückkehr zur eigenen Seele führt, über die Rückkehr zu Euch selbst, über das Verständnis für die eigenen seelischen Bedürfnisse, über den Kontakt zum seelischen Begleiter, über die Wiederaufnahme der Kommunikation mit der seelischen Welt.

Hier liegt der Schlüssel zur universellen Energie.

Es ist leider nicht möglich, einfach mit den Fingern zu schnippen und die universelle Energie zu aktivieren, zu *re*aktivieren oder auch zu *de*aktivieren. Daher bin ich so nachhaltig in der Wiederholung meiner Beispiele, in der Wiederholung der Übungen, immer wieder, um Euch klarzumachen, wie *wichtig* dieser Weg ist, damit Ihr über Euren Glauben den Zugang in diese andere Welt findet.

Leider benötigen viele Menschen immer erst *Beweise*, um sich selbst in ihrem Glauben zu stärken.

Daher liefere ich Euch die Mittel, um Euch selbst Euren Glauben zu *beweisen*.

Ich versuche, Euch zu stärken in Eurem Glauben.
Ich versuche, es Euch unmöglich zu machen, zu Eurem *alten* Weg zurückzukehren.

Es gehört zu Eurem Weg der Erkenntnis dazu, dass Ihr Rückfälle erlebt, dass Ihr Euch dieser Rückfälle *bewusst* werdet, aber eben auch *aufgrund* dieser Rückfälle feststellt, dass es diese andere Welt *gibt*! Hättet Ihr *keine* Rückfälle, könntet Ihr diese andere Welt niemals schätzen lernen – zumindest, solange Ihr *Menschen* seid, denn diese Art der Erfahrung beschränkt sich auf das menschliche Dasein. Seelen haben *keine* Rückfälle.

Ihr werdet sehr viel Geduld benötigen auf diesem Weg, aber ich verspreche Euch, dass Ihr *grandiose* Ergebnisse erzielen könnt. Ich verspreche Euch, dass Ihr, meine lieben Leser, in der Lage seid, nicht nur *Eure* Welt, sondern auch die Welt der anderen, Eure Umwelt zu retten, und noch *mehr*: auch zu verschönern, umzugestalten, wachsen zu lassen!

Ende des 59. Buchdiktats vom 18. Mai 2008

Sitzung vom 22. Mai 2008 mit 60. Buchdiktat

Wie ich in der letzten Sitzung erläutert habe, gehören Rückfälle zur menschlichen Existenz dazu – Rückfälle in Bezug auf die Entfernung von der seelischen Welt und der universellen Energie.

Gerät die seelische Welt einmal aus dem Fokus, entfernt Ihr Euch von Eurer seelischen Stimme und habt den Eindruck, Eure »materielle Realität« nimmt Euch wieder vollständig gefangen, so ist der einzige Weg, Euch aus diesem Dilemma, diesem aggressiven oder auch depressiven Zustand wieder herauszuarbeiten, Euch zurückzuziehen und mit Eurer Seelenstimme zu sprechen.

› Aber wenn Eure »materielle Realität« nun zu sehr von Euch Besitz ergriffen hat, nur noch Euer *Geist* zu Euch spricht und Eure seelische Stimme still ist, *wie* sollt Ihr dann den Geist zum Stummsein ermuntern und die Seelenstimme zum Sprechen?
› Hier wiederholt Ihr einfach die sogenannte *Initiation der Seelenstimme*.
› Eure einzige Möglichkeit ist, Eure Seelenstimme zu fragen – eine kurze Frage, die nur einen Moment Eurer vermeintlich realen Zeit benötigt.
Ihr stellt die Frage:
»Wie geht es Dir in diesem Moment, liebe Stimme?«

› Wo auch immer Ihr Euch befindet – ob mitten in einem Stau während der Rushhour, in einer Geschäftsverhandlung, beim Zahnarzt oder während eines Streits in Eurer Familie –, Ihr habt immer die Möglichkeit, Euch sehr kurzfristig zu versenken und der persönlichen Seelenstimme die Frage zu stellen: »Wie geht es Dir in *diesem* Moment?«
› Und ich gehe noch einen Schritt weiter und wiederhole die zweite Frage:
»Was wünschst Du Dir in diesem Moment, liebe Seelenstimme?«

› Diese beiden Fragen reichen aus, um Eure Situation infrage zu stellen, um die Seelenstimme zurückzuholen.
› Nun müsst Ihr aber auch ehrlich sein in einem solchen Moment und die Antwort *ertragen* wollen, denn vielfach wird sie dem entgegenstehen, was Ihr gerade tut oder zu tun gedenkt.

Immer wenn Ihr im Laufe Eures Lebens den Kontakt zu Eurer Seelenstimme verliert, den Kontakt zur Seelenwelt verloren habt und der Ansicht seid, die universelle Energie sei meilenweit von Euch entfernt, dann stellt diese beiden Fragen:
»Wie geht es Dir in diesem Moment (mit mir)?«
»Was wünschst Du Dir in diesem Moment?«
Das ist die Initiation der Seelenstimme.

Ich möchte Euch noch eine zweite wirksame Methode an die Hand geben, Euch der universellen Energie zu bedienen, *ohne* dass Euer Geist eingreifen kann. Denn darin scheint in Eurem täglichen Leben das größte Problem zu liegen.

Meine Übungen stehen fraglos in einem großen Veränderungszusammenhang für das Leben meiner Leser. Aber Ihr benötigt auch *kurze*, *einfache* Methoden, um Euch an die universelle Energie und die Seelenwelt »anzudocken«.

> Ich beginne mit dem Bild des *Aufstehens*.
> Für den Kontakt zu Eurer Seelenstimme, für den Kontakt zur Seelenwelt und für das Aufrechterhalten der Verbindung zur universellen Energie ist es von immenser Wichtigkeit, dass Ihr in der Früh, wenn Ihr aufsteht, ein kleines *Ritual* in Euer Leben einfügt.
> Und dieses Mal möchte ich nicht, dass Ihr dieses Ritual noch im Bett liegend vollzieht, damit Euer *Geist* die meditative Stimmung nicht wieder nutzen kann, um Euch abzulenken oder abdriften zu lassen. Ich möchte, dass Ihr Euch hinsetzt oder hinstellt und Euch *bewusst* vorstellt – und das braucht nur eine Minute –, dass Ihr Euch unter einen *lauwarmen Wasserfall* stellt. Dieser lauwarme Wasserfall befindet sich an einem wunderschönen, traumhaften Ort.
> Jeder meiner Leser wird einen solchen Ort kennen, den er sich liebend gern vorstellt, um dort seinen lau-

warmen Wasserfall zu platzieren, sich darunterzustellen und von diesem Wasserfall »*mit universeller Energie berieseln zu lassen*«.

› Und jetzt ist mir sehr wichtig, dass Ihr hieraus keine *lange* Meditation macht, sondern Euch nur *kurz* vorstellt, wie dieser Wasserfall Euch von oben bis unten bedeckt. Ihr geht also in Gedanken vom Scheitel bis zur Sohle und lasst die universelle Energie jeden Punkt Eures *seelischen* Körpers bedecken. Ihr stellt Euch vor, dass diese seelische, diese universelle Energie Euch zum *Leuchten* bringt. Ihr *leuchtet* kurzfristig auf wie ein Glühwürmchen in einer Sommernacht.

› Und schon beendet Ihr diese Vorstellung! Danach könnt Ihr Zähne putzen, unter die Dusche gehen, frühstücken, was auch immer Ihr wollt!

› Diese beiden Übungen, sowohl die zwei kurzen Fragen an die Seelenstimme als auch die Seelendusche oder das kurze Baden in der seelischen, der universellen Energie könnt Ihr jederzeit überall durchführen. Hier geht es lediglich darum, Euren Geist auszuschalten, Eure Seele in den Vordergrund zu manövrieren und die universelle Energie stetig und ganz kurzfristig anzuzapfen.

Ihr seid programmiert von Eurem Geist, in anderen Bahnen zu denken. Daher bleibt Euch nur eines übrig, nämlich den Geist zu *überlisten*. Und das gelingt Euch mit diesen beiden kleinen, kurzen Übungen!

Nun heißt unser Kapitel »Transformation«. Das bedeutet, ich muss Euch auch noch ein wenig über Transformation erzählen.

Je mehr und je öfter Ihr Euch mit universeller Energie

auffüllt, desto stärker und gesünder werdet Ihr, aber auch langlebiger und einsichtiger in die Zusammenhänge Eurer Welt – weiser, möchte ich sagen.

Die universelle Energie hat aber noch einen zweiten Effekt, und das ist der *Effekt der langsamen Transformation*.

Hier haben wir es, wie Euch bereits bekannt ist, mit der Veränderung beziehungsweise Anhebung der Schwingungsebene zu tun. Diese führt zunächst zu einer spürbaren Gesundung Eures Körpers, im *weiteren* Verlauf aber zu einer – das muss ich jetzt sehr vorsichtig formulieren – zeitweiligen Ablösung und Entfernung von der materiellen Schwingungsebene.

Das heißt nicht, dass Ihr Euch etwa auflöstet, aber die Anhebung Eures persönlichen Energieniveaus hat zur Folge, dass für Euch die Materie bisweilen zu *schwer* wird. Eurem seelischen und dann auch geistigen Zustand entspricht diese schwere Materie nicht mehr, und es bedarf einer bewussten *Aufrechterhaltung* der Verbindung zur Materie. Die natürliche Entwicklung geht dahin, dass Ihr Euch *automatisch zeitweilig* dematerialisiert, wenn Ihr Euch zunehmend und regelmäßig mit universeller Energie auffüllt.

Diese zeitweilige Dematerialisation könnt Ihr zu Beginn gar nicht steuern. Sie wird Euch zunächst fremd erscheinen und ängstigen. Und im Moment der *Angst* ist die Dematerialisation sofort beendet. Im Moment der *Energiezufuhr* tritt sie dann wieder ein.

Das kann zur Folge haben, dass Ihr Situationen in Eurer Umwelt beobachten könnt, ohne dass Eure Umwelt Euch wahrnimmt, wenn diese Umwelt sich noch nicht oder nicht ausreichend in Verbindung mit der universellen Energie befindet. Es kann also zur Folge haben, dass ein Teil der Menschheit sich sporadisch dematerialisiert und der Rest eben einfach nicht.

Ihr werdet lernen, wie kostbar die Momente dieser Dematerialisation sind, denn sie verbinden Euch mit Seelen auf dem gleichen Energie- und Erkenntnisniveau.

In den Momenten der Dematerialisation seid Ihr beispielsweise in der Lage, die »Gleichzeitigkeit der Zeit« wahrzunehmen. Das kann im ersten Moment zu großer Verwirrung führen. Auch *das* kann Euch immens ängstigen. Dann fallt Ihr sofort in den Zustand der Materie zurück.

Aber keine Angst, Ihr könnt ja diesen Zustand jederzeit wieder erzeugen oder aber Euch von ihm entfernen.

In diesen Momenten der Erkenntnis, während der Dematerialisation, erhaltet Ihr eine tiefe Einsicht in die Welt, in die Zusammenhänge von Zeit und Raum, *Antworten* auf Eure dringenden Fragen und *Lösungen* für anstehende Probleme. Diese Antworten und Lösungen könnt Ihr mitnehmen in Euer materielles Leben und dieses damit wiederum befruchten.

Versteht mich nicht falsch: Ihr seid *nicht verschwunden* in diesen Momenten der Dematerialisation, aber Ihr *reduziert* Euch quasi auf Eure *Essenz*.

Dieser Zustand ist verbunden mit einem Gefühl von extremer Leichtigkeit.

Nichtsdestotrotz ist Euch das körperliche Dasein noch nahe. Es ist also ein Zwischenzustand zwischen dem rein Seelischen und dem rein Körperlichen, *bewusst* hergestellt über die konsequente, ständig wiederholte Zufuhr von universeller Energie. Es ist ein Vorgeschmack auf die seelische Welt, mit dem Vorteil des Erhalts der Persönlichkeit, der persönlichen Essenz, und verbunden mit einer tiefen Einsicht in die Welt, einer tiefen Einsicht in seelische, geistige und körperliche Abläufe.

Ende des 60. Buchdiktats vom 22. Mai 2008

Sitzung vom 25. Mai 2008 mit 61. Buchdiktat

Ich möchte heute ein weiteres Mal über Zeitreisen sprechen und sie erläutern, so wie ich sie verstehe, erlebt habe und weiterhin erlebe.

Aus vielen Eurer Abenteuer- und Science-Fiction-Filmen oder aus gleichbedeutender »Literatur« habt Ihr eine latente Ahnung, was Zeitreisen bedeuten könnten. Leider ist das Verständnis Eurer Filme von diesem Sujet sehr eingeschränkt. Ihr hängt immer an der Vorstellung, Ihr müsstet Euren *Körper* auf diese Zeitreisen mitnehmen. Leider verstellt Ihr Euch damit den Blick für die einfachsten Möglichkeiten. Denn wie immer ist es viel einfacher, als Ihr meint. Für Zeitreisen benötigt Ihr keinerlei Apparaturen, sondern nur wieder ein bisschen Training, ein bisschen Übung.

Ich werde Euch nun einen sehr einfachen, aber wirksamen Weg zeigen, Euch in Zukunft und Vergangenheit zu »projizieren«.

> **Beginnen wir die Zeitreise in die Vergangenheit mit den ersten, ganz leichten Schritten:**
> ❯ Euch allen ist bewusst, wie Ihr Euch über Erinnerung in die Vergangenheit zurückversetzen könnt. Nun ist Euch aber auch klar, dass diese sogenannte »Erinnerung« sehr oft zu Verfälschungen neigt. Ihr könnt aber mithilfe der Übungen, die ich Euch erläutert habe, auf eine wenig verfälschende Art und Weise in Eure Vergangenheit blicken.
>
> ❯ Ihr beginnt also mit der Übung in der gleichen Weise wie sonst:
> ❯ Ihr atmet tief.
> ❯ Ihr entspannt Eure Glieder.

› Ihr konzentriert Euch auf Euer Inneres.
› Ihr hört Eurer Atmung zu und Ihr verlasst auf die Euch nun schon bekannte Art und Weise Euren physischen Leib.
› Ihr begebt Euch in den schwebenden Zustand oberhalb Eures physischen Leibs und vollzieht die Übung so, wie wenn Ihr in die seelische Welt aufbrecht.
› Ihr befindet Euch in der bereits genannten Wolke.
› Aber Ihr werdet diesmal nicht von den helfenden Seelenwesen abgeholt wie für die Jungbrunnen-Übung und begebt Euch auch nicht in die Seelenwelt, sondern Ihr *verharrt* in diesem Nebel, in den Wolken oder einfach in dem schwebenden, entspannten Zustand, in dem Ihr eine Weile keine Bilder seht. Dann beginnt Ihr Euch auf Euer drittes, *seelisches* Auge zu konzentrieren. Ihr stellt Euch vor, was Ihr über dieses dritte *seelische* Auge betrachten könnt.

› Dann setzt Ihr die Übung fort mit einem kleinen *Test*. Ihr ruft das Bild einer unbedeutenden Begebenheit, einer kurzen Sequenz aus Eurer gestrigen Vergangenheit hervor. Ihr versucht, Euch in allen Einzelheiten bildhaft vorzustellen, was in diesem kleinen Moment geschehen ist und auch ob und was gesprochen wurde.
› Nachdem Ihr Euch alle Einzelheiten vorgestellt habt, kehrt Ihr mit Eurer Konzentration wieder zurück zu dem schwebenden Zustand im Nebel, zurück auf das innere, dritte Auge und dann langsam zu Eurem physischen Körper.

› Diese Zeitreise in die Vergangenheit könnt Ihr *ausdehnen*. Ihr könnt den *Zeitraum* ausdehnen, den Ihr betrachtet, und Ihr könnt nach und nach mit mehr

Übung auch den zeitlichen *Abstand* immer mehr vergrößern. Nach einiger Zeit wird es Euch möglich sein, Geschehnisse, die vor einer Woche oder vor einem Monat stattgefunden haben, vor Eurem inneren Auge wie einen Film ablaufen zu lassen.
› Nach einiger Übung wird es Euch gelingen, die Situation ganz klar vor Eurem inneren Auge erstehen zu lassen, ohne verfälschende Erinnerungsaspekte. Denn die Erinnerung wird durch den *Geist* verfälscht. Die Zeitreise in die Vergangenheit wird begleitet von Eurer Seele, nicht von Eurem Geist.

› Die **Zeitreise in die Zukunft** funktioniert auf die gleiche Weise. Aber sie verlangt von Dir, lieber Leser, ein bisschen mehr Vertrauen – nicht Vertrauen in mich, sondern Vertrauen in Dich *selbst*.
› Auch hier beginnen wir mit ganz kleinen Schritten.
› Du machst wieder die gleiche Übung, begibst Dich in den schwebenden Zustand und wartest im Nebel oder der Wolke. Es kann auch, wenn Dir die Vorstellung angenehmer ist, ein strahlend blauer Himmel sein, ein Sommertag, und Du befindest Dich auf einem fliegenden Teppich. Deiner Vorstellung sind keine Grenzen gesetzt.
› In jedem Falle begibst Du Dich in einen mehr seelisch orientierten Zustand. Denn völlig ausschließen können wir Deinen Geist nicht.
› Ob Du Dich nun im Nebel, auf oder in der Wolke oder auf dem fliegenden Teppich befindest, jedenfalls konzentrierst Du Dich wieder auf Dein seelisches, drittes Auge und beginnst mit einem ganz kleinen Impuls:
› Du stellst Dir bildhaft vor, wie Du am nächsten Morgen im Bad stehst und Dir die Zähne putzt. Das

mögen einige meiner Leser vielleicht für belanglos halten, aber in der Tat, mit dieser kleinen Übung werdet Ihr beginnen.

› Abends gehst Du dann ins Bett und denkst, bevor Du einschläfst, noch einmal daran, wie das Bild aussah, das Du in dieser kleinen Übung betrachtet hast: *Du* beim *Zähneputzen*.
› Am nächsten Morgen beobachtest Du Dich:
› Wie sieht das Bild beim Zähneputzen *wirklich* aus?
› Und jetzt ist es wichtig, dass Ihr Euch die Details aus Eurer gestrigen Übung gemerkt habt und mit der Wirklichkeit vergleicht.
› Ist es draußen hell oder ist es dunkel?
› Ist der Himmel grau, leicht bewölkt oder strahlend blau?
› Ist die Sonne gerade aufgegangen?
› Ihr habt es vor Eurem inneren Auge gesehen! Ihr habt auch gesehen, dass Ihr Euch beim Zähneputzen vielleicht an der Schulter gekratzt habt. Ihr habt auch gesehen, mit welcher Hand Ihr die Zahnpasta genommen habt und welche Hand den Wasserhahn betätigt.
› Jetzt könnt Ihr verifizieren, ob Euer Bild mit der Realität übereinstimmt.

› Diese kleine Übung mag Euch lächerlich erscheinen, aber Ihr solltet sie konsequent für eine Woche praktizieren. Dann werdet Ihr feststellen, dass die Bilder, die Ihr seht, immer präziser werden und dass Ihr wirklich vorhersehen könnt, wie Euer Zähneputzen am nächsten Morgen ausschaut.

› Dann könnt Ihr Euch dem nächsten kleinen Abenteuer widmen.

› Ihr habt am nächsten Morgen einen Termin, beim Arzt oder mit einem Geschäftspartner. Ihr stellt Euch die Begrüßungssituation an diesem nächsten Morgen vor. Euer inneres Auge produziert das Bild dieser Begrüßung. Ihr seht den Menschen, den Ihr am nächsten Morgen treffen werdet, vor Eurem inneren Auge. Ihr seht, was er trägt. Ihr seht seine Frisur. Ihr seht seinen Gesichtsausdruck, hört, was er sagt, mit welchen Worten er Euch begrüßt.
› Dann wendet Ihr Euch wieder ab und kehrt zurück zu Eurem physischen Leib.
› Auch das praktiziert Ihr eine Woche lang.

› Ihr könnt Euch auch vorstellen, ein *Familienmitglied* am nächsten Morgen beim Frühstück anzutreffen, oder aber, wie Ihr Eurem Lebenspartner in der Früh begegnet, wenn Ihr aufwacht.
› Wie schaut er oder sie aus?
› Wie ist die Frisur? Wie ist der Gesichtsausdruck?
› Wie fühlt er oder sie sich an? Was sagt sie?
› Probiert es aus, eine Woche lang!
› Nach einer Woche werdet Ihr feststellen, dass sich Eure Wahrnehmung schärft, dass sich die *Zufallstreffer*, die Ihr beim ersten, zweiten oder dritten Mal vielleicht gelandet habt, nach einer Woche schon als selbstverständlich herausstellen.

› Dann dürft Ihr Euch an ein etwas größeres Abenteuer heranwagen! Vielleicht habt Ihr am Wochenende einen *Ausflug* vor oder macht eine größere *Reise* und müsst zum Flughafen. Oder Ihr fahrt mit dem Auto übers Wochenende an einen anderen Ort.
› Das macht Ihr natürlich nicht jeden Tag innerhalb einer Woche.

> Für diese Übungen müsst Ihr Euch ein bisschen mehr Zeit nehmen. Hier braucht es vielleicht *zwei Monate*, um oft genug geübt zu haben.
> Hier geht es darum, Euch einen Teil des Ausflugs, die Reise im Auto oder mit dem Flugzeug bildhaft vor Eurem inneren Auge vorzustellen.
> Und wieder geht es um die *Einzelheiten*:
> Beispielsweise die Kleidung und das Aussehen der Stewardessen, die Gesichtsausdrücke. Was sagen sie, wenn Ihr das Flugzeug betretet?
> Oder Ihr seht Euch auf der Autobahn fahren.
> Welches Auto fährt an Euch vorbei, während Ihr auf die Autobahn einfahrt?
> Fahrt Ihr beispielsweise in den ersten paar Minuten an einer Raststätte oder einer Tankstelle vorbei?
> Und weiterhin geht es um die kleinen Details:
> Scheint die Sonne oder regnet es? Ist es stürmisch oder windstill?
> Es geht um die kleinen Dinge, um die vermeintlichen Nebensächlichkeiten, und es geht um Vertrauensbildung. Mir geht es darum, dass Ihr Euch selbst vertrauen lernt und feststellt, dass es Euch möglich ist, die Zukunft zu sehen, sie vor dem inneren Auge abzubilden.
> Denn Ihr *schaut* nicht nur in die Zukunft, sondern Eure Seele *reist* in die Zukunft.

Aber es ist immens wichtig, dass Ihr aus dieser Übung die Kritik Eures Geistes heraushaltet, weil er Euch die Erinnerung verfälscht. Die Verfälschung der Erinnerung ist Euch zeit Eures Lebens derart vertraut, habt Ihr derart verinnerlicht, dass Eure Erinnerungen immer verfälscht sind, sodass Ihr gar nicht unterscheiden könntet, ob Ihr die Vergangenheit oder die Zukunft gesehen habt oder nicht, weil Euer

Geist auch in dieses Sehen hineinwirkt. Ihr habt diese Reisen zeit Eures Lebens gemacht, aber sie sind Euch nicht *bewusst* geworden. Und wenn sie Euch bewusst geworden sind, so habt Ihr sie per Geist verfälscht – automatisch, um Euch keine Angst zu machen.

Aus diesem Grunde beziehe ich mich zunächst auf die Nebensächlichkeiten und nicht auf die großen Botschaften. Dazu kommen wir später.

Ende des 61. Buchdiktats vom 25. Mai 2008

Sitzung vom 30. Mai 2008 mit 62. Buchdiktat

Diese kleinen, überschaubaren Übungen zu Reisen in Vergangenheit und Zukunft hatten das Ziel, Euch mit Zuversicht und Vertrauen in Euch selbst auszustatten, damit Ihr in der Lage seid, in Zukunft und Vergangenheit zu sehen und in der Tat Ergebnisse erhaltet, die Ihr verifizieren könnt. Wenn Ihr Euch dieser Wahrheit in Euren Zeitreisen durch die tägliche Übung bewusst werdet, wird es Eurem Geist nicht mehr gelingen, Euch davon zu überzeugen, dass Zeitreisen ja eigentlich gar nicht funktionieren.

Erst wenn Ihr über diese Zuversicht verfügt, können wir uns an das Experiment heranwagen, Euch bei Euren Zeitreisen mit Dingen in der Zukunft zu beschäftigen, die Euch dienlich sein könnten.

Damit wir uns klar verstehen: Jeder meiner Leser macht diese Zeitreisen für sich selbst, nicht für einen anderen Menschen. Es geht darum, für sich *selbst* Erkenntnisse zu erzielen, um mit dem eigenen Leben besser umgehen zu können, um an zukünftige Situationen weiser heranzutreten.

Es geht mir *nicht* darum, beispielsweise im Lotto zu gewinnen oder die Route eines Geldtransports zu ermitteln, der mit fünf Millionen Euro durch Eure Stadt fährt. Diese Zeitreisen sollen meinen Lesern dazu dienen, sich selbst weiterzuentwickeln, zu ihrer Seele zu finden, mit dem eigenen Leben lockerer, fröhlicher, optimistischer umzugehen.

Zeitreisen dienen *nicht* der persönlichen Bereicherung!

Mir geht es um die *seelische* Weiterentwicklung, und *nur* darum! Denn diese hat dann wiederum Auswirkungen auf Eure materielle Welt.

Versucht also erst gar nicht, Euch an die *materielle* Zukunft heranzuwagen. Es geht immer darum, dass Ihr mit Eurem seelischen, dritten Auge Bilder seht, emotionale Verletzungen vermeidet und gelassener mit dem eigenen Leben umgeht.

Wohlgemerkt bergen diese Zeitreisen auch Gefahren für Euer seelisches Gleichgewicht in sich! Also geht vorsichtig und umsichtig damit um!

Wir werden uns jetzt mit einer **Übung** beschäftigen, die Euch eine Zeitreise ermöglichen soll, die Euch Aufschluss gibt über ein Problem in der Gegenwart. Diese Übung solltet Ihr erst machen, wenn Ihr Euch mit den einfachen, überschaubaren Zukunftsübungen schon längere Zeit – mehrere Monate – beschäftigt habt.

› Wir nehmen ein einfaches *Beispiel*.
› Wir stellen uns eine junge Leserin vor. Wir nehmen an, sie ist zwanzig. Sie befindet sich in einem Gewissenskonflikt. Sie weiß nicht, ob sie im Herbst ins Ausland gehen soll, um zu studieren, oder ob sie sich auf einer Sprachenschule in ihrem Wohnort anmelden soll. Sie wendet sich jetzt dieser Zukunftsübung zu.

› Die Übung beginnt wie gehabt: Atmung, Entspannung, Lösung vom physischen Leib, Eintreten in die seelischen Bereiche, Konzentration auf das dritte Auge.
› Und nun fokussiert sie all ihre Aufmerksamkeit auf das Bild des kommenden Winters. Wir nehmen jetzt mal an, sie hat sich für das Studium im Ausland entschieden. Sie befindet sich bereits drei Monate an dem für sie noch neuen Ort. Sie sieht vor ihrem inneren Auge eine ihr unbekannte Stadt – alte Häuser, enge Straßen, Kopfsteinpflaster.
› Sie fokussiert ihren inneren Blick.
› Eine Straße kristallisiert sich heraus. In dieser Straße stehen Autos. Die Autos haben Kennzeichen. Die Straße hat einen Namen, und sie sieht *sich* in dieser Straße laufen. Sie sieht, wie sie gekleidet ist, sieht ihre Frisur, ihren Gesichtsausdruck und vielleicht einen Begleiter, der neben ihr geht. Sie sieht das Wetter, sieht, ob es windig ist, stürmt, regnet oder die Sonne scheint. Sie betrachtet sich. Sie hat bereits gelernt, auf die Kleinigkeiten zu achten, die scheinbaren Nebensächlichkeiten.
› Wie sieht der Begleiter aus? Was trägt er? Wie ist sein Gesichtsausdruck?
› Schauen sich die beiden an? Sprechen sie miteinander? Was sagen sie?
› Für den kurzen Zeitraum von vielleicht drei bis vier Sätzen wohnt sie der Unterhaltung bei. Dann zieht sie sich zurück. Das Bild verblasst langsam vor ihrem inneren Auge.
› Sie kehrt auf demselben Weg wie immer in ihren physischen Leib zurück.
› Sie nimmt sich Zeit, schreibt ihre Eindrücke auf und findet heraus, *welche* Stadt sie gesehen hat. Nun

kann sie sich, um sich selbst weiterzuentwickeln, mit dem *Gefühl* auseinandersetzen, das sich bei dieser Zukunft einstellt. Denn diese Zukunft ist eine Wahrscheinlichkeit, und sie weiß, ob sie richtig für sie ist.

Die junge Leserin aus unserem Beispiel könnte sich auch, wenn sie diesen Weg geht und tatsächlich in einer Stadt im Ausland studiert, jeden Tag aufs Neue *anders* entscheiden und die Wahrscheinlichkeit verändern – selbst in der Materialisation.

Die Zukunft, die Ihr *sehen* könnt, ist wahrhaftig, aber sie ist in jedem Moment eine *Wahrscheinlichkeit*.

Durch *Abzug* universeller Energie ist es möglich, sie aus der Materie hinauszubefördern. Durch *Zufuhr* universeller Energie ist es möglich, sie »jederzeit« zu materialisieren.

Ich möchte ein *weiteres Beispiel* anführen.

Wir stellen uns einen Mann im mittleren Alter vor. Er ist Hotelier. Er verfügt über einen Pachtbetrieb, dessen Restlaufzeit noch fünf Jahre beträgt.

Es ist naheliegend, welche Zukunftsreise der Mann im mittleren Alter antreten wird. Er beginnt die Übung wie gehabt, konzentriert sich auf sein inneres, drittes Auge und bildet vor seinem inneren Auge seine Zukunft in zehn Jahren ab.

Auch hier kommt es auf die Kleinigkeiten an:

Wo befindet sich der Mann? Auf welchem Kontinent, in welchem Staat, in welcher Stadt – oder irgendwo auf dem Land?

Befindet er sich in einem großen Haus?

Wo befindet sich dieses Haus? In welcher Straße steht es?

Wie sieht der Mann *selbst* aus? Was trägt er? Welchen Gesichtsausdruck hat er, welche Frisur? Ist er im Gespräch? Mit Mitarbeitern oder mit Gästen?

Oder schaut die Zukunft, die er vor seinem inneren Auge abbildet, ganz anders aus?

Steht er beispielsweise auf einer Wiese oder an einem Strand? Ist es warm oder kalt? Womit beschäftigt er sich? Hat er ein kleines Kind bei sich? Hat er bereits weißes Haar?

Ich könnte noch unzählige Möglichkeiten aufzählen.

Diese Übung gelingt nicht ohne das notwendige Vertrauen in sich selbst. Sie gelingt nicht, wenn der Geist sich einschaltet und kritisch im Bild der Zukunft herumretuschiert.

Sobald der Geist sich in die Zukunftsreisen einmischt, gelingen sie nicht. Die Bilder, die Ihr, meine lieben Leser, dann erhaltet, sind verfälscht. Sie sind nicht echt. Sie sind von einem Willen aufgezwungen. Sie sind manipuliert. Diese Übung gelingt nur in vollkommener Ruhe, Freiheit und Anspruchslosigkeit.

Und das ist meiner Ansicht nach der entscheidende Punkt: Die *Anspruchslosigkeit* und Vorurteilsfreiheit eröffnet Euch den Blick in die Zukunft.

In dem Moment, in dem Ihr *ohne Erwartungen* an diese Zeitreisen herantretet, erfahrt Ihr die Wahrheit. Diese Wahrheit ist bereits für Euch vorhanden. Diese Zukunft existiert bereits.

Ihr lernt, Euch an dieser Zukunft zu reiben. Ihr seht mit dem Blick auf die Zukunft, mit dem *Bild* dieser Zukunft klarer, was Ihr wirklich wollt, was Euch wirklich guttut und Ihr wirklich machen, wohin Ihr Euch entwickeln möchtet.

Zukunftsreisen bedeuten also Orientierung. Sie ersparen Euch nicht den Weg. Den müsst Ihr trotzdem gehen.

Ende des 62. Buchdiktats vom 30. Mai 2008

Sitzung vom 15. Juni 2008 mit 63. Buchdiktat

KAPITEL 14:
Aussichten auf eine neue Dimension

In diesem Kapitel werden wir uns mit den Zeitreisen beschäftigen, die über das Beobachten hinausgehen, in denen Ihr Euch in der Tat von einer Dimension im Zeit-Raum-Zusammenhang in eine andere versetzen könnt.

Auch hier beginnen wir mit kleinen, vorsichtigen Schritten und werden Euch langsam an dieses Thema gewöhnen, um Euch ein weiteres Mal Vertrauen und Zuversicht zu vermitteln, Euch dem anzunähern.

Wie »versetzt« Ihr Euch nun von der einen Raum-Zeit-Dimension in eine andere? Denn es geht jetzt darum, in die Zukunft oder auch Vergangenheit *einzutauchen*, kurzfristig oder auch über eine längere Zeit hinweg an der Zukunft oder Vergangenheit teilzuhaben.

Welche Mittel benötigt Ihr hierfür?

Die Antwort ist: Geduld, Vertrauen in Euch selbst und Übung!

Und der wichtigste Punkt: *Ausreichend universelle Energie!*

Um es noch einmal deutlich zu sagen: Ihr nehmt Euren Körper nicht mit, aber es ist möglich, Eurer seelischen Wesenheit so viel universelle Energie zuzuführen, dass Ihr auch in Zukunft oder Vergangenheit quasi *auftaucht*. Je mehr Energie Ihr auf diese einzelne Situation projiziert, umso dichter wird Eure Wesenheit, die Ihr in Zukunft oder Vergangenheit erscheinen lasst, sodass es sogar möglich ist, mit anderen seelischen Wesenheiten zu kommunizieren, die sich entweder in Materialisation befinden oder auch nicht.

Ich möchte, dass sich jeder meiner Leser für einen kurzen Augenblick mit seiner eigenen Vergangenheit beschäftigt, nämlich ob er sich daran erinnern kann, dass er als Kind oder Jugendlicher bisweilen, vielleicht auch nur selten, »seltsame Erscheinungen« hatte. Diese Erscheinungen mögen nur ganz kurz aufgetreten sein. Auch bei Erwachsenen kommen sie noch vor, aber erheblich seltener, weil der gefestigte Geist sie aus der vermeintlichen Realität herausfiltert.

Vielleicht seid Ihr an diesen *Erscheinungen* vorübergegangen, habt gestutzt und bemerkt, dass hier etwas anders ist, habt Euch umgedreht und festgestellt, dass die Person plötzlich verschwunden war.

Es mag sich hier um kleine, unwichtige, ganz kurze Ereignisse handeln, aber wenn Ihr in Eurer Vergangenheit grabt, werdet Ihr wahrscheinlich feststellen, dass es Euch schon einmal so ergangen ist.

Jedem Menschen auf dieser Welt begegnen mehrmals, sogar viele Male in seinem Leben Wesen, die nicht oder nur kurz materialisiert sind, deren Ausstattung mit universeller Energie für einen kurzen Zeitrahmen aber so *immens* ist, dass sie anderen Menschen *erscheinen.*

Ist diese Erscheinung das Resultat einer gerichteten, absichtlichen Energiezufuhr, so könnte man sagen, dass die Erscheinung *leuchtet.*

Ist das Auftauchen der Erscheinung und die Zufuhr von universeller Energie mehr zufällig, so erscheint die Gestalt nur ganz kurz und verschwindet sofort wieder, ohne zu kommunizieren und am Leben der um sie herum materialisierten Menschen teilzunehmen.

Hat aber nun diese Erscheinung eine *Botschaft*, ist ihr Auftreten *zielgerichtet* und die Ausstattung mit universeller Energie *bewusst*, so ist es der Erscheinung in der Tat möglich, mit anderen Menschen so zu kommunizieren, dass diese Kommunikation auch wirklich verstanden wird. Allerdings bedarf es dabei entweder eines ausgeschalteten Geistes wie im Traum oder eines Menschen, der offen ist für die Seelenwelt, mit seiner Seele in Verbindung steht und sich diese Dimension vorstellen und an sie glauben kann.

In der Tat begegnen jedem Menschen jeden Tag hier auf dieser Erde Hunderte von Erscheinungen! Aber im Erwachsenenalter habt Ihr gelernt, diese Erscheinungen zumeist aus Eurer bewussten Wahrnehmung herauszufiltern. Euer Geist lässt sie nicht zu, es sei denn, Ihr öffnet Euch ihnen durch die Verbindung zu Eurer Seele.

Wie könnt Ihr nun dafür sorgen, dass Euch diese Art von Erscheinungen bewusst wird, dass Ihr diese Form der Kommunikation wahrnehmt?

Oder andersherum betrachtet:

Wie könnt Ihr Euch selbst in Zukunft, Gegenwart oder Vergangenheit versetzen? Denn nichts anderes tun diese Erscheinungen.

› Beginnen wir mit einer ganz kleinen Übung, die Euch die Möglichkeit eröffnen soll, mit Eurem seelischen Körper in Bewusstheit, das heißt mit Unterstützung Eures Geistes an einen anderen Ort und in eine andere Zeit zu reisen.
› Auch hier machen wir ganz kleine Schritte, damit Ihr Euch nicht verunsichert fühlt und vor allen Dingen, um Euch vor dem Verlangen zu bewahren, eine bestimmte Zeit oder einen bestimmten Ort erreichen zu *wollen*. Denn hier hat der Wille nichts zu suchen. Er würde Euch wiederum mit Vorurteilen belasten.

❯ Ich nenne diese **Übung »Blick in die Zukunft« oder »Blick in die Vergangenheit«** – je nachdem, womit Ihr Euch beschäftigen möchtet.

❯ Wir beginnen sie so, wie sonst auch: Konzentration, Entspannung, Lösung vom physischen Leib – nur mit dem Unterschied, dass Ihr dieses Mal Euren Geist mitnehmt auf die Reise.

❯ Es ist wichtig, Euch vorzustellen, dass Ihr ihn an die Hand nehmt, dass Ihr ihn *mit* Euch führt. Ihr betretet wieder die seelische Welt. Ihr befindet Euch in der Wolke, im Nebel oder auch einfach im schwebenden Zustand oberhalb Eurer physischen Welt. Es dürfen auch gerne Sterne am Himmel sein, oder die Sonne scheint.

❯ Nun stellt Ihr Euch eine überdimensional große *Spirale* vor. Diese Spirale bewegt sich, und in ihr leuchten blitzartig kurze Bilder auf, Bilder, die Euch interessieren, die Euch faszinieren, Bilder, denen Ihr Euch nähern möchtet.

❯ Ihr bewegt Euch in diese Spirale hinein. In ihr nimmt Eure Bewegung an Schnelligkeit zu. Ihr kreist um Euch selbst. Die Spirale saugt Euch quasi in sich hinein, Ihr verliert Euch aber nicht in Ihr, sondern Ihr seid in der Lage, sehr schnell hintereinander sehr viele Bilder wahrzunehmen.

❯ Die Bewegung, die die Spirale bei Euch auslöst, nehmt Ihr nicht mehr wahr. Ihr seht nur mehr die Bilder, die quasi um Euch kreisen.

❯ *Ein* Bild nimmt Eure Aufmerksamkeit gefangen. Ihr bleibt bei diesem Bild hängen. Ihr wendet Euch diesem Bild bewusst zu. Der Sog lässt nach. Die Geschwindigkeit, mit der Ihr Euch bewegt, lässt auch nach. Ihr kommt zur Ruhe, weiterhin dieses Bild betrachtend.

❯ Plötzlich ist es nicht mehr nur ein Bild, sondern Ihr

befindet Euch *in* diesem Bild. Das Bild bewegt sich, es findet statt, wie wenn Ihr in einen Kinofilm hineinsteigen würdet.
> Ihr schaut Euch eine Situation an und seid ihr plötzlich ganz nahe.

> Ihr seht beispielsweise eine Familie in einer Küche sitzen. Sie isst zu Abend und unterhält sich. Ihr hört das Gespräch. Ihr könnt sehen, was die Familie beim Abendessen zu sich nimmt. Ihr seht jeden einzelnen Gesichtszug, die Mimik, die Gestik der Familienmitglieder, ihre Bewegungen. Ihr seht den Dampf der Pfanne, die gerade auf dem Tisch steht. Ihr seht das Gewitter am Abendhimmel vor dem Küchenfenster. Die Familie führt ein Gespräch über ein Thema, das Euch nahesteht, zu dem Ihr etwas zu sagen, etwas beizutragen habt.
> Und plötzlich wisst Ihr, warum Ihr hier seid.
> In diesem Moment nehmt Ihr eine extreme Zufuhr an universeller Energie wahr. Es ist wie ein Ruck, der durch Euch hindurchgeht. Ihr steht in dieser Küche. Ihr oszilliert, Ihr leuchtet, Ihr flimmert.
> Die jüngste Tochter dreht sich zu Euch um. Sie nimmt Euch wahr. Sie kichert. Sie teilt ihre Wahrnehmung ihrer größeren Schwester mit. Die wuschelt ihr durchs Haar und sagt, sie solle nicht so herumspinnen.
> Wieder dreht sich die kleine Schwester zu Euch um. Ihr sprecht zu dieser kleinen Schwester. Ihr habt eine Botschaft und teilt sie ihr mit. Sie hört sie, nimmt sie wahr, dreht sich zu Euch um, lacht mit ihren Geschwistern mit, vermeintlich über einen Witz, den der große Bruder erzählt hat.
> Plötzlich seid Ihr nicht mehr in der Küche. Das Mädchen dreht sich ein weiteres Mal um und stellt fest,

> dass die Erscheinung nicht mehr da ist. Sie kichert wieder.
> › Plötzlich nehmt Ihr die Spirale wieder wahr und seht diese Küche, in der Ihr gerade gestanden habt, als weit entferntes Bild – ein Bild unter vielen. Ihr bewegt Euch wieder. Die Geschwindigkeit nimmt zu. Ihr dreht Euch um Euch selbst!
> › Plötzlich spuckt Euch die Spirale aus. Ihr befindet Euch wieder im Nebel, in der Wolke schwebend, bei strahlendem Sonnenschein oder auch den Sternenhimmel betrachtend.
> › In diesem Zustand kommuniziert Ihr kurz mit Eurem Geist: »Nun werde ich mich anders entwickeln. Mein Leben wird eine andere Richtung einschlagen.«
> › Der Geist stellt fest, dass Ihr selbst das kleine Mädchen wart! Ihr habt ihr eine Botschaft mitgegeben. Diese nimmt sie nun mit in ihr weiteres Leben, auch wenn sie sich dieser Botschaft nicht bewusst war.
> › Ihr kehrt nun zurück zu Eurem physischen Leib, zu Eurem Leben im Hier und Jetzt. Und irgendwann im Laufe der nächsten Woche werdet Ihr Euch durch ein plötzliches Déjà-vu der Botschaft bewusst, die Ihr in der Vergangenheit von Euch selbst empfangen habt, der Botschaft, die *jetzt* Euer Leben verändert.

Das ist ein kleines, erstes Beispiel für einen Blick in Eure persönliche Vergangenheit. In dem Moment, in dem Euch über das Déjà-vu bewusst wird, dass Ihr Euch an diese Begegnung erinnert, dass diese Erinnerung auch in Eurem Geist bewahrt wurde, werdet Ihr mittendrin sein in einem Schlüsselerlebnis, das Euer weiteres Leben drastisch verändern kann – *kann*, wenn Ihr es möchtet!

Ende des 63. Buchdiktats vom 15. Juni 2008

Sitzung vom 22. Juni 2008 mit 64. Buchdiktat

Warum habe ich bei dem ersten Beispiel für eine bewusste, mit einer Botschaft ausgestattete Zeitreise als Adressaten ein *Kind* gewählt?
Nicht ohne Grund, denn wie ich bereits des Öfteren sagte, sind bei Kindern bis zu einem gewissen Alter – acht bis elf Jahre, je nach Entwicklung – die geistigen Bindungen noch nicht so starr, dass Kinder nicht in der Lage wären, auch Botschaften *ungewöhnlicher* Art von *ungewöhnlichen* Wesen anzunehmen. Denn ohne Vertrauen in diese Erscheinungen wird ihre Botschaft keinem Menschen etwas bringen. Kinder fassen leichter Vertrauen. Kinder sind geistig und seelisch noch formbar.
Seelisch sind alle Menschen formbar, *geistig* nicht mehr – es sei denn, sie wollen sich formen lassen und *entscheiden* sich für diese Formbarkeit.

› Das zweite Beispiel ist eine Zeitreise in die Zukunft. Wieder werden wir es in Form einer **Übung** anwenden.
› Wie gehabt funktioniert die Konzentration, die Entspannung, die Loslösung vom physischen Leib, und wieder begibt sich der seelische Körper in die Zeit- und Raumspirale.
› Diesmal betrachtet der seelische Körper in Begleitung des Geistes nur wenige Bilder. Er bleibt vielleicht sogar schon am dritten oder vierten Bild hängen. Dieses Bild saugt ihn magisch an. Es bindet seine Aufmerksamkeit. Bereits nach ein paar »zeitspiralischen« Augenblicken begibt er sich ins Bild hinein. Er findet sich in einem Krankenhaus oder Pflegeheim wieder, jedenfalls auf einer Pflegestation.
› Ein Einzelzimmer, lichtdurchflutet, vollgestopft mit

Blumen und familiären Erinnerungsstücken. Die Atmosphäre ist freundlicher als in einem normalen Krankenhaus. Ein sehr alter Mensch liegt in einem bequemen, breiten, weiß bezogenen Bett. Er ist an unzählige Apparaturen angeschlossen.

› Nach einiger Zeit der Beobachtung gewahrt der seelische Körper wiederum die große, unwahrscheinlich starke Zufuhr an universeller Energie. Er leuchtet, schillert, er ist anwesend. Er befindet sich in einem *vor*materialisierten Zustand, oszillierend in diesem Krankenzimmer.

› Der Mensch, der sich in dem Krankenbett befindet und an die unzähligen Apparaturen angeschlossen ist, atmet nur mehr mithilfe einer Lungenmaschine – sehr langsam, sehr angestrengt. Es ist sehr ruhig in diesem Zimmer und auch sehr heiß. Die Sonne scheint, draußen vor dem Fenster ist es warm. Niemand außer dem Kranken und dem seelischen Körper befindet sich in diesem Raum. Sie sind allein miteinander.

› Der seelische Körper nimmt Platz auf dem Stuhl neben dem Krankenbett. Er legt ganz sanft seine Hand auf die Hand des Kranken. Diese Hand ist zerfurcht, alt, dünn, knochig, aber sie bemerkt das Handauflegen. Sie hebt einen Finger. Die Verbindung ist hergestellt.

› Nun »spricht« der seelische Körper zu diesem kranken Menschen – langsam, ruhig, fast beschwörend. Der Atem des Kranken wird tiefer. Die Bauchdecke hebt und senkt sich. Er erscheint *kräftiger* für einen Augenblick. Es ist, als ob der seelische Körper die *immens* starke Zufuhr an universeller Energie über die Hand an den Kranken weitergibt. Der Kranke befindet sich in einem Zustand, den man als vorkomatös

bezeichnen könnte, aber er beginnt plötzlich zu lächeln. Er nickt. Ein tiefer Seufzer geht durch seinen Körper. Seine Schultern, seine Arme, die Hände, die Gesichtsmuskulatur – alles beginnt sich zu entspannen.
› Dann nimmt der seelische Körper seine Hand zurück. Er steht auf und befindet sich plötzlich wieder in der Spirale, nicht mehr im Pflegezimmer. Und auf dem gleichen Wege, wie er gekommen ist, kehrt er zurück zu seinem physischen Leib.
› Nun kommuniziert die Seele mit dem Geist über das gerade Erlebte. Doch plötzlich sind beide abgelenkt, und das »reale« Leben hat sie wieder.
› Der Mensch vergisst diese Übung, bis ihm diese Situation nach ein paar Tagen ganz plötzlich wieder einfällt und er weiß, welche familiären Erinnerungsstücke er in dem Krankenzimmer wahrgenommen hat. Er sieht vor seinem inneren Auge für einen kurzen Augenblick, wie sich der Körper des kranken Menschen aufrichtet und die Kabel, die ihn mit dieser Maschine verbinden, ohne Anstrengung löst. Und wieder ist dieses Lächeln auf dem Gesicht zu sehen, und dann ganz plötzlich entspannt sich der alte Körper.
› Und nun *weiß* der Mensch, der diese Übung gemacht hat, wo er sich befunden hat. Es war seine Zukunft, und er hat sich vor seinem eigenen Sterben zu seinem kranken Körper, seinem geschwächten Geist und seiner nach Freiheit strebenden Seele begeben und hat den kranken Menschen auf den Weg gebracht, hat ihn unterstützt beim sich Lösen, hat ihm den Weg erleichtert.
› Die *Angst*, die damit plötzlich verbunden ist, wird ihm *bewusst*. Aber er kann sie annehmen, denn ein

Gefühl des Friedens macht sich in ihm breit, und er kann damit *leben* – bewusst.

› Was hat dieser Mensch aus meinem Beispiel nun *getan* in seiner eigenen Zukunft?
› Er hat sein zukünftiges Ego beruhigt, hat es aus seinem halb bewussten Zustand zurückgeführt zu seiner Seele, hat ihm Zuversicht und Vertrauen vermittelt und ihm das Loslassen ermöglicht.
› Diese Zukunftsreise bedarf eines immensen Vertrauens und einer großen Zuversicht. Aber sie ist möglich und auch sehr tröstlich, denn selbst in dieser Situation ist der Kranke *nicht allein*.
› Vielfach sind es die seelischen Begleiter, die diese Aufgabe erfüllen und Sterbehilfe leisten. Das Beispiel hat etwas sehr Tröstliches.
› Ich betone noch einmal: **Ihr seid nie allein, auch nicht beim Sterben!**

Ende des 64. Buchdiktats vom 22. Juni 2008

Sitzung vom 28. Juni 2008 mit 65. Buchdiktat

Zunächst möchte ich noch einige erläuternde Worte zu unseren Zeitreisen in Zukunft oder Vergangenheit sagen.

Mit dieser Form des Reisens ist es nicht möglich, sich selbst zu bereichern.

Es ist auch nicht möglich, Informationen über die eigene oder auch die Zukunft eines anderen Menschen zu erlangen, die sich der Zeitreisende nutzbar machen möchte für seine Gegenwart. Es ist nicht möglich, sich persönlich oder jemand anderen auf diesem Wege zu bereichern.

Versteht man das Wort »bereichern« allerdings in seelischer Hinsicht, ist es sehr wohl möglich, sich dadurch zu bereichern. Es ist möglich, Informationen aus Vergangenheit und Zukunft zu erhalten, die das Leben erleichtern im Sinne von seelischem Wachstum, der Befreiung von Ängsten und der Loslösung von Zwängen.

Der Weg in die Freiheit der Seele eines jeden Menschen wird *immer* von der Seelenwelt *begünstigt*. Alle Informationen, die ein Mensch über Zeitreisen erhalten kann, die seinem seelischen Wachstum dienen, sind für ihn so definitiv erreichbar. Betreffen diese Zeitreisen aber Informationen, die lediglich seinem Geist, seiner Gewinnsucht, seinem Ehrgeiz oder seinen Süchten dienen, dann werden ihm die Informationen verschlossen bleiben. Denn wie ich bereits andeutete, kann ich hier mit dem Willen nichts erreichen. Lediglich *ohne* Willen, in Vorurteilsfreiheit, in Offenheit, in der Neugier der Seele, *nicht* des Geistes, ist es mir möglich, Informationen für meine Seele zu erhalten.

Bislang habe ich nur darüber gesprochen, wie Ihr *selbst* Euch diesen Zeitreisen annähern und ausprobieren könnt, ob sie für Euch funktionieren, und ich habe Euch gesagt, dass Ihr dafür Geduld, Vertrauen und Übung braucht.

Wie steht es aber nun mit der *bewussten* Wahrnehmung der von mir als »Erscheinungen« bezeichneten seelischen Energien?

Wie könnt Ihr lernen, diese Erscheinungen in Eurer Gegenwart bewusst wahrzunehmen, wenn Ihr Euch *nicht* auf einer Zeitreise befindet?

Wie könnt Ihr lernen, dafür ein Auge zu entwickeln?

Das Wahrnehmen dieser Erscheinungen funktioniert ungefähr wie das Wahrnehmen einer *Aura* – der Aura eines anderen Menschen oder der eigenen Aura. *Normalerweise* ist es nicht möglich, diese Erscheinungen mit den materialisierten Augen zu sehen. Wie ich bereits andeutete, sind diese Erscheinungen bisweilen, wenn sie Botschaften bereithalten und *bewusst* mit Euch Kontakt aufnehmen, mit einer derart großen Menge an universeller Energie ausgestattet, dass Ihr sie sehr wohl auch mit Euren materialisierten Augen sehen könnt – allerdings auch wieder nur *vorurteilsfrei*. Sobald sich Euer Geist mit einem Vorurteil dieser Erscheinung »bemächtigt«, wird sie verschwinden.

Es ist also von immenser Wichtigkeit, dass Ihr lernt, vorurteilsfrei zu blicken, was Euch im Übrigen auch für Euer tägliches Leben nur bereichern kann, denn Ihr seht die Welt – Eure Welt und die Welt der anderen – plötzlich mit anderen Augen.

Gehen wir nun einmal von den plötzlich auftauchenden und wieder verschwindenden, ungerichteten, ohne Botschaft ausgestatteten Erscheinungen aus. Diese verirren sich sozusagen in Eurer Welt oder sind einfach neugierige Seelen, die sich Eure Welt anschauen möchten. Sie nehmt Ihr am besten wahr über die Schulung Eures dritten Auges. Das ist nicht schwierig. Es geht dabei lediglich darum, zu lernen, eine andere Sehfrequenz einzustellen.

Das müsst Ihr Euch, meine lieben Leser, folgendermaßen vorstellen:

Ihr setzt Euch am besten bei Sonnenschein an einen belebten Platz – ohne irgendeine Absicht. Ihr beobachtet die Menschen um Euch herum. Nach einer Weile versucht Ihr zunächst nur, Eure Augen auf eine gewisse Form von Unschärfe einzustellen.

Wohlgemerkt: Brillenträger lassen ihre Brille auf.

Diese Form des unscharfen Sehens erreicht Ihr, wenn Ihr Euch beispielsweise von einem Menschen, den Ihr anschaut, einem anderen zuwendet. In dem Moment, in dem Ihr Euch vom Ersten abwendet, beginnt er vor Euren Augen zu verschwimmen, und Ihr fokussiert Euren Blick auf den Zweiten.

Dieses Verschwimmen möchte ich Euch bitten, Euch zunutze zu machen. Probiert es an diesem belebten Ort einmal aus, dieses Verschwimmen so oft wie möglich ohne Sinn und Zweck zu erreichen – einfach nur ausprobieren!

Konzentriert Euch auf einen Menschen, schaut wieder weg und nehmt das Verschwimmen dieses Menschen wahr! Und wieder ein Neuer, und wieder das Verschwimmen wahrnehmen! Dann beginnt Ihr Euch nach etwa einer Stunde Training auf Euer drittes Auge – oberhalb Eurer beiden materialisierten Augen, in der Mitte zwischen den Augenbrauen – zu konzentrieren. Wendet also den Blick Eurer materialisierten Augen ein wenig nach oben. Schaut aus dieser Perspektive weiterhin die Menschen auf diesem Platz an. Es wird nicht beim ersten Mal gelingen, es sei denn, Ihr seid talentiert. Aber vielleicht beim zweiten oder dritten Mal …

Dann werdet Ihr eine Art *Leuchten* wahrnehmen, ein Leuchten, das jeden Menschen, den Ihr beobachtet, umgibt.

In dem Moment, in dem Ihr dieses Leuchten wahrnehmt, werdet Ihr feststellen, dass sich neben den Menschen, die leuchten, Wesen befinden, die dieses Leuchten zwar auch haben – aber nicht um einen materiellen Körper herum, sondern sie *bestehen* nur aus diesem Leuchten. Eure Welt ist voll von ihnen, nur seht Ihr sie nicht!

Außerordentlich wichtig ist bei dieser Übung, dass Ihr es nicht *wollen* dürft!

Ihr müsst ohne einen Willen, ohne einen Wunsch an diese Übung herangehen – einfach ausprobieren, fröhlich und mit Entdeckerfreude, aber ohne Wollen, ohne Zwang.

Sobald Ihr Zwang ausübt, werdet Ihr nichts mehr wahrnehmen außer Eurer materiellen Welt. Denn Euer Geist nimmt Eure Konzentration damit quasi gefangen und lässt nicht mehr zu, dass sich das dritte, seelische Auge frei bewegt.

Es ist unerlässlich, auch diese Übung über Wochen hinweg mehrfach zu wiederholen, um eine gewisse Sicherheit zu erlangen, den eigenen Geist ein wenig überrumpeln zu lernen und das Vertrauen in die eigene Wahrnehmung zu vergrößern.

Erst dann könnt Ihr Euch an den zweiten Schritt machen. Denn es geht nicht nur um die reine *Wahrnehmung* dieser Erscheinungen, sondern auch darum, offen dafür zu sein, ob sie eine *Botschaft* für Euch haben.

Wenn die Erscheinung für Euch eine Botschaft hat, so bemerkt Ihr diese schon über die Intensität, in der Ihr die Erscheinung wahrnehmt. Dabei ist es lediglich wichtig, dass Ihr Euch konzentriert, dass Ihr ruhig ein- und ausatmet, dass Ihr versucht, Euch von Anspannung frei zu halten, und Euer Gehör wie beim Wahrnehmen Eurer eigenen Stimme nach innen richtet.

Den Unterschied zwischen der Mitteilung einer solchen Erscheinung und Eurer eigenen Stimme werdet Ihr sofort in der fehlenden Vertrautheit erkennen. Es ist durchaus möglich, dass Ihr die Botschaft *nicht* versteht oder nicht *gleich* versteht, sie als *unwichtig* empfindet oder Euch die Worte fremd erscheinen.

Das ist auch das, was diese vermeintlich fremden Erscheinungen von denen, die Ihr selbst seid – projiziert in Vergangenheit oder Zukunft – unterscheiden. Denn projiziert Ihr Euch *selbst* in Eure Zukunft oder Vergangenheit, so sprecht *Ihr* mit *Euch selbst* oder mit einem Menschen, der Euch nahe und vertraut ist.

Diese *fremden* Erscheinungen sind *nicht* auf Euch eingestellt. Sie sind nicht auf Euch geeicht. Ihre Botschaften können Euch zusammenhanglos, uninteressant, unwichtig erscheinen. Nichtsdestotrotz hat jede andere Seele, die zu Euch

Kontakt aufnimmt, eine Botschaft für Euch und es ist ein Abenteuer, diese Botschaften kennenzulernen. Es erweitert Euren Horizont und lässt Euch Eure materielle, aber auch geistige und seelische Welt hinterher in einem anderen Licht erscheinen. Hier wächst eine seelische Form von Intelligenz, die in jedem Falle wichtig ist für Euer weiteres Leben.

Ende des 65. Buchdiktats vom 28. Juni 2008

Sitzung vom 12. Juli 2008 mit 66. Buchdiktat

Wenn Ihr, meine lieben Leser, in Momenten der Unsicherheit oder in Lebensphasen, in denen Ihr Euch am Scheideweg befindet, die Möglichkeit der Zeitreise nutzt, um Euch intensiv vor Augen zu halten, welche Wahrscheinlichkeit, welches wahrscheinliche Leben Euch erwarten könnte, so wisst Ihr *während* einer solchen Zeitreise und unmittelbar *danach*, ob diese Wahrscheinlichkeit für Euch die richtige ist. Das intensive Gefühl, hier an der richtigen Stelle zu sein, lässt Euch wissen, welchen Weg Ihr zu wählen habt. Über die Empfindungen während dieser Zeitreise erfahrt Ihr viel über Euch selbst. Nach einer gewissen Übung seelischer Zeitreisen könnt Ihr Euch diese Reisen eigentlich ersparen, denn Euer Gespür für Euch selbst und Euren Lebensweg hat währenddessen zugenommen.

Ich bezeichne das als *erweiterte Selbsterfahrung*, allerdings mit dem großen Unterschied, dass Ihr diese Reisen nicht aktiv forcieren und willentlich steuern könnt, sondern Eure Seele in dieses Leben intuitiv zu einem bestimmten Zeitpunkt, an einem bestimmten Ort in Zukunft oder Vergangenheit hineinschaut. Genau diesen Zeitpunkt und diesen Ort erreicht Ihr nicht durch Euren Willen. Ihr könnt also Eure Gefühlserfahrungen nicht manipulieren.

In der Tatsache, dass Ihr Euch Eure Zukunft oder Vergangenheit zwar anschauen oder ihr *zuhören*, sie aber nicht manipulieren könnt, liegt das große Geschenk und die große Freiheit.

Denn was seht Ihr anderes als Konsequenzen Eures eigenen Handelns, Denkens und Fühlens? Und was tut Ihr, wenn Ihr Euch auf den materiellen Fokus beschränkt, normalerweise anderes, als diese Erfahrungen einfach auszublenden?

Ihr *tut* so, als ob Ihr an diesen Erfahrungen nicht teilhaben könntet.

Hier manipuliert Euer Geist. Er suggeriert Euch Beschränkungen. Er suggeriert Euch Grenzen.

In dieser Welt, in Eurer Welt, in meiner Welt aber gibt es weder Grenzen noch Beschränkungen noch Hindernisse, sondern nur unzählige Möglichkeiten!

Öffnet Ihr Euch nun für die Wahrnehmung einer fremden Erscheinung, so ist es durchaus möglich, dass Ihr Informationen erhaltet, die Ihr im Moment oder auch noch ein paar Wochen oder Jahre danach nicht einordnen könnt, die Ihr zwar von den *Worten* versteht, mit deren *Botschaft* Ihr aber nichts anzufangen wisst.

In diesem Falle ist es sehr hilfreich, sich die Begegnung und die Botschaft so einfach wie möglich zu notieren und bisweilen zu überprüfen, ob Ihr mit dieser Botschaft später etwas anfangen könnt oder sie etwas Wichtiges für einen Menschen enthält, der Euch nahesteht. Erst wenn Ihr beginnt, diesen Botschaften Gehalt, Inhalt zuzutrauen, beginnen sie, Euch öfter zu erreichen und dann auch Wichtiges mitzuteilen.

Übt Ihr Euch in dieser Wahrnehmung und vor allen Dingen auch in Vertrauen, so erschließt sich Euch eine völlig neue Welt mit Botschaften, die Ihr vielleicht nicht immer gerne hört, die aber Eure Lernfähigkeit und Euren Horizont erweitern und Euch in die Lage versetzen, ein völlig neues, anderes Leben zu führen, mit anderen Maßstäben und anderen Grundsätzen, vielleicht sogar anderen Lebenspartnern, in jedem Fall aber mit einem oder zwei sehr nahen *Seelen*partnern, nämlich der eigenen Seelenstimme und dem seelischen Begleiter.

Ob Ihr Euch diese seelische Welt über die Übungen, die ich Euch liefere, über den Kontakt zur eigenen Seelenstimme oder über die Botschaften seelischer Erscheinungen erschließt, ist letztendlich gleichgültig. Wichtig ist nur der *Zugang* zur seelischen Welt. Bewahrt, erhaltet und fördert Ihr diesen Zugang, das Gespräch, den Kontakt, den Austausch mit dieser Welt, so verändert sich Euer Leben *von sich aus*. Ganz langsam werden andere Dinge für Euch wichtig werden.

Es kann auch sein, dass diese Veränderung mit großen Schmerzen und Krisen verbunden ist, dass Euch die Lösung von Eurem alten Leben Schmerz bereitet. Aber wenn Ihr die seelische Welt empfindet und Eure Seelenstimme hört, könnt Ihr sie nicht negieren, und sie verändert Euer Leben von Haus aus. Ihr seid dann sozusagen in eine neue Dimension eingetreten und betrachtet die gesamte Welt mit anderen Augen. Das hat zur Folge, dass Ihr nicht mehr nur an *Euch* denken könnt. Euer aus eingeschränkter Sicht betriebener Egoismus wird Euch alsbald verlassen und einem ruhigen, zufriedenen Altruismus weichen, bei dem Ihr Euch zwar nicht selbst vergesst, aber Euer Interesse an Eurer seelischen Weiterentwicklung, an der Sinnhaftigkeit Eures Lebens wird Euch wichtiger sein als berufliche, politische, verbandliche, familiäre oder was auch immer für Ziele Ihr zu erreichen gedachtet, bevor Ihr Euch mit der seelischen Welt beschäftigt habt.

Erfolg erhält auf einmal eine seelische Dimension.
Ihr messt also Euren Erfolg mit anderen Maßstäben. Eure persönliche Gelassenheit, das Gefühl, bei Euch selbst, in Eurer Mitte, mit Euren seelischen Wünschen im Einklang zu sein, Euch in einer guten Balance zwischen Körper, Geist und Seele zu befinden, in einem harmonischen Miteinander mit Eurer nahen und fernen Außenwelt zu leben, Euch aber vor allen Dingen *weiterentwickeln* zu können, steht im Mittelpunkt Eurer Wünsche, im Mittelpunkt Eures Seins.

Ende des 66. Buchdiktats vom 12. Juli 2008

Sitzung vom 20. Juli 2008 mit 67. Buchdiktat

KAPITEL 15:
Konsequenzen und andere Welten

In einem früheren Kapitel habe ich bereits die Folgen Eures Verhaltens für Eure Zukunft und die Eurer Kinder und Kindeskinder aufgezeigt. Ich möchte mich jetzt den darüber hinausgehenden Konsequenzen widmen.

Gehen wir einmal davon aus, dass die meisten Menschen auf dieser Erde ihre jetzige Einstellung, die ausschließliche Betrachtung der materiellen Welt, und ihr jetziges Verhalten beibehalten. Gehen wir also davon aus, dass die meisten Menschen weiterhin ihren Lebensraum ausbeuten, dann wird sich die Erde konsequenterweise von ihnen *befreien*. Das mag sich jetzt hart anhören, bedeutet aber lediglich die Konsequenz des eigenen Handelns. Es hat nicht zur Folge, dass Ihr Menschen deswegen verloren geht, aussterbt. Als Seelenwesen bleibt Ihr vorhanden, Ihr seid Euch dessen nur nicht bewusst.

Euer materieller Ausdruck aber, nämlich Ihr Menschen selbst, könntet als Folge Eures Verhaltens, aussterben.

Das hat aber nicht zur Folge, dass die *Welt* untergeht! Die Welt bleibt bestehen – nur anders.

Bislang habt Ihr in Eurer Menschheitsgeschichte sehr viel Raubbau mit Euch selbst und Eurer Welt betrieben, aber *immer* im letzten Moment einen Weg gefunden, der unvermeidlichen Konsequenz Eures Handelns ins Gesicht zu schauen und zu verhindern, dass Ihr Euch *selbst vollständig* zerstört. *Bislang* ist es Euch gelungen.

Es gibt ein klares Bestreben, die Welt als solche, das Universum als solches, die Sonnensysteme als solche als Spielfeld, um des Lernens einer *Gruppe von Seelenwesen* willen, nicht untergehen zu lassen. Denn die Menschheit ist nichts anderes als eine Gruppe von Seelenwesen, die sich allerdings von ihrer Identität als Seelenwesen so weit entfernt haben, dass sie nicht einmal mehr *ahnen*, dass sie solche sind.

Die Konsequenz ist: Die Welt bleibt bestehen, um auch für eine *neue* Gruppe materialisierter Seelenwesen zur Verfügung zu stehen.

Das heißt, Ihr könnt als Menschheit noch so viele Fehler machen und Ihr seid doch nicht in der Lage, Euren Lebensraum zu zerstören.

Aber Ihr seid sehr wohl in der Lage, Euch *selbst* zu zerstören. Euer vormaliger Lebensraum kann sich dann ohne Euch regenerieren. Eure Zerstörungskraft als Menschheit mag groß sein, aber ich betone noch einmal, dass sie nicht groß genug ist, um Euren Lebensraum zu zerstören. Dieser Gedanke hat für mich etwas sehr Tröstliches. Wenn Ihr die *Zugehörigkeit* zur Seelenwelt *einübt*, werdet Ihr verstehen, was ich damit meine.

Es gab in Eurer Menschheitsgeschichte immer Phasen, in denen Ihr unbewusst oder aber bewusster wart, in denen Ihr vollkommen abgeschnitten wart von der Seelenwelt oder aber zumindest einen *Hauch* dieser Welt wahrgenommen habt. Vollständig zugänglich und offenbar ist Euch diese Welt nicht mehr, »seitdem« Ihr Euch dazu entschlossen habt, Euch zu materialisieren – immer in Euren zeitlichen Rahmenbedingungen betrachtet.

Ich habe die große Aufgabe, Euch das Bewusstsein zurückzugeben. Ich habe bereits mehrfach erwähnt, dass es nicht

Millionen von Menschen bedarf, um in Eurer Welt mit Milliarden von Menschen etwas zu verändern! Dazu reichen schon ein paar Hunderttausend. Und diesen Versuch, Veränderungen hervorzubringen, ist Euer Menschsein in jedem Falle wert.

Ende des 67. Buchdiktats vom 20. Juli 2008

Sitzung vom 27. Juli 2008 mit 68. Buchdiktat

Die Entfernung der materialisierten Menschheit von ihrem eigenen Ursprung, »ihrer Familie«, nämlich der Seelenwelt, ist so groß und scheinbar so unüberbrückbar, dass wir Seelenwesen versuchen, Euch auf jedwede Art und Weise zu heilen, Euch zurückzuführen zu Eurer eigenen, originären Welt, nämlich der Seelenwelt. Aber wir versagen momentan kläglich ...

Die Menschheit ist jähzornig, unberechenbar, unbekümmert, fröhlich, verantwortungslos, eigennützig, egozentrisch. Mir würden noch viele andere Attribute einfallen.

Wir Seelenwesen sind ratlos. Wir wissen nicht genau, *wie* wir Euch noch erreichen sollen. Wir haben es über viele Botschaften und Botschafter versucht, aber richtig *zuzuhören* hat die Menschheit nicht gelernt. Die Arroganz und der Bildungsdünkel des Geistes, die Unnachgiebigkeit und Unbelehrbarkeit sind momentan am auffälligsten, wenn ich Eure Verhaltensmerkmale betrachte.

Selbstverständlich war dieser Versuch, dieses Experiment schon in der Anlage, schon in der Konzeption als vollkommen freies, uneingeschränktes Versuchsfeld geplant, und selbstverständlich steht es mir nicht zu, zu beurteilen, wie Ihr mit diesem Versuch, die Materie kennenzulernen, umgeht.

Aber es ist meine Aufgabe, Euch klarzumachen, wohin Euch dieser Weg führt. Und seid Euch darüber im Klaren oder versucht es zu werden, dass die universelle Energie und auch die Kraft der Gemeinschaft der Seelenwelt in der Tat ausreichen, diese Erde wieder *gesund* zu machen. Ich will Euch also hier nicht Angst machen, dass Ihr diese Welt unwiederbringlich zerstören könntet, aber ich möchte Euch Angst machen, dass Ihr Euch *selbst* zerstören könntet – wenn auch niemals Euer Dasein als Seelenwesen! Die Infiltration des Geistes hat dermaßen überhandgenommen, dass Euer Wesen, Euer Sein den Kontakt zur eigenen Seele erst wieder einüben, erst wieder praktizieren, erst wieder *realisieren* muss, um Euch von Eurem Weg auch nur ein klitzekleines Stückchen abzubringen. Es fällt Euch mittlerweile wirklich schwer, die seelische Dimension in der vollen Tragweite nachzuvollziehen, nachzuspüren, aufleben zu lassen.

Am besten erläutere ich auch das einfach an einem *Beispiel*. Mira, unsere Mitautorin, versucht nahezu jeden Tag seit vielleicht einem halben Jahr, den Kontakt zu ihrer Seelenstimme herzustellen, aufrechtzuerhalten, zu üben, zu praktizieren. Nichtsdestotrotz ist die Kraft ihres Geistes ungebrochen. Er hält ein abwehrendes Schild über ihr Haupt. Er hindert sie systematisch, die Kraft ihrer Seele zu spüren. Er hindert sie systematisch, die Schönheit ihres Wesens zu fühlen, zu akzeptieren. Und er hindert sie daran, glücklich zu werden.

Dieses Prinzip gilt für die gesamte Menschheit. Je weniger Kontakt zur eigenen Seele, je weniger Übung darin, je weniger Selbstverständlichkeit, umso weniger Glück.

Die meisten Menschen in industrialisierten Gesellschaften sind derart entfremdet von ihrem Sein, dass ihnen das Damoklesschwert der Sinnlosigkeit ihres Daseins im Laufe der siebzig bis achtzig Jahre, die ihnen als Menschen heute wahrscheinlich gestattet werden, mindestens alle fünf bis zehn Jahre über den Köpfen schwebt.

Leider habt Ihr auch diese Symptome an Eure Ärzte oder Psychiater delegiert. Dann bringt Ihr Euch selbst einem anderen, geistig orientierten Menschen dar, der Euch heilen soll, anstatt Euch Euch selbst zuzuwenden, anstatt zu Eurer Seele zurückzufinden! Ihr sucht auch hier wieder die Hilfe im Außen und nicht im Innen.

Ihr habt nicht nur verlernt, Eurem Inneren zu vertrauen, sondern es wurde Euch systematisch aberzogen. Daher ist es auch vonnöten, dass Ihr es Euch systematisch wieder *anerzieht*. Das könnt Ihr nur *selbst* tun, indem Ihr diesen Kontakt übt, indem Ihr Euch Eurem Inneren zuwendet und hier Heilung findet.

Ende des 68. Buchdiktats vom 27. Juli 2008

Sitzung vom 2. August 2008 mit 69. Buchdiktat

Die Menschheit ist frei.

Ihr seid frei, Euch für ein bewusstes, aktives, entwickeltes, verantwortungsvolles Leben zu entscheiden mit Sinnhaftigkeit und dem Blick auf die Seelenwelt.

Ihr seid aber auch frei, ein scheinbar rein materielles Leben zu führen mit dem Streben nach Macht, Kontrolle, Reichtum, Ansehen, aber immer verknüpft mit der anderen Seite dieses materiellen Daseins, der verzweifelten Frage nach dem Sinn und der Notwendigkeit Eures Strebens, mit dem Blick auf Enttäuschungen, Neid, Hass oder auch nur Gleichgültigkeit, Versagen, Verantwortungslosigkeit, Sinnlosigkeit.

Ihr habt alle Möglichkeiten!

Ihr könnt sie alle nutzen!

Ihr könnt danach trachten, sowohl in Eurem *materiellen* Leben als auch in Eurem *seelischen* Sein glücklich zu werden. Ihr könnt versuchen, als Seele zu wachsen und Euer materielles Dasein vernachlässigen – auch dann werdet Ihr nicht glücklich –, oder Ihr lebt Euer rein materielles Dasein und erfahrt irgendwann ab Eurer Lebensmitte, dass Euch das alles nicht ausreicht, dass Ihr Euch nicht aufgehoben fühlt, dass Euch etwas fehlt.

Ihr habt *alle* Möglichkeiten. Ihr könnt sie nutzen oder nicht.

Aber wir Seelenwesen werden immer wieder versuchen, Euch aufzuwecken, Euch bewusst zu machen, uns Gehör zu verschaffen und deutlich zu machen, dass es auch *unsere* Welt gibt und dass Ihr Teil dieser Welt seid.

Nur in der Bewusstmachung, dass Ihr ein Seelenwesen seid, liegt Euer letztendliches Heil.

Ich habe bereits sehr oft von den *kleinen* Veränderungen gesprochen, die Ihr in Eurem Leben wahrnehmen werdet, wenn Ihr Euch mit Euch selbst beschäftigt und versucht, zu Eurer Seele zurückzufinden. Diese vielen kleinen Veränderungen, die zunehmende Gelassenheit, die Ruhe, das Verantwortungsbewusstsein fürs eigene Leben, für die eigene Gesundheit, für das *innere* Wachstum, aber auch das Bedürfnis, andere Menschen *teilhaben* zu lassen an der eigenen Ruhe, Ausgeglichenheit und dem Frieden, sind ganz entgegengesetzt zu dem Streben, immer der *Erste* sein zu wollen, *Erfolg* haben zu müssen, *schnell* sein zu müssen, korrekt, zuverlässig, zufriedenstellend, verdienstvoll, stromlinienförmig.

Seelen sind nicht stromlinienförmig! Auch ihr materieller Ausdruck ist nicht stromlinienförmig.

Ich möchte Euch bitten, meine lieben Leser, so viel wie möglich mit anderen Menschen über den Sinn oder auch *fehlenden* Sinn in ihrem Leben zu sprechen, sie zu fragen nach ihrer persönlichen Entwicklung, nach ihrem Glauben, nach ihrem *Gefühl für Zugehörigkeit*.

Ich möchte Euch bitten, in Diskussionen zu treten mit anderen Menschen – so viel und so oft wie möglich!

Ich möchte gerne, dass Ihr so viele Menschen wie möglich erreicht, mit ihnen sprecht und ihnen erzählt, wie Ihr selbst Euren Weg zur Seelenwelt empfindet und ob Ihr bereits eine Zugehörigkeit zu ihr fühlt, ob Ihr Kontakt habt zu Eurer Stimme, ob Ihr diesen Kontakt pflegen könnt und wie sich Euer Leben dadurch ändert.

Ich möchte, dass Ihr Zweifel sät ... und irgendwann Hoffnung schenkt.

Ich möchte, dass Ihr alle Botschafter der Seelenwelt werdet, denn es ist mein großes Streben, zu verhindern, dass Ihr Euch als Menschheit *vor lauter Unbewusstheit selbst zerstört*.

Ich möchte Euch anbieten, eine große Gemeinschaft an Seelenfreunden zu bilden.

Ich möchte, dass Ihr versucht, die Seelenwelt *vor* Eurem materiellen Tod kennenzulernen. Ich möchte, dass Ihr Reisen unternehmt ins scheinbar Innere, zum Grunde Eurer Seele.

Ihr werdet in dieser Verbindung, im Frieden, in der Zugehörigkeit, auch die enorme Zunahme an Liebe empfinden – und zwar Liebe, die Ihr zu schenken in der Lage seid.

Ende des 69. Buchdiktats vom 2. August 2008

Sitzung vom 3. August 2008 mit 70. Buchdiktat

Wir werden heute etwas Ungewöhnliches machen, nämlich einen Einschub, den Ihr später ins nächste Kapitel einfügen werdet. Es ist das sechzehnte und wird heißen: »*Schweben und ähnliche Zustände oder: Seelentipps für den Alltag*«.

Diese Übung ist meiner Ansicht nach ein sehr gutes Mittel, um sich ohne großen Zeitaufwand aus Stresssituationen zu befreien. Selbstverständlich hilft in diesen Situationen auch sehr gut die Jungbrunnen-Übung, das Sprechen mit der Seelenstimme oder das Auffüllen mit universeller Energie.
Nichtsdestotrotz biete ich gerne mehrere Möglichkeiten an, denn vielleicht ist dann für jeden meiner Leser etwas dabei, was einmal seine Lieblingsübung sein wird.

> ❯ Diese **Übung** möchtet Ihr bitte im Sitzen machen. Sie ist besonders gut geeignet für Situationen im Büro, vor einem unangenehmen Arztbesuch, vor einer schweren Prüfung oder nach einem langen Arbeitstag.
> Ihr setzt Euch also bequem hin. Ihr macht wie gehabt zehn bis zwanzig lange, tiefe Atemzüge bis hinunter in den Bauch und versucht währenddessen, Euch jedes einzelnen Körpergliedes bewusst zu werden.
> ❯ Dieses Mal aber löst Ihr Euch nicht wie sonst von Eurem physischen Leib, sondern hebt langsam Eure seelischen Arme und lasst Euch hochziehen von einem über Euch erscheinenden, großen *Fesselballon*. An diesem Fesselballon hängen zwei Trittleitern, an denen Ihr hochklettern könnt. Es gelingt Euch mühelos.
> ❯ Ihr fühlt Euch dabei wie ein spielendes Kind – leichtfüßig, abenteuerlustig, fröhlich.

› Der Korb des Fesselballons, in den Ihr Euch jetzt hineinfallen lasst, ist mit vielen Kissen und weichem Samt ausgestattet. Der Ballon selbst hat einen enormen Durchmesser von zehn, fünfzehn Metern und leuchtet rötlich-orange über Euch.
› Geschwind nimmt er Euch mit sich – raus aus der unangenehmen Prüfungssituation, aus dem Wartezimmer beim Arzt, aus Eurem Büro –, trägt Euch hinweg und lässt Euch über einem wunderschönen, farbenfrohen Land schweben, das sanft, hügelig, lieblich unter Euch liegt.
› Vielleicht schlängelt sich dort ein Fluss, der gesäumt ist von schönen, dunkelgrünen Bäumen.
› Vielleicht seht Ihr aber auch Hügel und Täler voller Weinreben oder Weizenfelder.
› Vielleicht mögt Ihr Euch aber auch lieber ein Meer unter Euch vorstellen oder einen wunderschönen, großen See, in dessen Mitte sich eine kleine Insel befindet.
› Eurer Vorstellung sind keine Grenzen gesetzt.
› Ich wähle jetzt das Bild des Meeres und im Hintergrund eine schöne Küste mit breiten, weißen Stränden, hellen, glatten Felsen und mediterran anmutendem Gewächs dahinter. Euer Blick aus dem Fesselballon fällt auf einen herrlichen Sonnenuntergang, eine Sonne, die im Meer versinkt. Es ist warm und es weht ein angenehmes Lüftchen, das Euch gefahrlos weitertreibt in Eurer Vorstellung.
› In diesem Fesselballon seid Ihr frei, zu entscheiden, welche Bilder Ihr sehen wollt und welche Landschaften unter Euch dahinziehen sollen. In jedem Falle trägt Euch die Vorstellung innerhalb kürzester Zeit weit weg von Eurem Stress, Eurer Angst, Eurer Panik oder Eurem Unmut.

› Dieser Fesselballon ist jederzeit für Euch bereit. Er kann Euch jederzeit abholen. Sobald Ihr den Korb des Ballons bestiegen habt, geht Euer Atem ruhig und langsam. Ihr beruhigt Euch. Der Stress fällt von Euch ab. Ihr schaut auf den traumhaften Sonnenuntergang und fühlt Euch leicht und frei. Eure Schultern, die Euch zuvor geschmerzt hatten, werden locker und beweglich. Ihr habt das Bedürfnis, Eure Arme zu strecken, Euren Nacken zu bewegen, Euren Rumpf zu dehnen.
› Hier in Eurem Fesselballon seid Ihr allein, solange Ihr es wollt.
› Es steht Euch aber auch frei, Euren seelischen Begleiter zu treffen. Er stellt oder setzt sich hinter Euch und massiert Euch die Schultern und den Nacken. Durch die Berührung erfahrt Ihr Erleichterung. Die Angst fällt von Euch ab, denn Ihr seid aufgehoben und beschützt.

› Wenn auch nur ein kleiner Rest von Stress, Angst oder Überforderung geblieben sein sollte, dann könnt Ihr jetzt, in Eurem Fesselballon schwebend, die universelle Energie zu Hilfe rufen.
› Und ganz plötzlich seid Ihr von strahlendem, rötlich-gelbem Sonnenlicht eingehüllt. Es zirkuliert um Euch herum und strahlt in Euch hinein. Alles ist in Bewegung und erfüllt von universeller Energie. Euer Kopf wird ruhig und leicht und frei.
› Diesen Zustand genießt Ihr. Ihr fühlt Euch durchströmt von universeller Energie. Ihr schaut auf den Sonnenuntergang, genießt Euer Schweben und gleitet langsam dahin.
› Keine Angst der Welt, kein Stress und keine Überforderung können hier eindringen und Euer Energie-

niveau herabsetzen. Ihr fühlt Euch, als ob Ihr selbst fliegen würdet, aber das weiche Bett des Fesselballons trägt Euch sanft dahin.
› Nun fühlt Ihr Euch erfrischt und stark, beweglich und gewappnet.
› Langsam nähert sich Euer Fesselballon wieder der Erde. Fröhlich steigt Ihr die Trittleiter hinunter in der Gewissheit, Euren Fesselballon jederzeit wieder besuchen zu können. Euer seelischer Körper kehrt leichten Schrittes zurück ins Büro oder ins Wartezimmer oder in die Prüfungssituation.
› Euer Atem ist ruhig. Ihr sitzt wieder an Eurem Platz, lasst die Arme Eures seelischen Körpers langsam sinken und seid wieder zurück in Eurem physischen Leib.

› Nehmt diese Übung zu Hilfe, denn Ihr könnt sie sehr schnell – innerhalb von fünf Minuten – ausführen, an jedem Ort, in jeder Haltung, in jedem Moment. Und in der Verbindung zu Euch selbst, zu Eurer Seele, zu Eurem seelischen Begleiter und zur universellen Energie habt Ihr stets die Möglichkeit, Euch vom Stress zu befreien und den Alltag zu erleichtern.

Ende des 70. Buchdiktats vom 3. August 2008

Sitzung vom 30. August 2008 mit 71. Buchdiktat

Ich beginne nun mit dem zweiten Teil unseres Kapitels, der ja die Überschrift »... und andere Welten« trägt. Was meine ich mit »anderen Welten«?

Ich habe sehr viel von seelischen Welten erzählt. Nunmehr möchte ich von anderen *materiellen* Welten sprechen.

Es gibt andere Welten. Es gibt andere Erden, andere Planeten, bevölkert von anderen Lebewesen, die den Menschen ähnlich oder sogar in der gleichen menschlichen Dimension materialisiert sind. Bislang ist Eure Wissenschaft gerade mal so weit, festzustellen, dass es auf anderen Planeten Leben gibt – in welcher Form auch immer –, indem sie nachweist, dass es dort Wasser gibt, den Grundstoff des Lebens. Bislang ist es lediglich möglich, diese Welten über den seelischen Weg zu erreichen.

Über den Zugang zur Seelenwelt könnt Ihr auch den Zugang zu diesen anderen Welten üben.

Das mag Euch phantastisch erscheinen. Ich schreibe hier aber keinen Fantasy- oder Science-Fiction-Roman, sondern ich spreche von der Realität, einer Realität, die von Euch gänzlich unbeachtet geblieben ist, da Ihr Euch abgeschnitten habt von Eurer seelischen Zugehörigkeit, Eurem seelischen Ursprung.

Die seelische Welt steht in permanentem Kontakt zu allen materiellen Ausprägungen in Eurem und auch anderen Universen. In der Kontaktaufnahme zur seelischen Welt, in der *totalen Bewusstmachung* Eures seelischen Daseins, im ultimativen Kennenlernen Eurer seelischen Persönlichkeit liegt auch die unerschöpfliche, großartige Möglichkeit zur Entdeckung der anderen materiellen Daseinsformen. Erst, wenn Ihr Eure seelische Persönlichkeit und die Seelenwelt wirklich kennengelernt und ausgelotet habt, seid Ihr in der Lage, auch jenseits dieser Welt die von mir als »andere Welten« bezeichnete Dimension zu betrachten.

Wenn Ihr so weit seid, müsst Ihr Euch aber nicht aufs Betrachten beschränken, sondern könnt Zeit und Raum außer Kraft setzen, Zeit und Raum verschieben, zusammenschieben und auseinanderdehnen, krümmen, gerade machen und diese anderen Dimensionen *erreichen*. Das heißt, Ihr seid fähig, Eure materielle Dimension auf dieser Erde zu verlassen, in die rein seelische Welt als Katalysator »hineinzutreten« und aus ihr wiederum »herauszutreten« in die anderen materiellen Welten. Ihr könnt Euch also auf dieser Welt dematerialisieren, Euch in der seelischen Welt Eurer neuen Materialisation bewusst werden, in diesem Bewusstsein in die anderen Welten eintreten und Euch dort erneut materialisieren.

Eure Seele ist also in der Lage, in den anderen Welten menschliche oder menschenähnliche Formen anzunehmen.

Diesen Satz solltet Ihr Euch herausschreiben und einrahmen. Er ist vielleicht mein wichtigstes Credo.

Die Bedeutung dessen, was ich in den letzten Sätzen zum Ausdruck bringen wollte, dürfte Euch jetzt noch nicht ganz klar sein, und Ihr werdet sicherlich einige Zeit benötigen, das zu verstehen, zu verinnerlichen und umzusetzen. Aber es ist möglich und dürfte eines der größten Abenteuer Eures Lebens werden!

Ende des 71. Buchdiktats vom 30. August 2008

Sitzung vom 31. August 2008 mit 72. Buchdiktat

Wie, meine lieben Leser, sollt Ihr Euch nun die Verbindung zu anderen Welten vorstellen?

Wie sollt Ihr sie herstellen?

Ich schicke voraus, dass dies der wohl schwierigste Schritt in Eurer seelischen Entwicklung sein wird. Im Verhältnis dazu ist es relativ einfach, den Zugang zur eigenen Seelenstimme zu finden und auch die Verbindung zur Seelenwelt erspüren zu lernen. Die Verbindung mit anderen Welten, sprich anderen Materialisationsebenen, bedarf einer nach Eurem Verständnis sehr langen Übungszeit, eines in seelischer Hinsicht »aufgeklärten« Geistes und eines uneingeschränkten Vertrauens. Ein Moment des Zweifelns, und die Verbindung bricht ab!

Ich will Euch nicht enttäuschen, aber ich muss diesen Weg einigermaßen realistisch darstellen.

Es wäre aber ein – grob gesagt – *lächerliches* Ansinnen, schon nach ein paar Monaten des Übens zu versuchen, diese anderen Welten zu erreichen. Vielmehr bedarf es dazu jahrelanger Übung – in Euren Zeitdimensionen wohlgemerkt.

Den »aufgeklärten« Geist, die stetige Verbindung zur eigenen Seele und die Gegenwart der Seelenwelt vorausgesetzt, kann ich Euch den Weg in diese anderen Welten erklären.

Hierzu müsst Ihr lernen, Euch in **Trance** zu versetzen. Es reicht nicht, Euch wie bei unseren anderen Entspannungs- und Energieübungen in eine Ruheposition zu begeben und tief und ruhig zu atmen. Ihr müsst Körper und Geist »zurücklassen«.

Unsere bisherigen Übungen haben sehr intensiv mit Eurer Vorstellungskraft gearbeitet, Euren Geist beruhigt und Eure Seele in der Tat zeitweilig von seiner eingrenzenden, einschränkenden Fähigkeit befreit. Aber um andere Welten zu erreichen, benötigen wir mehr als nur die Beruhigung des Geistes, die Konzentration und die Vorstellungskraft. Hier müssen sich meine Leser vollständig lösen.

Wie erreicht Ihr nun einen tranceähnlichen Zustand?

In Eurer Welt gibt es sehr viele unterschiedliche Vorstellungen von dem, was eine Trance ist. Menschen, die sich über Jahre hinweg mit Entspannungstherapien beschäftigen, schwören auf Meditation oder Yoga, um tranceähnliche Zustände zu erreichen. Mit Drogen oder Medikamenten, mit Alkohol, mit Entzug von Nahrung ist das auch möglich. Nur sind diese Zustände nicht bewusst, sondern führen ins Unbewusste.

Trance bedeutet in der Seelenwelt die offensive Loslösung von allen geistigen Belangen und allen körperlichen Hemmnissen. Sie bedeutet die Reduktion auf das seelische Sein.

Wenn Ihr, meine lieben Leser, bislang mit Eurer seelischen Stimme sprecht, so spricht die Seele *zu* Euch. Ihr sprecht noch nicht *aus ihr heraus*!

Im Moment der Trance aber seid Ihr nur mehr Seele, und es gibt kein weiteres »Ich« in Euch.

Die Akzeptanz der Seele als ultimativer Essenz ist für einen Menschen sehr schwer zu erreichen. Es gibt sehr wohl spirituelle Meister, die diesen Zustand auf dem Wege jahrzehntelangen Fastens und Meditierens zeitweilig erreicht haben. Für die meisten Menschen scheint er bis jetzt allerdings unerreichbar. Es bedarf also eines völligen Loslassens der Ich-Position in Geist und Körper. Dazu müsst Ihr Euer Ich nicht nur in den Hintergrund schieben, sondern völlig abstreifen! Es ist wie der Zustand vor oder nach dem Eintritt ins menschliche Leben, der Moment der *totalen* Bewusstwerdung der Seele. Nur ist das während eines materialisierten Seins ein schwer zu erreichender Zustand. Dazu benötigt Ihr absolute Abgeschiedenheit, vollkommene Ungestörtheit, Entfernung von jeglicher Ablenkung und nach Eurem Verständnis *viel, viel Zeit*! Mit einem Wochenende ist es nicht getan, sondern Ihr müsstet Euch minimal drei Monate von allem lösen, was Euer menschliches Dasein ausmacht – möglicherweise sogar ein Jahr.

Ihr benötigt, ich wiederhole es, absolute Abgeschiedenheit – keinerlei Kontakt zur Außenwelt, keine Arbeit, kein Hobby, keine Familie, keine Freundin, keinen Freund. Vollkommenes Alleinsein, ja, das Dasein eines Eremiten. Kein

Telefon, kein Fernsehen, kein Radio, keine Zeitung, kein Computer. Keine Medikamente, keine Drogen, kein Alkohol, kein Kaffee, kein Tee, kein Fleisch, kein Fisch, kein Eiweiß. Nahrungsaufnahme soll nur dazu dienen, den Körper am Leben zu erhalten.

Der Tag ist ausgefüllt mit Übungen zur Verbindung mit der eigenen Stimme, zum Gespräch mit dem seelischen Begleiter, zum Kontakt mit der Seelenwelt und dem stetigen Auffüllen mit universeller Energie. Ihr beschäftigt Euch mit nichts anderem!

Dann ist der Zeitpunkt gekommen, an dem Ihr tranceähnliche Zustände erreicht.

Dann ist der Zeitpunkt gekommen, an dem Ihr Körper und Geist abzustreifen vermögt, plötzlich nicht mehr im Ich verhaftet seid, sondern in der Essenz Eurer Seele verbleibt und diese stetig ausdehnt.

Ende des 72. Buchdiktats vom 31. August 2008

Sitzung vom 7. September 2008 mit 73. Buchdiktat

Wie bereits vorher angedeutet, möchte ich jetzt die Beschaffenheit der »anderen Welten« erläutern. Es existieren unzählige, mannigfaltige andere Welten, Planeten, die unbewohnt sind, von derselben Beschaffenheit und Schönheit wie die Erde, sowohl größer als auch kleiner – so klein, dass ein Schiff mit Euren heutigen Möglichkeiten diesen Planeten in drei Tagen umrunden könnte.

Es gibt aber auch Planeten von der doppelten Größe Eures Erdballs.

Es gibt Planetensysteme, die zum Großteil aus Wasser und lediglich zu zehn Prozent aus Land bestehen.

Es gibt Planeten, die eine zu Eurer Erde geringfügig unterschiedliche Zusammensetzung der Luft haben, die, falls Ihr sie einatmen müsstet, bei Euch zu einer stetigen Lachattacke führen würde. Wir finden in dieser Luftzusammensetzung also einen außerordentlich hohen Anteil an Helium.

Es gibt Planeten, die lediglich von Wasser- und Landlebewesen, also Tieren bewohnt sind, die sich *ohne* die Weiterentwicklung zum Menschen verwirklicht haben.

Es gibt aber auch Planeten, auf denen materialisierte Wesen leben, die den Menschen ähnlich sind.

Und es gibt Materialisationsformen, die zwar auf einem ähnlichen Planeten leben, Euch aber absolut fremd erscheinen würden – nicht, dass sie bedrohlich wären, aber sie sind *andersartig* sowohl in ihrer Gestalt als auch in ihrer Form der Äußerung und ihres Daseins.

Am meisten werden Euch aber sicherlich die Planeten interessieren, auf denen menschenähnliche Wesen leben, die aber andere materielle Versuchsformen ausgewählt, sich für andere materielle Wahrscheinlichkeiten entschieden haben. Wenn diese materialisierten Wesen jedoch auch eine beinahe gleiche Luft einatmen, sich von ähnlichen Pflanzen ernähren, einen ähnlichen Schlaf- und Wachrhythmus leben und in ähnlichen Gemeinschaften existieren, so sind die Unterschiede zu Euch doch sehr groß.

Eure Gesellschaftsformen, Eure gesamte Existenz mit allem, was dazugehört, ist allerdings die einzige Materialisation dieser Art. Für *diese* Wahrscheinlichkeit gibt es nur diese eine materielle Ausprägung. Jede andere Wahrscheinlichkeit verfügt über eine andere materielle Ausprägung. Die Nuancen sind zwar scheinbar nur geringfügig, führen aber zu einer vollkommen anderen Existenzform.

Es wird Euch also möglich sein, diese anderen Welten über Trance und die Ablösung vom geistigen und körperlichen Ich, also über den Weg der Essenz der Seele und mithilfe der

Übung, die ich im nächsten Kapitel vorstellen werde, zu erreichen, indem Ihr Euren Körper und Geist abstreift und Euch auf eine seelische Reise dorthin begebt.

Dann könnt Ihr entweder einen Körper und einen Geist, der aus einer dieser Welten stammt, annehmen, oder Euch mithilfe der universellen Energie und der Konzentration auf die Essenz Eures Wesens sogar als *Ich* aus der Erdmaterialisation in die Materialisationsform der »anderen Welt« versetzen. Einerseits könnt Ihr Euch also als Erdenidentität in diese andere Welt begeben und andererseits eine Identität mit einem geistigen und körperlichen Ich aus einer dieser anderen Welten annehmen – je nachdem, wie Ihr Euch persönlich entscheidet.

Das von Euch hier auf der Erde zurückgelassene körperliche und geistige Ich »schläft« während dieser Reise.

Nehmt Ihr allerdings die Materialisation Eures Ichs, Eurer Erdenidentität, in einer der anderen Welten für »längere Zeit« an, so hat das eine Dematerialisation in *dieser* Welt zur Folge. Ohne Seele können Körper und Geist nicht existieren – jedenfalls nicht auf Dauer.

Ende des 73. Buchdiktats vom 7. September 2008

Sitzung vom 4. Oktober 2008 mit 74. Buchdiktat

KAPITEL 16:
Schweben und ähnliche Zustände oder: Seelentipps für den Alltag

Eigentlich gehört die folgende Übung zum letzten Kapitel, aber da unser neues Kapitels »Schweben und ähnliche Zustände« heißt, passt sie hier sehr gut dazu.

> ❯ Wie ich bereits andeutete, ist das die **Übung zur Reise in die anderen Welten** oder in *eine* andere Welt. Ihr könnt diese Übung, meine lieben Leser, nicht einfach aus dem Stegreif heraus machen. Dann würde sie Euch gar nichts bringen außer einer tief empfundenen Entspannung, was sicher auch schon recht viel wäre. Aber sie würde nicht bewirken, Euch in andere Welten zu transferieren.
> ❯ Allein in der vollkommenen Losgelöstheit von Körper und Geist seid Ihr in der Lage, diese Reise als reine seelische Essenz anzutreten. Dafür dient diese Übung als Anleitung.
>
> ❯ In der vollen Bewusstheit des Seins, in der seelischen Essenz begibt sich die Seele in tiefer Entspanntheit auf die Reise in die erste eigene, andere Welt.
> ❯ Die Seele steht am Rande *dieser* Welt und schaut sich um. Sie blickt auf ihr materialisiertes Leben mit ausreichendem Abstand zurück, sieht die wichtigsten Stationen wie im Schnelldurchlauf, betrachtet ihr

momentanes, materialisiertes Sein ohne Gefühlsaufwallung, ohne Stress, ohne Ärger, ohne Beurteilung.
❯ Dann wendet sie sich um und sieht den Weg vor sich, der ihre Verbindung zur seelischen Welt bereits die ganze Zeit symbolisierte. Diesen Weg schlägt sie ein weiteres Mal ein mit dem Ziel, sich mithilfe der seelischen Welt eine andere, neue materielle Form anzueignen. Sie geht ein paar Schritte auf dem Weg in die Seelenwelt, mit ihrem seelischen Begleiter an ihrer Seite und um sie herum viele andere, helfende Seelen, die sie unterstützen und quasi tragen.
❯ Im Bewusstsein dieses Getragenwerdens beginnt die Seele zu schweben. Dieses Schweben ist nicht zu verwechseln mit dem Schweben, in dem sich der seelische Körper während der bisherigen Übungen befindet.
❯ Dieses Schweben ist vollkommen frei, ein Jubilieren, ein tänzelndes Schweben, dem weiten Sprung einer Antilope ähnlich. Mit dem ersten Sprung nimmt die Seele Geschwindigkeit wahr, Kraft, Selbstständigkeit, Macht über die Situation und völliges Einssein mit sich selbst. Sie wiederholt den Sprung immer und immer wieder! Jeder Sprung wird größer und weiter. Zunächst nimmt sie die seelische Welt um sich herum wahr, sieht die räumlichen Entfernungen, die sie zurücklegen kann, aber auch die zeitlichen Entfernungen, die sie zu überbrücken in der Lage ist. Und mit dem Weiterwerden, dem Größerwerden der Sprünge entfernt sie sich plötzlich um Lichtjahre. Mit einem Wimpernschlag ihrer seelischen Augen überbrückt sie ein ganzes Universum, eine Milchstraße, sieht Planeten und Planeten an sich vorbeiziehen, schneller und immer schneller, bis sie in einem kurzen Moment ein gutes Gefühl für einen ganz bestimmten Planeten

empfängt. Dieses Gefühl ist tief und untrüglich. Es füllt sie vollständig aus. Sie hält inne im Sprung und wird sich ihrer Präsenz an diesem Ort gewahr, sammelt ihre gesamte Präsenz in sich, um sich herum auf und tritt in die Atmosphäre dieses gefühlsmäßig für gut befundenen Planeten ein.
› Im Moment dieses Eintritts wird ihr schwindlig. Sie schließt die seelischen Augen. In ihr fällt eine Entscheidung. Sie fühlt sich schwerer werden, fühlt eine weitere Präsenz jenseits der seelischen, empfindet ihre Körperlichkeit im Voraus, nimmt auch ihren Geist bereits wahr, nähert sich dem ausgesuchten Körper in Windeseile, dreht sich um die eigene seelische Präsenz und fährt wie in einem Wirbelwind in die Körperlichkeit und Geistigkeit hinein, ist dort plötzlich seelisch anwesend.
› Erst im Moment der Verschmelzung wird ihr bewusst, welche Form sie sich auserwählt hat, blickt um sich herum, in sich hinein und ist zufrieden mit ihrer Wahl. Das gute Gefühl bleibt bestehen. Sie übt die Verbindung, atmet, denkt, bewegt sich.
› Die Verschmelzung ist vollzogen.
› Die Seele hat gewählt.

Das ist das Ende dieser kleinen Übung zur Reise in andere Welten. Was unserer Seele nun dort widerfährt, ist die Entscheidung einer jeden Seele für sich selbst.
Diese Übung hat *eine* Form des Schwebens beschrieben. Es gibt aber auch noch weitere Schwebezustände, die nichts mit Seelenreisen in andere Welten zu tun haben.
Das Schweben gehört zu jenen Zuständen, die nicht nur für eine Reise in eine andere Welt wichtig sind, sondern sehr wohl auch hier und jetzt in Eurem materialisierten Dasein eine große Unterstützung bedeuten können. Ich meine da-

mit nicht Schweben als Transportmittel, sondern als Unterstützung bei der Bewältigung von Alltagsproblemen.

Viele meiner Leser befinden sich in ihrem Leben häufig in Stresssituationen, in Situationen großer Angst, in Momenten, in denen sie sich nicht mehr zu helfen wissen, in denen sie große Schmerzen haben oder schwere Krankheiten erleiden müssen.

Ich habe Euch viele Übungen gezeigt, die Euch in Stress- und Angstsituationen oder bei Krankheiten helfen sollen. Aber Schweben ist eine Möglichkeit, gezielt dem Alltag zu entfliehen, die Ihr bislang nicht in Betracht gezogen habt. Ihr habt ja nicht einmal vermutet, dass es diese Möglichkeit überhaupt gibt – bis auf einige wenige »Auserwählte«.

> ❯ Jeder Mensch hat die Möglichkeit, sich über die Zufuhr an universeller Energie und die Konzentration auf seine seelische Essenz von der Schwere seines körperlichen Daseins über kurze, aber auch über längere Zeit zu befreien.
> ❯ Nehmen wir das für mich prominente *Beispiel* unseres Mitautors Conrad.
> ❯ Mein lieber Conrad hat Zeit seines Lebens Rückenschmerzen, und es gab sicher viele Momente, in denen er diesen körperlichen Unannehmlichkeiten gern entflohen wäre.
> ❯ Mit einiger Übung könnt Ihr das Schweben jederzeit praktizieren mit der angenehmen Folge, Euch hinterher erholt zu fühlen.
>
> ❯ Also, wir nehmen einen Zustand akuten Schmerzempfindens.
> ❯ Bei unserem Freund Conrad befindet sich ein Brustwirbel in Unordnung. Dieser Brustwirbel strahlt schmerzhaft auf seine inneren Organe aus und lässt

freies Atmen kaum mehr zu. Indem Ihr zu schweben übt, könnt Ihr Euch erstens dieses Schmerzes entledigen und zweitens Eure Wirbelsäule entlasten, sodass sie sich nach dem Schwebezustand leichter anfühlt.

❯ Conrad legt sich also hin und konzentriert sich wie bei jeder unserer Übungen für längere Zeit auf seinen Atem, auf die tiefe, entspannende Bauchatmung. Dann beginnt er, seine Konzentration auf die Wirbelsäule zu lenken. Hierbei ist es hilfreich, sich die Wirbelsäule als Gesamtheit vorzustellen, vom ersten Halswirbel hinunter bis zum letzten Lendenwirbel, sich vorzustellen, wie sie umgeben ist von Nervenenden, Muskel- und Sehnensträngen, wie diese Muskel- und Sehnenstränge umgeben sind von Blutgefäßen, wie alles miteinander in Verbindung steht.

❯ Nun kommt es darauf an, die Atmung extrem zu verlangsamen, also *doppelt* so lange *ein*zuatmen und *dreimal* so lange *aus*zuatmen wie üblich. In dieser äußerst langsamen Atemtätigkeit wird die Wirbelsäule gestreckt. Beim *Ein*atmen dehnen sich die Abstände zwischen den einzelnen Wirbeln aus, und beim *Aus*atmen rücken sie sich langsam in die richtige Position zurück.

❯ Nun ist es Aufgabe unseres Patienten Conrad, sich jeden einzelnen Wirbel angefüllt mit universeller Energie vorzustellen.

❯ Zunächst befindet sich das Licht der universellen Energie lediglich in den Wirbeln. Unser Patient füllt sich aber immer mehr und immer mehr mit universeller Energie, sodass diese irgendwann über die Wirbel hinaus ins Gewebe fließt und ihr Licht auf die Bandscheiben verbreitet, auf die Muskelstränge, Sehnen und Blutgefäße, die die Wirbelsäule umgeben.

› Irgendwann beginnt der gesamte Rücken zu leuchten. Im Zustand dieses Leuchtens hebt sich der Rücken ganz langsam von der Matratze ab und beginnt zu schweben. Die universelle Energie lässt den Rücken schweben, lässt die Wirbel und das gesamte Gewebe um die Wirbel herum frei, gelöst und voller Kraft sein. Die Wirbel richten sich von selbst wieder in ihrer ursprünglichen Position ein. Die Bandscheiben können sich von dem Druck, der durch die Unebenheit der Wirbel entstanden ist, langsam befreien. Auch sie leuchten vor Energie. In diesem schwebenden, leichten Zustand kann sich der Rücken von all seinen Schmerzen erholen. Er richtet sich vollkommen neu auf. Sein Gewebe wird elastisch.
› Verspannungen und Verkrampfungen lösen sich auf. Im Schweben erholt sich der Rücken von all seinen Schmerzen. Mit ihm beginnen auch die Arme, der Rumpf, die Beine und der Kopf zu schweben. Alle Gliedmaßen sind leicht und ohne Schmerzen, elastisch und voller Kraft. Unser Patient Conrad genießt an Ort und Stelle die Befreiung von seinen Schmerzen.
› Dieses Schweben ist eine Übung sehr nah am körperlichen Sein, ohne dass sich der Patient in die seelische Welt begeben müsste. Bei wiederholtem Üben wird Euch von Mal zu Mal bewusster, wie nachhaltig Ihr Euch im Zustand des Schwebens erholt, wie leicht Ihr Euch fühlt, wie sehr mit Euch selbst verbunden und im Reinen.
› Ich habe nicht explizit zum Ausdruck gebracht, dass hier der *seelische* Körper schwebt, aber das ist auch nicht notwendig für diese Übung, denn der Effekt ist, dass sich nicht nur der seelische, sondern auch der *physische* Leib erholt. Diese Übung dient besonders

jenen Menschen, denen es schwerfällt, sich auf die Reise in die seelische Welt zu begeben. Jeder meiner Leser kann sie im Hier und im Jetzt machen, ohne allzu sehr über die seelische Welt nachdenken zu müssen. Nach und nach wird er den Effekt, dass seine Schmerzen stetig abnehmen, genießen können.

› Auch für jemanden, der sich in einer Angstsituation befindet und hierbei Hilfe benötigt, wird der Zustand des Schwebens alle Panik verschwinden lassen und z. B. kann eine Prüfungssituation damit effizient und ruhig gemeistert werden.

Das nächste Mal werden wir noch ein bisschen mit dem Schweben fortfahren und uns dann der alltäglichen Hilfestellung zuwenden. Vielen Dank für Eure Aufmerksamkeit!

Ende des 74. Buchdiktats vom 4. Oktober 2008

Sitzung vom 25. Oktober 2008 mit 75. Buchdiktat

Wir werden uns heute einer letzten Übung widmen, die im weitesten Sinne mit Schweben zu tun hat, wobei es hierbei um eine Thematik geht, die man als *Rückführung* bezeichnen könnte. Meines Wissens gibt es viele Menschen, die von einem Trauma in ihrer frühesten Kindheit wissen, davon erzählt bekommen haben oder es zumindest ahnen, also einen dunklen Punkt in ihrer Vergangenheit *vermeintlich* kennen, ihn aber doch nicht richtig greifen können, die aber spüren, dass etwas in ihrer frühesten Vergangenheit einen schweren Schaden hinterlassen, zu großen Komplexen geführt hat.

Diese Übung, die ich jetzt mit Euch, liebe Leser, machen möchte, dient also dazu, diesen dunklen Punkt in der frühesten Vergangenheit anzurühren und Erinnerungen auszulösen, aber das Trauma auch über das Auffüllen mit universeller Energie, über den Schwebezustand und das Gehaltenwerden durch den seelischen Begleiter wenn nicht zu beseitigen, so doch zumindest zu lindern.

Nehmen wir ein Beispiel.

Stellen wir uns einen jungen Mann vor! Er macht jahrelang Therapie. Er ist in einer Familie aufgewachsen, in der es an Problemen nicht mangelte, ebenso an Hysterien und unwägbaren Situationen, in denen sich kein Urvertrauen ausbilden konnte. Dieser junge Mann verarbeitet in Jahren nach und nach seine Traumata. Aber es bleibt ein Fleck, den er meint, nicht berühren zu können. Es bleibt eine Symptomatik, die er sich nicht erklären kann. Es bleibt etwas *Ungewisses*.

Nun möchte der junge Mann eine Rückführung machen:

Ein Therapeut, ein Heiler oder auch jemand, der sich professionell mit Familienaufstellungen beschäftigt, macht sogenannte Rückführungen. Hierbei geht es darum, sich eines tief verschütteten Traumas in der frühesten Kindheit zu erinnern. Es kann so weit gehen, dass der Patient sich sogar an seine Geburt erinnert. Diese Erinnerung ist selbstverständlich subjektiv, das heißt, sie ist gefärbt durch das Leben und die Erfahrungen, die den Patienten geprägt haben. Also sieht er auch seine Geburt aus der *heutigen* Sicht! Je nachdem, welche Urteile und auch Vorurteile er sich über seine früheste Vergangenheit gebildet hat, so stellt sich für ihn auch seine Geburt oder eben dieses Trauma in der frühesten Kindheit dar.

Die Erinnerung an die Geburt oder ein im Kleinkindalter erlebtes Trauma lässt Gefühle im Patienten entstehen, die unbedingt *aufgefangen* werden müssten. Es ist von entscheidender Wichtigkeit, in der Situation des Erinnerns absolut sicher, absolut geborgen, absolut aufgehoben zu sein. Bietet der Rahmen, in dem die Rückführung stattfindet, keine Geborgenheit, so erlebt der Patient sein Trauma in der Rückführung ein *zweites* Mal. Und wiederum empfindet er sich als vollkommen verloren.

Damit ist eine Heilung nicht möglich!

Nur wenige Therapeuten berücksichtigen bei einer Rückführung dieses intensive Liebesbedürfnis ihrer Patienten. Das hat zur Folge, dass nur ein Patient, dem es gelungen ist, sich in seinem weiteren Leben selbst zu festigen, sich zu lieben und sich aufgehoben zu fühlen, die Rückführung positiv und erlösend erleben kann. Lediglich ein solcher Patient ist in der Lage, Heilung zu finden. Bei jedem anderen führt die Rückführung unwillkürlich dazu, dass er sich hinterher noch schlechter fühlt als vorher.

› Und hier möchte ich nun mit meiner **Übung** ansetzen. Dabei sollt Ihr Euch während Eures Erinnerns in Anwesenheit des seelischen Begleiters und der seelischen Welt vollständig aufgehoben fühlen.
› Für diese Übung ist es wieder sinnvoll, sich hinzulegen. Und wieder beginnen wir mit der ruhigen Atmung, konzentrieren uns auf die Bauchatmung und atmen tief ein und aus.
› Dann *verkürzen* wir die Atmung. Wir beginnen bewusst, schnell zu atmen. Mit jedem Atemzug stellen wir uns vor, wir würden kleiner – im Sinne von jünger – und jeder weitere Atemzug lässt die Jahre dahinschwinden. Und wir werden kleiner und jünger und jünger und kleiner.
› Während wir die Atmung verkürzen, tritt unser seelischer Begleiter an unsere Seite. Er nimmt unsere Hand. Wir bemerken, dass unsere Hand, die er in sei-

ne legt, dort immer kleiner wird, die Finger immer filigraner, die Haut immer weicher.
› Und wir bleiben bei der schnellen Atemfrequenz. Plötzlich empfinden wir einen Ruck, und der Atem steht für einen kurzen Moment. Ein Stocken, einem Husten ähnlich. Dieses Husten lässt im Kopf ein Bild aufblitzen. Dieses Bild ist der Ausgangspunkt unseres Traumas. Es zeigt sich uns, unvermittelt, schonungslos, in bunten Farben, in grellem Licht.
› Unsere Atmung setzt wieder ein, wie bei einer Schlaf-Apnoe.
› Und nun tritt unser seelischer Begleiter in den Mittelpunkt unseres Interesses. Er schiebt seine beiden Hände ganz langsam unter unser Gesäß und unsere Brustwirbelsäule und hebt uns ganz leicht an. Dieses Angehobenwerden empfinden wir als sehr angenehm und leicht. Wir fühlen uns wie eine Feder. Nun fliegt unser Atem sozusagen dahin – leicht und schwerelos. Der Atem erreicht gerade die Brust, was den auf den Händen schwebenden Zustand noch verstärkt.
› Wir legen uns wie ein kleines Kind in die Arme unseres seelischen Begleiters. Seine Konzentration ist vollständig auf uns gerichtet. Er atmet ruhig und tief und lang. Er füllt sich an mit universeller Energie, bis er leuchtet und strahlt. Irgendwann erreicht diese Energie seine Hände, sodass sie pulsieren und leuchten und strahlen.
› Und dann beginnen sie, *Liebe* zu übertragen, unsagbar viel Liebe und Zuneigung, sodass wir uns in seinen Händen aufgehoben fühlen und zugleich vollkommen frei. Dieses Aufgehobensein genießen wir bis an den Rand unserer Aufnahmebereitschaft.
› Plötzlich sind wir ruhig und können auf einmal

wieder tief einatmen. Alles um uns herum ist still und leicht und frei und hell.
› Und nun sehen wir noch einmal die Situation, in der unser Trauma entstanden ist. Wir können sie festhalten und anschauen, als ob wir ein Bild in die Hand nähmen und aus der Nähe studierten. Wir sehen die Situation bis ins Kleinste, bis ins Detail.
› Wir *sehen* sie aber nicht nur, wir *verstehen* sie auch. Wir verstehen unsere Angst und wir verstehen die Not, die daraus für unser Leben erwachsen ist, und wir wissen, dass diese Not hiermit ein Ende hat, weil wir aufgehoben sind!
› Wir sehen nun aber auch aus der Nähe die Motivation, die Zwangslage, die Not, vielleicht aber auch den Neid und die Eifersucht desjenigen oder derjenigen, die bei uns das Trauma ausgelöst haben. Wir sehen und wir verstehen und wir empfinden *Abstand*. Wir sehen plötzlich unser Leben im Zusammenhang und verstehen, warum es geworden ist, wie es ist, und wir wissen, dass wir *heute* die Entscheidungsfreiheit besitzen und die Freiheit zu handeln. Wir können uns einem anderen Lebensweg öffnen. Oder wir gehen den unsrigen in derselben Weise, aber befreiter. Wir wissen mit einem Mal, dass wir uns dieses Traumas nun für immer erinnern werden, und dass es Teil unseres Lebens ist.
› Ganz langsam, mit der tiefen, ruhigen Atmung, werden wir in den Händen unseres seelischen Begleiters wieder größer – von Atemzug zu Atemzug. Aber wir wiegen nicht schwer in seinen Händen. Es fällt ihm leicht, uns zu tragen, denn er verfügt über alle universelle Energie, die er benötigt. Wir kosten die Situation in ihrer Liebe, Zuneigung und Geborgenheit aus. Wir dürfen so sein, wie wir sind, und so

> bemerken wir langsam, dass wir wieder liegen und ruhig atmen.
> ❯ Wir kehren langsam in die Gegenwart, in die Wirklichkeit zurück mit dem Gefühl, eins zu sein mit uns selbst und zufrieden zu sein mit dem, was wir sind.

Mit dieser Übung könnt Ihr alle dunklen Punkte in Eurer Vergangenheit berühren, betrachten und, was letztendlich das Wichtigste ist, im Gesamtzusammenhang Eures jetzigen Lebens verstehen. Damit fällt es Euch leicht, Eure Komplexe abzulegen und endlich zu Euch selbst zurückzufinden. Es wühlt Euch nicht mehr auf, es macht Euch nicht mehr traurig, sondern Ihr geht gestärkt aus der Rückführung hervor.

Und das sollte immer das Ziel sein.

Ende des 75. Buchdiktats vom 25. Oktober 2008

Sitzung vom 2. November 2008 mit 76. Buchdiktat

Hilfestellung im Alltag, die aus der Verbindung zur eigenen Seele rührt, aus der Verbindung zum seelischen Begleiter und zur seelischen Welt, ist etwas vollkommen anderes als die, die Ihr, liebe Leser, normalerweise an den Tag legt.

Schauen wir uns eine beispielhafte Situation an:

Ihr habt ein Kind, und dieses Kind ist krank.

Der normale Weg, der Weg, den Ihr gelernt habt, der Euch zumindest in der industrialisierten Welt beigebracht wurde, die normale Verfahrensweise wäre, Ihr versucht Eurem Kind mit *Hausmitteln* über die Krankheit hinwegzuhelfen. Ihr verordnet dem Kind Ruhe. Ihr widmet ihm mehr von Eurer Zeit. Ihr lest ihm vor.

Erholt sich das Kind nach ein oder zwei Tagen in Ruhe und im Aufgehobensein, dann würdet Ihr gar keinen Arzt konsultieren. Geht es dem Kind aber *nicht* besser, so wendet Ihr Euch zunächst an einen Kinderarzt und anschließend vielleicht an einen Spezialisten.

Wie sieht nun *meine* Hilfestellung im Alltag in einem solchen Fall aus?

Dem Kind Bettruhe zu verordnen, ist sicherlich von Vorteil. Das heißt, es muss sich konzentrieren auf sich selbst, es schläft mehr, bewegt sich nicht so viel, hat keinen Kontakt zur Außenwelt, ist einfach mal auf sich selbst reduziert.

Damit allein ist es aber nicht getan. Ihr greift in solchen Situationen sehr schnell zu *Medikamenten*. Leider stellt Ihr Euch nicht die Frage, *weshalb* Euer Kind krank geworden ist.

Der seelische Weg wäre nämlich ganz einfach! Je nach Alter des Kindes tretet Ihr entweder direkt in Kontakt zur Seelenstimme Eures Kindes oder Ihr ruft über Eure *eigene* Seelenstimme den seelischen Begleiter Eures Kindes zu Hilfe.

Absolute Ruhe und Separieren von der Außenwelt ist genau die richtige Verfahrensweise. Konzentriert Euch für eine halbe Stunde ausschließlich auf die Seele Eures Kindes. Versucht, Kontakt zur Seelenstimme Eures Kindes aufzunehmen!

Fragt im Stillen immer wieder:
Wie geht es Dir, liebe Seele?
Wie fühlst Du Dich?
Welches Problem bringt Dein Körper mit dieser Krankheit zum Ausdruck?

Diese drei Fragen, eine halbe Stunde lang. Vielleicht geht es auch schneller, je nachdem, wie intensiv der Kontakt zu Eurem Kind ist.

Die Reaktion des Kindes wird nicht lange auf sich warten lassen. Durch diese *spontane und intensive Konzentra-*

tion wird es in einen leichten Schlaf fallen. Bereits kurz danach wird die Seelenstimme Eures Kindes zu Euch sprechen. Ihr werdet verwundert sein, mit welcher Klarheit und Bewusstheit sie zu Euch spricht. Sie wird Euch sagen, welches Problem hinter dieser Krankheit steckt und auch, *wie* dieses Problem zu lösen ist.

Nach Beendigung dieses Gespräches schläft Euer Kind weiter.

Nun ist es Eure Aufgabe, Euer Kind mit Eurer Konzentration und damit, dass Ihr Euch mit der universellen Energie verbindet, zu heilen. Das ganz simple Handauflegen im Bereich des Krankheitsfeldes und das Auffüllen dieses Körperteils mit universeller Energie für mindestens zwanzig Minuten bis eine halbe Stunde werden zu einer eklatanten Verbesserung des Krankheitszustandes führen. Euer Kind wird erwachen und sich frischer und erholter fühlen.

Wenn Ihr diese Prozedur bei einem schweren grippalen Infekt im Laufe der ersten Nacht vier- bis fünfmal wiederholt, hat Euer Kind am nächsten Tag kein Fieber mehr. Sinkt das Fieber allerdings nur und ist es nicht völlig verschwunden, so müsst Ihr Eure Therapie fortsetzen.

In der Verbindung mit der universellen Energie und im *vorbehaltlosen Schenken Eurer Liebe* liegt die Chance der hundertprozentigen Genesung.

Nun werdet Ihr sagen: »Der kann mir viel erzählen! Wer garantiert mir, dass das auch gut geht?«

Die Antwort lautet: Nur Euer Glaube an Euch selbst und die Kraft Eurer Verbindung mit der universellen Energie. Ihr könnt Euch sicher sein, dass die Kinder auf dieser Welt, die noch viel stärker in Verbindung mit der Seelenwelt stehen, allesamt weit intensiver auf die Anwendung dieser Heilmethode reagieren, als Ihr Erwachsenen es Euch vorstellen könnt!

Wendet diese seelische Heilmethode an, und sie wird Euren Kindern helfen! Allein schon die liebevolle Verbindung, die entsteht in dem Moment, in dem Ihr Energie auf Euer Kind übertragt, vermittelt ihm eine Form von Aufgehobensein, die Urvertrauen entstehen lässt, das Ihr nicht wieder zerstören könnt. Das ist ein Schatz, den Ihr Eurem Kind schenkt!

Dieses Beispiel gilt im Übrigen auch für jeden Erwachsenen, allerdings mit folgender Einschränkung: Je weiter sich ein Erwachsener von der Akzeptanz der seelischen Welt und seiner eigenen Seele entfernt hat, desto *langwieriger* und *schwieriger* wird die Heilung, desto mehr Konzentration und universeller Energie bedarf es! Aber auch hier ist Heilung möglich, auch wenn der Erwachsene, um den Ihr Euch kümmert, *nicht* an seine eigene Seele glaubt und meilenweit von ihr entfernt ist. Darüber haben wir ja schon einmal in einem anderen Kapitel gesprochen.

Nehmen wir nun als nächstes Beispiel Euch selbst, liebe Leser!

Ihr habt Kopfschmerzen. Ihr erwacht schon damit. Durchaus möglich, dass Ihr bereits in der Früh begonnen habt, sehr viel Wasser zu trinken. Ihr habt schon eine Kopfschmerztablette genommen, aber es hilft alles nichts. Es wird nicht besser. Euer Schädel dröhnt.

Nun gibt es viele Möglichkeiten, mit einem solchen Schmerz umzugehen. Bisweilen ist man eingeschränkt, da man arbeiten muss oder in die Schule oder in eine Ausbildung, jedenfalls nicht die Möglichkeit hat, sich hinzulegen und einfach zu schlafen. Jetzt gibt es die einen, die propagieren, man solle sich die Schläfen massieren, die nächsten, die sagen, man solle so lange Wasser trinken, bis der Schmerz aufhört.

Ich empfehle etwas ganz anderes. Ich empfehle Euch, *den Schmerz in Verbindung mit Eurer Seele wegzuatmen*. Ihr braucht dafür nicht länger als zehn Minuten. Wenn diese zehn Minuten Euch vom Schmerz befreien, sind sie sehr sinnvoll eingesetzt.

Je nachdem, wo Ihr Euch befindet, legt Ihr Euch kurz hin oder setzt Euch entspannt auf einen Stuhl – entspannt insofern, als dass Ihr Eure Gliedmaßen nicht verschränkt oder die Beine übereinanderschlagt. Schließt die Augen, macht einen tiefen Atemzug und fragt Eure Stimme: »Warum schmerzt mein Kopf?«

Nach dieser Frage wiederum tief in den Bauch einatmen und wieder ausatmen.

Antwortet die Stimme gleich, so hört Ihr genau zu, antwortet sie nicht gleich, stellt Ihr die Frage noch einmal. Versucht, alle anderen Gedanken auf die Seite zu schieben. Konzentriert Euch auf diese Frage!

Atmet tief ein und aus und wartet ruhig auf die Antwort. Vielleicht lautet sie:

»Der Mensch, mit dem Du die letzte Nacht verbracht hast, bereitet Dir Kopfzerbrechen.« Vielleicht lautet die Antwort aber auch:

»Dieser Aspekt meiner beruflichen Tätigkeit bereitet mir Kopfzerbrechen.«

Die Antwort wird kurz und knapp ausfallen, denn Kopfschmerzen haben immer *einen* Grund, nicht viele. Hier handelt es sich um ein zentriertes Problem.

Atmet weiter tief ein und aus und betrachtet die Antwort ohne jegliche Vorurteile. Stellt mit der Antwort die Situation, in der Ihr Euch befindet, einfach einmal infrage. Schaut sie an, beleuchtet sie von allen Seiten. Währenddessen lässt der Kopfschmerz nach, da Ihr Euch auf der mentalen Ebene mit der Ursache des Schmerzes beschäftigt. So wird er nicht verdrängt in den Körper und martert Euch dort. Ihr könnt die Situation, in der Ihr Euch befindet, dadurch womöglich noch nicht verändern, aber Ihr könnt sie Euch *anschauen*, vielleicht sogar infrage stellen.

Außer beim Kopfschmerz haben wir es bei vielen anderen Symptomen mit einem Konglomerat an Ursachen zu tun. Daher ist es leider auch bei schweren körperlichen Erkrankungen oder Gebrechen nicht mit einem Mal Beschäftigung getan, und es reicht nicht aus, Euch die Ursachen nur anzuschauen. Hier müsst Ihr auch langfristig Veränderungen in Eurem Leben vornehmen, um Euch zu heilen. Aber Ihr könnt Euch in jedem Falle über die Zufuhr universeller Energie von Schmerzen befreien und Erleichterung verschaffen, ohne Euch beziehungsweise ohne Euren Körper mit Medikamenten vergiften zu müssen.

Ich betone jetzt noch einmal, dass es mir hierbei nicht um die Lösung von Lebensproblemen geht, sondern um die kleine Hilfe im Alltag bei Stress, Überforderung oder Schmerzen. In jedem Falle liegt die Lösung eines jeden Problems im Innen und zeigt sich dann im Außen. Euer Problem vor allem in der westlichen Welt ist, meine lieben Leser, dass Ihr Euch zumeist aufs Außen *beschränkt*. Ihr fragt nicht nach innen. Ihr hört nicht auf Eure inneren Zeichen. Ihr grübelt über die Wirkung und fragt zu wenig nach der *Ursache*. Das Grübeln über die Ursache hilft Euch allerdings auch nicht weiter! Wirklich weiter hilft Euch die Verbindung zu Eurer Seelenstimme, das immer wieder kurze Fragen:

»Wie fühlst Du Dich heute?
Wie geht es Dir mit mir?
Was wünschst Du Dir für den heutigen Tag?«

In dieser stetigen Verbindung mit der eigenen Seelenstimme könnt Ihr nicht nur heilen, sondern auch jedes Problem beseitigen, das sich Euch im Laufe Eures Lebens stellt.

Ende des 76. Buchdiktats vom 2. November 2008

Sitzung vom 9. November 2008 mit 77. Buchdiktat

KAPITEL 17:
Mentales Training oder: Das Einüben einer neuen Identität in Verbindung mit der Seele

Wir beginnen heute das siebzehnte Kapitel, und ich werde Euch jetzt *Empfehlungen für den Alltag* an die Hand geben, wie es Euch, meine lieben Leser, am besten gelingen kann, die von mir propagierte Verbindung zu Eurer Seele, zur Seelenwelt und die Freundschaft zum seelischen Begleiter aufrechtzuerhalten und zu fördern.

Wie könnt Ihr aber nun all diese Übungen und Vorschläge so umsetzen, dass Euer Leben auf dieser Welt, mit Euren Bindungen, Verpflichtungen und Verantwortlichkeiten nicht nur einfach noch funktioniert, sondern sogar in einer für Euch heilsameren, fruchtbaren Art und Weise?

Mir ist vollkommen klar, dass es Euch nicht gelingen wird, Euch ausschließlich auf diese Übungen zu konzentrieren, oder Euch täglich fünf, sechs Stunden aus Eurem normalen Leben herauszulösen und Euch mit Eurer Seelenstimme und der seelischen Welt zu beschäftigen. Das ist im Alltag unmöglich, es sei denn, Ihr beginnt ein vollkommen neues Leben.

Der Sinn meines Buches liegt darin, Euch eine andere Welt aufzuzeigen und Möglichkeiten zu bieten, ein sinnvolleres Leben zu führen in Verbindung mit der ewig existierenden seelischen Welt, und vor allen Dingen, Euch darauf vorzubereiten, dass Euer Leben nicht endet, dass Ihr nur Eure

Form verändert, und das bisweilen sehr oft, dass Ihr aber ewig existiert.

Ich empfehle keinem meiner Leser, von heute auf morgen ein anderes Leben zu beginnen, ich möchte Euch nur einbinden in das seelische Dasein, Euer Leben mit mehr Sinnhaftigkeit erfüllen und Euch von Stress, Kummer, Neid, Eifersucht und Groll befreien.

Ich hoffe, dass es mir gelingt, in Euch den Wunsch zu erwecken, mehr Raum für Eure Seele zu schaffen, aus der Verbindung mit der eigenen Seele heraus zu leben, zu fühlen, zu agieren und dadurch glücklicher, zufriedener und *begeistert* zu werden vom eigenen Leben. Das ist ein hehrer Wunsch, aber seine Verwirklichung ist möglich!

Der erste Schritt auf diesem Weg ist folgender:
Ihr widmet Euch – *ab morgen* **– jeden Tag Eures Lebens fünf Minuten nach dem Aufstehen und fünf Minuten vor dem Einschlafen Eurer Seelenstimme!**

Das kann im Liegen oder Sitzen sein, unter der Dusche oder beim ersten Tee oder Kaffee. Ihr müsst nur kurz für Euch allein sein oder zusammen mit einem Menschen, der in dem Moment, in dem Ihr Euch mit Eurer Seelenstimme verbindet, rücksichtsvoll und still ist und vielleicht selbst mit seiner Stimme spricht.

Dieser erste Schritt verlangt nicht viel von Euch, verändert aber viel in Eurem Leben. Es geht nur darum, die Seelenstimme zu fragen:

»**Wie geht es Dir heute?**
Was wünschst Du Dir für den heutigen Tag?
Womit fühlst Du Dich wohl?«

Nach einiger Zeit – etwa zwei, drei Wochen – werdet Ihr aufhören, Eure Seelenstimme mit »Du« anzusprechen und sie in Euch selbst integrieren. Das ist der *zweite* Schritt.

Was aber noch sehr viel wichtiger ist, sind der Wunsch und der Wille, die Antwort der Seelenstimme nicht nur zu ertragen, sondern auch jeden Tag zu versuchen, danach zu *handeln*.

Höre auf die kleinen Empfehlungen und nimm sie an!
Versuche, Dich nach diesen Empfehlungen zu richten.

Der nächste Schritt ist, Ordnung in den Tagesablauf zu bringen – aber eine Ordnung, die Dir als Person guttut, mein lieber Leser.

Stelle die morgendlichen Rituale infrage.

Empfiehlt Dir Deine Stimme, jeden Morgen zu duschen, obwohl Du das bisher nie getan hast und immer abends in die Badewanne gegangen bist, so richte Dich eine Woche lang nach dieser Empfehlung und beobachte, wie es Dir damit geht.

Empfiehlt Dir Deine Stimme, in der Früh Früchte zu essen und einen Kräutertee zu trinken und nicht, wie Du das vielleicht sonst gern tust, eine Semmel mit Nutella und einen schwarzen Kaffee, so richte Dich nach dieser Empfehlung und beobachte, wie es Dir damit geht.

Vielleicht liest Du jeden Morgen die Zeitung, bevor Du Dich auf den Weg in Dein Büro oder zu Deiner Arbeit machst. Empfiehlt Dir Deine Stimme, das *nicht* zu tun, es vielleicht auf eine andere Tageszeit zu verschieben, dann richte Dich danach und beobachte, wie es Dir damit geht.

Nimm Deine Seele ernst und lass sie ein in Deinen Tagesablauf! Gib ihr die Möglichkeit, Einfluss auszuüben.

Gewinne Vertrauen im Umgang mit Deiner Seele.

Schöpfe keinen Verdacht, denn sie will Dir niemals etwas Schlechtes. Auch wenn Dir die Empfehlungen noch so abwegig erscheinen, probiere sie aus und beobachte, wie es Dir damit geht.

Nimm Dir *jeden* Tag in der Früh und am Abend ein kleines, besonderes Thema vor – vielleicht am zweiten Tag das Frühstück, am dritten Tag die Mittagspause, am vierten Tag die Arbeitshaltung, am fünften Tag Deine Arbeitsziele, am sechsten Tag die Beziehung zu Deinem Partner, am siebten Tag Deine Freundschaften und so weiter.
Stelle nach und nach alle Deine Gewohnheiten infrage.
Stelle nach und nach alle Deine täglichen, wöchentlichen, jährlichen Rituale infrage.
Stelle sie auf den Prüfstand Deiner Seele.
Mit diesem konkreten Infragestellen veränderst Du langsam, aber stetig Dein Leben. Du gewinnst Zutrauen in die Empfehlungen Deiner Seele und in eine *veränderte Lebensführung*. Und diese veränderte Lebensführung führt langsam, aber stetig dazu, dass Du mehr Zeit in die Gespräche mit Deiner Seele investieren wirst. Sie führt auch automatisch dazu, dass Du vielleicht zunächst eine Übung, dann plötzlich zwei oder drei in Deinen Wochenplan einfügst, weil Du einfach spürst, dass es Dir guttut, Dich auf Dich selbst zu beziehen und für Dich selbst zu sorgen. Denn das Gespräch mit Deiner Seele, das Auffüllen mit universeller Energie und die Verbindung zur seelischen Welt tragen dazu bei, dass Du Dein Leben in *der* Art und Weise veränderst, wie es für Dich persönlich richtig ist, wie es Dich mit Sinn erfüllt und Dich begeistert. Und diese Begeisterung wird auf andere Menschen überspringen. Dann beginnst Du, ein Botschafter zu werden für meine Botschaft, und wirst sie verbreiten in Deiner Welt.
Der nächste Schritt wird dann sein, dass Du keine größere oder wichtige Entscheidung, keinen Wohnungs- oder Berufswechsel, keine Ausbildung, kein Studium, keine Beziehung, keine Freundschaft verändern, beenden oder neu beginnen wirst, *ohne* mit Deiner Stimme zu sprechen, *ohne* Kontakt zu Deiner Seele aufzunehmen. So wirst Du vorher

wissen, was gut für Dich ist und was nicht. Und Du wirst aus dieser tiefen Gewissheit heraus in Verbindung mit Deiner Seele die *richtigen* Entscheidungen für Dein Leben treffen!

Ende des 77. Buchdiktats vom 9. November 2008

Sitzung vom 15. November 2008 mit 78. Buchdiktat

Auf zwei Aspekte der Verbindung mit der eigenen Seele möchte ich heute eingehen.

Der erste Aspekt bezieht sich auf *Krankheiten und körperliche Gebrechen*, der zweite auf die *Fallstricke des eigenen Geistes*.

Ihr seid in der Lage, jede Krankheit und jedes Gebrechen zu heilen, und zwar genau in dem Maße, in dem Ihr Euch vorstellen könnt, dass es Euch gestattet ist und Ihr es vermögt. In dem Moment, in dem Ihr Eure Vorstellung vom Ausmaß Eurer eigenen Heilung, die Ihr momentan zulasst, sprengt, wird sich die Heilung *potenzieren*. Die Empfehlungen, die Euch Eure Stimme täglich gibt, sind geeignet, auf Dauer auch die schwierigsten Krankheiten zu heilen.

Ich verwende jetzt ein sehr gängiges *Beispiel* Eurer materiellen Realität.

Stellen wir uns einen Menschen vor, der fünfundsechzig oder siebzig Jahre alt ist und unter Demenz leidet. Für diese Person ist es sehr schwierig, den Kontakt zur eigenen Seelenstimme systematisch langfristig aufrechtzuerhalten, da er sich ja nicht an die einzelnen Kontakte *erinnern* kann. Er kann somit vermeintlich auch nicht die Kontinuität des Kontaktes gewährleisten. Für ihn ist es also durchaus möglich, dass er jedes Mal aufs Neue von vorne beginnen und den Kontakt zu seiner Seelenstimme neu aufbauen muss. Aber selbst diese Art der Kommunikation mit der Seelenstimme trägt zur Gesundung bei und verhindert ein Fortschreiten der Demenz.

Wichtig ist allerdings, dass der Demenzkranke den Kontakt zur eigenen Seelenstimme schriftlich fixiert, dass er versucht, die Sätze und Antworten, die ihm seine Seele gibt, zu notieren, um sie am nächsten Tag, auch wenn er sich nicht mehr daran erinnert, immer wieder lesen zu können, um damit sich selbst Vertrauen zu schenken und nicht zu verzweifeln. Durch diese Notizen wird er nach einer Weile feststellen, dass sich sein Kontakt zur Seelenstimme vertieft, selbst, wenn er sich nicht daran erinnert. Und mit dieser Vertiefung wird die Demenz in kleinen Schritten zurückgehen.

Er kann seine Demenz durch die täglichen Kontakte und Notizen vielleicht nicht beseitigen, aber zumindest eindämmen und wird lernen, die Krankheit zu kontrollieren.

Ich hätte als Beispiel auch einen Krebskranken wählen können, einen HIV-Positiven oder jemanden, der an Alzheimer erkrankt ist …

Es ist auch durchaus möglich, dass dem einen oder anderen Kranken die eigene Seelenstimme sagt: »Du wolltest diese Erfahrung machen. Nun nutze sie! Nutze sie für Dein Leben! Diese Krankheit hat ihren Sinn für Dein Leben. Auch sie bringt Dich weiter, wenn Du aus ihr lernst und hörst, was sie Dir sagt, wenn Du sie anschaust und annimmst.«

So, das war der eine Aspekt!

Jetzt möchte ich mich noch mit den Fallstricken des eigenen Geistes, den *inneren Widersprüchen* beschäftigen.

Vielleicht stellen sich meine Leser die Frage:

Woher weiß ich mit Sicherheit, dass hier meine Seelenstimme spricht und die Empfehlungen, die sie mir gibt, auch wirklich gut für mich sind?

Eure Seelenstimme sagt niemals etwas Negatives, Böses, Neidvolles, Wütendes, Hämisches oder Abfälliges! Eure Seelenstimme ist immer rücksichtsvoll, nachsichtig, nachgiebig, weise, verständnisvoll, voller Achtung und Respekt, liebevoll.

Keine Empfehlung, die wirklich von Eurer Seelenstimme stammt, wird jemals etwas Negatives über einen anderen Menschen oder eine Sache äußern!

Sie wird stets eine positive Formulierung finden und Euch nicht kritisieren.

Sie wird empfehlen, was gut für Euch ist.

Sie wird Euch überraschen und erstaunen.

Sie stellt infrage, erklärt, kontert bisweilen aber auch, wenn Ihr Fragen stellt.

Sie ist gemütvoll und humorvoll, aber nie sarkastisch.

Und sie sieht Euer Leben quasi von oben, mit Abstand und den nötigen Informationen, um weise Entscheidungen fällen zu können.

Sie ist Ihr, sie ist Du, sie ist nichts Fremdes.

Sie steht immer in Verbindung zu Euch.

Sie ist Euer Ursprung und Euer vermeintliches Ende.

Es ist also nicht notwendig, Angst vor ihr zu haben, denn sie hebt Euch auf, wenn Ihr am Boden liegt.

Sie hilft Euch, sie unterstützt Euch.

Sie schenkt Euch Liebe.

Sie schlägt immer einen Weg ein, der Euch weiterbringt.

Sie propagiert niemals Stillstand, es sei denn, Ihr wollt Euch ausruhen. Dann wird sie Euch darauf hinweisen, dass Ihr Ruhe braucht. Von Eurer Stimme erhaltet Ihr also immer positive Antworten, Vorschläge und Empfehlungen, und sie weiß mehr über Euch, als Ihr es für möglich haltet.

Ende des 78. Buchdiktats vom 15. November 2008

Sitzung vom 22. November 2008 mit 79. Buchdiktat

Ich möchte heute auf die Worte »neue Identität« im Titel des Kapitels eingehen.

Eine neue menschliche und auch seelische Identität übt Ihr nicht von heute auf morgen ein, wobei ich hier berichtigen muss, dass Ihr Euch, wenn Ihr Euch mit Eurer Seelenstimme beschäftigt, keine neue seelische Identität erarbeitet. Aber Ihr kristallisiert Eure *verschollene* seelische Identität heraus. Eine neue Identität im materiellen Dasein benötigt nach Eurem Verständnis sicher ein bis zwei Jahre, um sich vorurteilsfrei und ohne Rückschläge durchzusetzen.

Die Veränderung, die sich einstellt, wenn Ihr täglich mit Eurer Seelenstimme sprecht, sie um Rat fragt, ihre Empfehlungen annehmt und sie auch ausführt, diese neue Identität schält sich innerhalb einiger Monate heraus und unterscheidet sich in vielerlei Hinsicht von Eurem bisherigen Leben. Ihr werdet dies zunächst an Kleinigkeiten bemerken – Kleinigkeiten, die aber große Auswirkungen haben.

Stellt Euch beispielsweise einmal vor, Ihr nähmt Euch bewusst einen Arbeitstag heraus aus Eurer Woche, an dem Ihr Euch vornehmt, in jedem Moment, in jeder Alltagsentscheidung, in *jeder* schwierigen, leichten, lustigen, anstrengenden Situation ganz kurz Eure Stimme zu fragen, wie *sie* darauf reagieren würde. Ihr würdet Euch wundern, wie ganz anders dieser Tag im Verhältnis zu Eurem normalen Alltag verliefe.

Ich zähle Euch jetzt jeweils ein *Beispiel* auf – zunächst eine Kleinigkeit, dann eine »Großigkeit«.

Ihr fahrt mit dem Auto zu Eurer Arbeitsstelle. Ihr steht im Stau. Es ist ärgerlich. Die Fahrer vor Euch trödeln, schlafen, sind unkonzentriert, wechseln die Spur, ohne zu blinken und dergleichen. Normalerweise sitzt Ihr im Auto und ärgert Euch, seid eigentlich schon genervt und frustriert, bevor Ihr überhaupt an Eurer Arbeitsstelle ankommt.

Nun jedoch fragt Ihr Eure Seelenstimme im Moment des ersten Ärgerns:

»Wie würdest *Du* jetzt reagieren an meiner Stelle?«

Die *Antwort* der Seelenstimme ist denkbar einfach:

»Nutze die Zeit, in der Du im Stau stehst, und atme tief ein und aus!

Spüre Deinen Bauch. Spüre die einzelnen Lungenbläschen, die sich anfüllen mit Sauerstoff. Schau nicht auf Deinen Vordermann – oder nur insoweit, als dass Du sein Fahrzeug nicht touchierst. Schau Dir den Himmel an.

Stelle fest, in welchem Umfeld Du Dich befindest.

Beurteile es nicht, beobachte das Umfeld nur.

Singe ein Lied!

Lutsche ein Bonbon.

Massiere Dir den Nacken.

Setze Dich aufrecht in Deinem Sitz zurecht, dass Dir Dein Rücken nicht mehr wehtut.

Überziehe Deinen Vordermann mit liebevollen Schwingungen und mach ihn so wach, dass er sich auf einmal energiegeladen fühlt. Dann wird er besser fahren, und Du kommst besser voran.«

Ein Beispiel für eine »große«, schwerwiegende Situation:

Ihr führt seit drei Jahren eine feste Beziehung – je nachdem, ob Ihr männlich oder weiblich seid, meine lieben Leser, eben zu einer Frau oder einem Mann, oder, wenn Ihr homosexuell seid, auch zu einem gleichgeschlechtlichen Menschen. Diese Beziehung hat bislang sehr gut funktioniert und Euch beide glücklich gemacht. Nun sagt der oder die andere, dass sie sich eine Familie wünscht oder er sich eine gemeinsame Wohnung suchen, also mit Dir, mein lieber Leser, zusammenziehen möchte.

In diesem Falle solltest Du die Antwort nicht sofort geben.

Du solltest vorher definitiv mit Deiner Stimme Rücksprache halten und in Deinem Inneren nachfragen. Es ist durchaus möglich, dass Dir die Antwort, die Du erhältst, nicht angenhem ist. Die Antwort mag etwas Seherisches haben, denn Deine Seele spricht immer ehrlich zu Dir und lebt nicht in Eurer Zeitdimension. Deine Seele weiß also, ob dieser Mensch für Deine Entwicklung gut ist oder nicht.

Wenn sie spontan antwortet: »Ja, ziehe mit dem anderen zusammen, heirate diese Frau!«, dann ist das der richtige Weg!

Antwortet sie aber: »Lass die Finger davon! Du wirst mit diesem Menschen in zwei Jahren nicht mehr zusammen sein, und die Erfahrung wird schmerzlich!«, so kannst Du natürlich auch den Kopf in den Sand stecken. Aber eigentlich wird das nicht mehr möglich sein, denn Deine Stimme bewahrt Dich vor Schaden.

Es ist durchaus möglich, dass Du damit Dein Leben drastisch veränderst. Nach einiger Zeit wirst Du aber feststellen, dass diese Veränderung für Dich sehr gesund ist und Dich wirklich glücklich macht. Diese Veränderung ist mutig und bedeutet in der Tat eine neue Identität. Denn die Stimme könnte ja, wenn Du fragst, auch einmal antworten, wie wir es schon in einem früheren Kapitel besprochen haben: »Mache diese Ausbildung nicht weiter. Brich dieses Studium ab. Für Dich ist etwas anderes besser!«

Oder: »Geh nicht ins Ausland! Hier zu Hause erwartet Dich etwas für Dich Gesünderes.«

Vielleicht aber auch: »Geh ins Ausland, um Dich von Deiner Ursprungsfamilie zu lösen, die Dich krank macht!«

Oder auch: »Trenne Dich von Deinem Partner. Trenne Dich von einem Freund!«

Des Öfteren werden die Empfehlungen mit harten Konsequenzen verbunden sein, Konsequenzen, die Dir Dein Leben zunächst erschweren. Aber Du wirst feststellen, dass diese Empfehlungen Dich konsequent zu Dir selbst führen, ehrlicher mit Dir selbst sein lassen und immer, auch wenn es manchmal dauern mag, ein gutes Gefühl hinterlassen, einen Zustand, in dem Du Dich wohlfühlst.

Ende des 79. Buchdiktats vom 22. November 2008

Sitzung vom 30. November 2008 mit 80. Buchdiktat

KAPITEL 18:
Erfahrungsaustausch

Mit dem Titel »Erfahrungsaustausch« geht es mir darum, dass Ihr, meine lieben Leser, Eure Erfahrungen mit der Entwicklung Eurer Seelenstimme mit anderen Menschen in Eurem Umfeld teilt.

Wie kann nun ein solcher Erfahrungsaustausch ausschauen?

Nun ja, zunächst einmal müsstet Ihr dieses Buch weiterempfehlen, die Menschen, die Euch begegnen, die Euch etwas bedeuten und mit denen Euch etwas verbindet, an Eurer Entwicklung teilhaben lassen. Eure persönliche Veränderung wird aber Eurer Umgebung auch von ganz allein, ohne dass Ihr auch nur mit einem Menschen über dieses Thema sprecht, ins Auge stechen.

Eure Veränderung wird also ab einem bestimmten Zeitpunkt nicht nur Euch selbst, Eurer Familie und Eurem Partner auffallen, sondern auch alle anderen Mitmenschen werden feststellen, dass Ihr wesentlich gelassener, ruhiger und liebevoller mit Eurer Umwelt umgeht. Das könnt Ihr dieser Umwelt dann selbstverständlich auch mitteilen.

Abgesehen davon, dass auch diese Umwelt unser Buch lesen kann, gibt es aber noch eine *weitere Möglichkeit des Erfahrungsaustausches*. Die allerdings könnt Ihr erst beherzigen, wenn auch Eure Freunde und Bekannten willens und in der Lage sind, mit der eigenen Seelenstimme zu sprechen und die Verbindung zur Seelenwelt aufzunehmen. Dann aber wird Euch eine Art der Kommunikation möglich sein, die *jenseits* und doch auch *diesseits* Eurer menschlichen Existenz auf Euch wartet.

Ihr könntet nämlich beginnen, *Eure Seelenstimmen miteinander sprechen zu lassen*!

Das hört sich nun im ersten Augenblick sicherlich phantastisch an. Aber diese Art der seelischen Weiterentwicklung steht Euch nicht nur offen, sondern sie wartet sogar bereits auf Euch. Und damit geht das Ende aller Fremdheit und aller Vorurteile einher.

Ende des 80. Buchdiktats vom 30. November 2008

Sitzung vom 6. Dezember 2008 mit 81. Buchdiktat

In der letzten Sitzung begann ich zu erläutern, dass Eure zwischenmenschlichen Kommunikationsversuche zumeist behindert werden von persönlichen Einstellungen, von der Erziehung, von gesellschaftlichen Gegebenheiten, Vorurteilen, zu viel Wissen oder aber Unwissenheit. Eure menschliche Kommunikation geschieht nur recht selten vollkommen ehrlich und wahrhaftig.

Es ist so, dass Ihr aus Eurer subjektiven Sicht heraus ein Gespräch, eine Unterhaltung sehr häufig fehlinterpretiert oder inhaltlich verfälscht. Das ist nichts, was Euch während eines Gespräches bewusst werden würde, aber es geschieht trotzdem! Es geschieht bei jeder Kommunikation. Ihr haltet mit bestimmten Worten zurück. Ihr sagt bestimmte Sätze nicht, um Euer Gegenüber nicht zu verletzen, Euch selbst in ein besseres Licht zu rücken, mit Euren Minderwertigkeitskomplexen leichter umgehen zu können oder, weil Ihr von Euch selbst zu sehr überzeugt seid und die Meinung der oder des anderen nicht gelten lassen könnt. Eure Gespräche verfälschen häufig die Botschaft, die Ihr eigentlich zu Beginn des Gesprächs auszudrücken gewillt wart.

Nun liegt das an der Natur der Sache. Euch stehen einfach Euer Ego, Eure Erziehung, Eure gesellschaftlichen Bindungen, Ängste, Komplexe und Überforderungen im Weg.

Ich glaube, es wird jedem meiner Leser schon einmal so gegangen sein, dass er sich nach einem Gespräch mit einem Freund, der Partnerin, der Mutter oder dem Vater gefragt hat, *warum* dieses Gespräch sich in diese Richtung entwickelt hat, *warum* Ihr dies oder jenes *nicht* gesagt und dafür anderes in den Vordergrund gestellt habt, *warum* Ihr Euch viele Dinge, die Ihr sagen wolltet, nicht zu sagen getraut habt.

Diese andere Form der Kommunikation, die Ihr nicht in Worte fasst, drückt Ihr aber nichtsdestotrotz aus – über Eure Blicke, Eure Gestik, Eure Bewegungen, bisweilen sogar Euren Geruch. Oft wäre es möglich, aus der nonverbalen, wie nebenbei ablaufenden Körpersprache mehr herauszulesen als aus dem, was Euch Euer Gegenüber wirklich sagt.

Wenn Ihr nun ins Gespräch mit Eurer Seelenstimme eingetreten seid und so, wie ich es Euch zu vermitteln versucht habe, einen Kontakt aufgebaut habt zu Eurer Seelenstimme, zu Eurem seelischen Begleiter und zur seelischen Welt, dann wird Euch bewusst geworden sein, dass Ihr in *diesen* Gesprächen ganz ernsthaft und ehrlich seid – vor allen Dingen Euch selbst gegenüber! Hier verstellt Ihr Euch nicht und hegt keine Vorurteile. Die Ängste und die Minderwertigkeitskomplexe sind zwar noch da, aber Ihr könnt sie Euch anschauen, sie nebenbei beobachten, und im Gespräch mit Eurer Seele sind sie nicht wichtig. *Hier* findet eine ehrliche, wahrhaftige Form der Kommunikation statt!

Was ich Euch nun in diesem Kapitel nahebringen möchte, ist der Versuch, diese ehrliche, wahrhaftige Kommunikation auszuweiten auf andere Menschen. Das ist im Leben eines Menschen ein großer Schritt, der von Euch eine Menge Einsicht, Geduld und Vertrauen verlangt. Aber dann ist diese Form der Kommunikation enorm erfüllend.

Es gibt in der Kommunikation zwischen den Seelenstimmen mehrere Möglichkeiten.

Die erste und einfachste, aber für Euch, meine lieben Leser, in Eurer *materialisierten Form* nicht unbedingt fruchtbarste, ist die Kommunikation während Eures Schlafs.

Seelen inkarnierter Persönlichkeiten pflegen regelmäßig miteinander in Kontakt zu treten, während ihre materialisierte Form, also der Mensch, schläft.

Ja, Seelen entfernen sich während des Schlafs von ihrer materialisierten Menschenform. Sie tauschen sich in der Seelenwelt mit anderen Seelen aus über das, was ihrem Menschsein in diesem Abschnitt seines Lebens geschehen ist, was ihm gerade widerfährt, was es gerade plant oder durchführt, wo es sich gerade verändert. Diese Art der Kommunikation nehmen alle Seelen *mehrmals täglich* wahr. Leider wird Euch Menschen das weder während des Schlafs noch davor oder danach bewusst.

Die Art der Kommunikation allerdings, um die es mir jetzt geht, ist bewusster. So, wie Ihr geübt habt, mit Eurer Seelenstimme zu sprechen, so könnt Ihr auch üben, mit der Seelenstimme eines *anderen* Menschen zu kommunizieren – bewusst und im Wachzustand.

Ich erwähnte bereits in einer der letzten Sitzungen die Trance als eine Möglichkeit. Sie ist aber nicht die einzige.

Seid Ihr mit dieser Art der Kommunikation vertraut, könnt Ihr einen weiteren Schritt vollziehen und benötigt nicht einmal mehr die Trance.

Dann seid Ihr in der Lage, *Seelenstimmengespräche* zu führen.

Beginnen wir mit dem Gespräch in der Trance.
Zunächst muss es Euch »in Fleisch und Blut« übergegangen sein, mit Eurer eigenen Seelenstimme zu sprechen. Sie muss Euer nächster Vertrauter sein! Ihr müsst den Punkt erreicht haben, an dem Ihr, was Seelenstimme und geistiges Wachsein anbelangt, nicht mehr zwischen Ich und Du unterscheidet!
In dem Moment, in dem Ihr Eure Seelenstimme in Euch integriert habt und nur noch einen *feinen* Unterschied gewahrt zwischen dem geistigen Wachsein und der Seelenstimme, in diesem Moment ist das *vollständige* Vertrauen eingetreten. Und mit diesem Vertrauen könnt Ihr Euch auch an das Abenteuer heranwagen, mit anderen Seelenstimmen zu sprechen.

Wie Ihr eine Trance erzeugt, ist für Euch ja nichts Neues mehr. Wir haben in unseren vielen Übungen einige Situationen erzeugt, die der Trance ähnlich sind. Es ist hier nur wieder wichtig, in die ruhige, tiefe Atmung zu verfallen, die Konzentration auf das Innen zu lenken, sich bewusst ein wenig vom körperlichen Dasein abzuheben, um »einzutreten« in die seelische Welt. In diesem abgehobenen Seinszustand ist es Eure Aufgabe, *bewusst* das Gespräch aufzunehmen zur Seelenstimme eines Euch nahestehenden Menschen.

Es ist sinnvoll, dass dieser Euch nahestehende Mensch versucht, sich gleichzeitig in Trance zu begeben. Dann ist es Euch möglich, in ganz ruhiger Atmosphäre und langsamer Konzentration zunächst nur ein paar Sätze zu wechseln, scheinbare Belanglosigkeiten, Gefühle auszutauschen oder über eine kleine, gemeinsame Begebenheit zu plaudern.

Nachdem Ihr aus der Trance zurückgekehrt seid, könnt Ihr Euch gegenseitig vergewissern, ob dieses Gespräch für Euch wirklich stattgefunden hat. Ihr könnt also hinterher gleich den »*Beweis*« antreten.

Es kann sein, dass Ihr, vielleicht auch erst nach dem dritten oder vierten Versuch, ganz plötzlich feststellt, dass Euer Vertrauen ausgereicht hat und Ihr wirklich, ohne miteinander ein Wort zu wechseln, über Eure Seelenstimmen miteinander »gesprochen« habt. Diese Übereinstimmung, mag sie am Anfang noch so gering sein, ist Euer Fingerzeig. Das ist Euer Wegweiser!

An dieser Übereinstimmung müsst Ihr festhalten und hier weitermachen, denn vielleicht gibt es ein Thema, das prädestiniert ist, ein solches Seelengespräch zu führen. Und vielleicht gibt es andere Themen, bei denen Euer Vertrauen noch nicht ausreicht.

Aber die Freude, die in Euch aufkeimen wird, wenn Ihr feststellt, dass es tatsächlich eine Übereinstimmung gibt, wird grenzenlos sein, denn dann werdet Ihr *wissen* und zumindest für Euch beide *beweisen* können, dass es »Telepathie« wirklich gibt.

Wir werden in der nächsten Sitzung eine kleine Übung machen, die Euch einen Einstieg in diese Trance vermitteln wird. Das ist aber erst der Anfang des Miteinandersprechens der Seelenstimmen. Wenn Ihr hier Vertrauen gefasst habt und in der Lage seid, wirkliche »Gespräche« zu führen, die hinausgehen über drei, vier Sätze, dann werdet Ihr auch in der Lage sein, im bewussten Zustand, *ohne* Trance, Gespräche unter Seelenstimmen zu führen.

Diese reifere, weisere Form des Seelengesprächs, des Seelen*stimmen*gesprächs, findet in bewusstem Zustand zwischen zwei Menschen statt, die einander vertrauen und fähig sind, ihren Geist für eine Weile quasi auf die Seite zu stellen und nur über ihre Seelenstimmen miteinander zu sprechen.

Dieses Gespräch ist langsamer, ruhiger und empfindsamer als Eure »normalen« Gespräche. Ja, diese Sanftheit und Klarheit ist es vielleicht auch, die diese Gespräche auszeichnet.

Aber auch dieses Gesprächs will geübt sein, denn es ist sehr leicht zu unterbrechen und Ihr sehr leicht abzulenken. Daher werden wir in der nächsten Sitzung Übungen machen, die es Euch erleichtern sollen, diese Art des Gesprächs zu erlernen.

Ende des 81. Buchdiktats vom 6. Dezember 2008

Sitzung vom 13. Dezember 2008 mit 82. Buchdiktat

Ich werde heute die beiden Übungen zum Seelenstimmengespräch durchgeben.

> › Beginnen wir mit der **Übung in der Trance:**
> › Wie bei jeder unserer Übungen begebt Ihr Euch in eine bequeme Position. Diese Übung werdet Ihr vorzugsweise zu zweit machen. Daher setzt Ihr Euch auf Stühle gegenüber oder legt Euch nebeneinander auf ein Bett und beginnt zunächst wie immer mit der ruhigen, langsamen Atmung.
> › Konzentriert Euch auf die Verdopplung der Ausatmung.
> › Konzentriert Euch auf die Bauchatmung.
> › Atmet in dieser Weise mindestens zwanzig Atemzüge lang und stellt Euch nun alle beide vor, dass Ihr wie immer langsam Euren seelischen Kopf anhebt, mit dem Oberkörper nachfolgt, Euch aufsetzt und anlehnt. In dieser Position verharrt Ihr.

› Nun beginnt Ihr Euch gegenseitig auf Euer Gegenüber oder, besser gesagt, Euren »Mitstreiter« und Seelengesprächspartner zu konzentrieren. Ihr stellt ihn *(oder sie)* Euch vor, wie er *(oder sie)* neben Euch liegt oder Euch gegenüber mit aufgerichtetem seelischem Körper sitzt.
› Die Konzentration auf Euren Seelengesprächspartner füllt Ihr mit Euren positiven Gefühlen für ihn *(oder sie)*, mit Eurem Vertrauen, Eurem Verständnis, Eurer Liebe, Eurer Freundschaft, Eurer Nähe zueinander.
› Versucht, an Situationen zu denken und sie vor Euren inneren Augen abzubilden, die Euch mit diesem Menschen *verbinden*, die prägend und bezeichnend für Eure Beziehung sind.
› Verharrt einige Momente bei diesen Situationen. Konzentriert Euch weiterhin auf Euren Seelengesprächspartner.
› Bleibt in der ruhigen Atmung und entspannt dabei Eure Gliedmaßen.
› Dann fragt, wie es Eurer Seele geht in diesem Moment, in der Konzentration auf die Begebenheiten, die Euch mit Eurem Seelengesprächspartner verbinden.
› Wartet ruhig und gelassen auf die Antwort und das Gefühl, das sich vielleicht in Euch ausbreitet, und dann begrüßt ganz vorsichtig und langsam die Seelenstimme Eures Gegenübers – ganz langsam! Versucht, in völliger Konzentration auf den anderen herauszuhören, welche Antwort Ihr erhaltet – offenen Herzens und voller Zutrauen in die Situation.

› Macht nun einen Vorschlag, beispielsweise:
› Wandere mit mir über eine grüne Wiese!

› Geh mit mir an einem wunderschönen Strand entlang.
› Besteige mit mir einen Berg.
› Lauf mit mir durch ein Flussbett.
› In dieser Vorstellung verharrt Ihr wiederum einige Minuten.
› Nun beginnt Ihr während des Spaziergangs oder Aufstiegs auf den Berg – wie auch immer –, Euch mit Eurem Mitstreiter zu unterhalten – wieder ganz langsam und vorsichtig.
› Eure Seelenstimme stellt *Fragen* und erhält *Antworten*.
› Und die Seelenstimme des Gegenübers stellt wiederum Fragen, und *Ihr* gebt die Antwort!
› Ihr konzentriert Euch, lange bevor Ihr eine Frage stellt und eine Antwort erhaltet. Für das erste Mal reichen maximal vier Fragen und Antworten, damit es zwischen Euch beiden ausgeglichen ist.
› Dieses kurze Gespräch wird langsam und ruhig fließen. Geduldig wartet Ihr es ab.
› Es entsteht kein Drang. Ihr habt viel Zeit und benötigt sie auch.
› Nachdem die vier Fragen beantwortet sind, lasst Ihr noch einige Zeit im ruhigen Atem, in der Konzentration auf das Gegenüber vergehen.
› Ihr füllt Euch selbst und Euren Seelengesprächspartner mit universeller Energie.
› Ihr konzentriert Euch auf die allseits vorhandene Energiequelle und schöpft aus ihr.
› Ihr seid ruhig und klar und frei.

› Geduldig, langsam kehrt nun Euer seelischer Körper zurück zu Eurem physischen Leib.
› Ihr verbindet Euch mit Eurem physischen Leib. Ihr

atmet weiter ruhig und konzentriert Euch auf Euer Gegenüber.
› Wie von selbst öffnen sich dann nach einiger Zeit Eure Augen, und Ihr freut Euch sehr, Euer Gegenüber zu sehen.
› Ihr seid erfüllt und glücklich.
› Nun könnt Ihr Euch die Hände geben und noch einmal nachspüren, Eure Schwingungen miteinander verbinden, könnt Euch in die Augen sehen, das Vertrauen empfinden, das Ihr für diesen Menschen aufbringt.

› So, nun machen wir gleich im Anschluss die **Übung im bewussten Wachzustand**, ohne Zuhilfenahme einer Trance.
› Wie ich bereits in der letzten Sitzung zum Ausdruck brachte, benötigt Ihr hierfür eine selbstverständliche Vertrautheit mit Eurer Seelenstimme, einen aufgeklärten, weisen Geist. Ihr müsst also schon auf einiges Üben zurückblicken, was den Kontakt zur eigenen Seelenstimme anbelangt, um diese neue Übung ausprobieren zu können.

› Auch für diese Übung ist Ruhe und Abgeschiedenheit vonnöten – keine Störung durch die Außenwelt, keine Reize, die von außen an Euch dringen. Außerdem benötigt Ihr sicher drei bis vier Stunden Zeit, da ein solches Seelenstimmengespräch viel länger dauert als ein normaler menschlicher Gesprächsaustausch. Ja, das ist der wichtigste Unterschied:
Seelenstimmengespräche sind sehr langsam!
› Ihr zieht Euch also in einen ungestörten Raum zurück, nehmt Euch viel Zeit und eine entspannte Position im Sitzen oder Liegen ein.

› Ihr vergewissert Euch vor Beginn Eures Seelenstimmengespräches bei Eurem Gegenüber, welche Rahmenbedingungen Ihr dafür vorseht. Damit meine ich:
› Wer stellt die erste Frage?
› Stellt Ihr Eure Fragen nacheinander oder abwechselnd?
› Wie viele Antworten wollt Ihr Euch geben?
› Ihr legt also einen Rahmen fest, orientiert Euch aneinander.
› Dann beginnt jeder für sich mit seiner persönlichen Konzentration. Ihr nehmt wieder einen ruhigen Atemrhythmus an, schließt aber weder die Augen noch entfernt Ihr Euch mit Eurem seelischem Körper vom physischen Leib.
› Besser ist dafür eine *aufrechte Haltung*.
› Nachdem Ihr Euch konzentriert habt, und damit meine ich, Eure Außenwelt bewusst aus Eurem Denken entfernt und Eure Aufmerksamkeit ausschließlich auf Euer Gegenüber fokussiert habt, beendet Ihr mit einem sanften Nicken Eure normale menschliche Kommunikation. Ihr signalisiert damit auch Eurem Gegenüber, bereit zu sein.
› Gibt Euer Gegenüber dieses Signal noch *nicht* ab, schließt Ihr noch mal für eine Weile die Augen und konzentriert Euch.
› Spürt in Euch hinein, was Euch in diesem Augenblick wichtig ist, was Ihr fühlt!
› Wenn Ihr den Eindruck habt, jetzt ist es gut, öffnet Ihr die Augen wieder und blickt in die Eures Gegenübers. Findet Ihr hier die notwendige Zustimmung, könnt Ihr beginnen!

› Nun richtet Ihr Eure Aufmerksamkeit ganz langsam auf Eure Seelenstimme.

› Euer Geist steht hinter Euch und schützt und stützt Euch, sodass Ihr Euch voll auf Euer Gegenüber konzentrieren könnt.
› Und nun formuliert entweder Ihr oder Euer Seelengesprächspartner die erste Frage – im tiefen Einklang und festen Vertrauen, in der Gewissheit, dass die Seelenstimme des anderen antworten wird. Nun führt Ihr Euer Gespräch, versunken in die Augen des Gegenübers. Im tiefen Vertrauen und in fester Verbindung stellt Ihr Fragen und erhaltet Antworten.

› Nachdem geraume Zeit vergangen ist, beendet Ihr langsam Euer Gespräch, indem Ihr Euren Blick senkt und Eure Konzentration auf das Sonnengeflecht Eures Gegenübers richtet. Nun versenken sich Eure Augen in diesen Bereich, und aus ihnen heraus fließt universelle Energie in Hülle und Fülle in das Sonnengeflecht des anderen.
› Diese universelle Energie strömt über Euer Scheitelchakra in Euch hinein, durch Euch hindurch ins Sonnengeflecht Eures Gegenübers, bis Ihr beide die Empfindung habt, von innen heraus zu strahlen!
› Dann dürft Ihr die Augen schließen und Euch dem ruhigen Atem hingeben. Und wieder vergeht geraume Zeit, bis Ihr die Augen öffnet, auf das Öffnen der Augen des anderen wartet und das Seelengespräch im stillen Einvernehmen langsam, ruhig und klar beendet.
› Ihr lasst Euch Zeit, atmet ruhig und begebt Euch langsam, *ganz langsam* zurück in Euer materielles Dasein, in der Konzentration auf Euren Geist, der nun die Position hinter Euch verlässt und zurückkehrt, wieder in und mit Euch ist.
› Jeder kann für sich entscheiden, ob er sich räkeln

und strecken möchte oder einfach nur den Atem wieder freilassen oder die Schultern ein wenig dehnen, den Kopf bewegen, um ins Hier und Jetzt zurückzukehren.
› Damit sind die beiden Übungen, Seelenstimmengespräche zu führen, beendet.

Und für heute beende ich auch die Sitzung.

Ende des 82. Buchdiktats vom 13. Dezember 2008

Sitzung vom 28. Dezember 2008 mit 83. Buchdiktat

Die Seelenstimmengespräche, die zu Beginn sicherlich auf sehr nahestehende, vertraute Personen beschränkt sind, solltet Ihr, wenn es Euch möglich ist, *ausweiten* auf Freunde, Bekannte, Eure gesamte Umwelt. Das würde zu einem sehr viel weiteren, reiferen Austausch führen und Eure Gemeinschaft letztendlich offener, ehrlicher, frei von Vorurteilen kommunizieren lassen.

Es heißt einfach: Der Weg, zunächst mit der eigenen Seelenstimme zu sprechen, dann den Kontakt zum seelischen Begleiter und der seelischen Welt und zum Schluss eine weise Art der Kommunikation zwischen Euren Seelenstimmen aufzubauen, lässt zu, dass Ihr Euch weiterentwickelt und Eure Daseinsform rettet, lässt zu, dass Ihr auf diesem Planeten auf eine erfüllte, konfliktfreie Weise leben könnt.

Es werden sich radikale Veränderungen ergeben, weil Ihr aus einem Urvertrauen heraus handelt und miteinander sprecht, auf eine vollkommen andere Weise miteinander kommuniziert, als Ihr das vorher gewöhnt wart – jenseits Eurer Erziehung, jenseits gesellschaftlicher Regeln, jenseits von Anspruch und Forderung.

Die Folgen einer solchen Kommunikation sind nicht auszudenken. Sie führt ganz eindeutig in eine friedliche, konfliktfreie Zeit. Damit will ich nicht sagen, dass Ihr keine Konflikte mehr in *Diskussionen* ausfechten werdet, aber eben nur mehr in Diskussionen und in keiner anderen, *gewalttätigen* Form.

Die seelische Kommunikation wird Euch in die Lage versetzen, die gesamte Erdbevölkerung zu ernähren und für sie zu sorgen. Und damit meine ich nicht nur menschliche Lebewesen, sondern sehr wohl auch alle Tiere und Pflanzen in Eurer Welt.

Jeder kleine Schritt, den Ihr auf diesem Weg geht, ist ein *Fortschritt* und ein *richtiger* Schritt in die *richtige* Richtung. Ich weiß, dass das alles nicht von heute auf morgen möglich ist, und ich weiß auch, dass Ihr vielleicht des Öfteren an diesem Weg zweifeln werdet. Aber den Unterschied zwischen dem neuen und dem alten Weg werdet Ihr sehr bald und sehr intensiv spüren.

Auf diesem neuen Weg gibt es viele Möglichkeiten der Besinnung, viele Möglichkeiten, ein bisschen näher zu sich selbst und allen anderen zu finden. Jeder Mensch kann sich die für ihn passende Möglichkeit der Besinnung aussuchen.

Ich biete Euch also einen neuen Weg an, den Ihr jeden Tag aufs Neue auf seine Richtigkeit für Euer Leben hin überprüfen könnt. Eines bringt dieser neue Weg in jedem Falle mit sich: Ihr beschäftigt Euch sehr viel intensiver mit Euch selbst als jemals zuvor. Und danach beginnt Ihr, Eure Welt und die Menschen mit anderen Augen zu betrachten und anders mit ihnen umzugehen.

Wichtig ist, dass Ihr Zugang findet zu Euch selbst, zu Eurer Stimme, zu Eurer Seele, und dass Ihr dann, fußend auf dieser Verbindung, den Kontakt auf alle anderen Seelen ausweiten könnt und Eure eigene Welt damit anders betrachtet und anders behandelt. Nur so kann Eure Welt gesunden und Euer Planet überleben. Ihr entscheidet das jeden Tag aufs Neue.

Und das ist doch ein wunderschöner Gedanke!
Ihr seid nämlich frei! Absolut frei.
Absolut aufgehoben.
Absolut geborgen.

So, und das ist nun das Ende des achtzehnten Kapitels, und ich habe nur noch eines vor mir mit dem schlichten Titel: »*Zusammenfassung und Ausblick*«.

KAPITEL 19:
Zusamenfassung und Ausblick

Wenn ich mir unser Buchmaterial so betrachte, empfinde ich tiefe Genugtuung, was die Systematik anbelangt. Ich habe, einem Prediger ähnlich, immer wieder gebetsmühlenartig darauf hingewiesen, worauf es mir ankommt:
- Auf die Verbindung zur eigenen Seelenstimme,
- auf die ultimative Vertrautheit mit dieser Seelenstimme,
- auf das Vertrauen zum seelischen Begleiter,
- auf den Zugang zur Seelenwelt und zuletzt
- auf das Gespräch mit anderen Seelenstimmen und
- auf die Bildung einer Seelenstimmengemeinschaft.

Dies alles soll dazu beitragen, Euch zu einer reiferen, weiseren »Weltengemeinschaft« zu führen, die sich sicherlich jeder Mensch in einer stillen Stunde wünscht, sich deren Verwirklichung aber kaum vorstellen kann, da dem immer äußere, materielle Beweggründe im Wege zu stehen scheinen. Aber mit der *tiefen Verwurzelung* in der Seelenwelt, mit der Bewusstheit für die eigene Seelenstimme beginnt die Freiheit vom Dogma des Materiellen.

Damit will ich keineswegs die materielle Welt verteufeln, ganz im Gegenteil! Sie ist die Daseinsform, die Ihr gewählt habt, und sie ist ein wesentlicher Teil Eures Lebens. Aber sie lässt sich sehr wohl verbessern und weiterentwickeln.

Ich möchte Euch *wirklich empfehlen*, Eure Erfahrungen auf Eurem Weg zu Eurer Seelenstimme auszutauschen, immer wieder mit Menschen, die Euch nahe sind, über Eure Entwicklung zu sprechen. Mein »anderer Weg« kann Euch sehr schnell und sehr effizient helfen, Euch Eurer Seele bewusst zu werden und Zugehörigkeit zur Seelenwelt zu empfinden.

Auch wenn diese Verbindung vorübergehend wieder verloren gehen mag, so könnt Ihr jederzeit wieder daran anknüpfen und feststellen, dass es diesen anderen Weg immer *gibt*, dass er nicht verloren gehen kann!

Und mögt Ihr auch noch so viele Rückschläge auf diesem Weg erleiden, *wenn* Ihr ihn weitergeht, wird er Euer Leben verändern – Euer Leben und das Leben der anderen, das Leben der Menschen Eurer Umgebung, sowohl nah als auch fern!

Und das ist mein Ziel: Ich möchte Euch helfen, Euch weiterzuentwickeln.

In Zukunft werde ich mich einer Form der *Lehrtätigkeit* zuwenden, die es einigen meiner Leser vielleicht ermöglicht, auch mit mir Kontakt aufzunehmen.

Ich beschränke mich allerdings auf ein Medium und werde nicht in direkten Kontakt zu anderen Medien treten. Ich möchte meine Botschaft – wenn möglich – *weitestgehend ungefiltert* übertragen und beschränke mich daher auf eine Persönlichkeit, die meine Botschaften durchgibt.

Aber ich möchte sehr gerne in für mich interessanten Fällen *Ratschläge* vermitteln. Daher werde ich versuchen – zunächst auf eine Teilnehmerzahl von allerhöchstens zehn Personen beschränkt – Gruppensitzungen zu initiieren, die dazu dienen, meine Botschaft zu verbreiten und die Existenz der Seelenwelt in Eurem Bewusstsein zu festigen.

Diese halbwegs öffentlichen Sitzungen möchte ich dann gerne zu einem *Trainingsbuch* zusammenfassen und damit eine Seelengemeinschaft gründen.

Ende des 83. Buchdiktats vom 28. Dezember 2008

Sitzung vom 3. Januar 2009 mit 84. und letztem Buchdiktat

Wie ich in der letzten Sitzung bereits andeutete, möchte ich meine Ratschläge gerne auf ein paar ausgewählte »menschliche Seelenwesen« ausweiten, um anderen Menschen den Weg zu offenbaren, ihrerseits Empfangsstation zu werden für einen seelischen Botschafter, um die Botschaften auf eine breitere Ebene zu stellen.

Zweitens aber, und das ist zunächst das wichtigere Ziel, will ich einen Eindruck vermitteln, welcher Art die Informationen sein können, die Ihr aus der Seelenwelt zu erhalten willens und in der Lage seid.

Ich möchte eines ganz klar betonen: Ich werde niemandem Zukunftsvoraussagungen liefern, weder was persönliche noch gesellschaftliche noch politische Entwicklungen anbelangt.

Ich bin kein *Nostradamus* und auch kein *Hobbyastrologe*!

Mir geht es um *Ratschläge*, die Euch Menschen den Zugang zur seelischen Welt erleichtern und Euch helfen auf Eurem Weg zur eigenen Seelenstimme und zum Kontakt zur Seelenwelt.

Wenn ich also *Empfehlungen* aussprechen werde, so sind sie selbstverständlich absolut persönlicher Natur und beziehen sich ausschließlich auf eine Person, zu der ich gerade Kontakt aufnehme. Aber ich *enthalte* mich ganz systematisch jeglicher Form von Einflussnahme!

Mir geht es um die Veränderung der persönlichen Rahmenbedingungen im Leben eines Einzelnen oder einer Gruppe, um den Weg in ein weiseres, verantwortungsvolleres, reiferes Leben zu weisen.

Ich möchte also mit dieser »Lehrtätigkeit« oder beratenden Funktion erreichen, die Art und Wirkungsweise meines Vortrags einem breiteren Publikum als meinen beiden Autoren verständlich zu machen. Und vor allen Dingen möchte ich erreichen, dass der über uns »Botschafter« vermittelte Kontakt zur seelischen Welt für Euch etwas *Alltägliches* erhält – im Hinblick auf die Aufgaben und die Verantwortung innerhalb Eurer Gesellschaft.

Ich habe auch schon eine ganz klare Vorstellung vom Ablauf dieser gemäßigt öffentlichen Sitzungen. Sie müssen genau wie unsere Sitzungen mit dem Aufnahmegerät festgehalten werden und gehören systematisch protokolliert. Das dient alles dazu, meine Anwesenheit und auch die Anwesenheit anderer seelischer Botschafter *offenbar* zu machen – auch für einen größeren Kreis von Menschen.

Jetzt möchte ich noch etwas zum Ausblick für Eure Welt, Euren Planeten sagen. Ich habe Euch in dieser Lektüre einige Informationen zukommen lassen, die sicher schwer zu verdauen waren. Aber ohne diese klaren Worte wird es leider keine Veränderung Eurerseits geben, und diese Veränderung ist vonnöten, um Euer Leben auf diesem Planeten zu erhalten!

Ich sage es noch einmal *ganz deutlich*:
Menschliche Gemeinschaften, die auf dem intellektuellen, gesellschaftlichen, wirtschaftlichen und seelischen Niveau verbleiben, auf dem sie sich jetzt befinden, werden auf diesem Planeten nicht überleben.
Ihr bedürft einer seelischen, materiellen, gesellschaft-

lichen, wirtschaftlichen und religiösen *Rundum-Weiterentwicklung*, um Euer Leben auf dieser Welt zu erhalten!

Gesellschaften, die in beispielsweise kriegerischen Auseinandersetzungen *stecken bleiben*, wie – und hiermit liefere ich ein prominentes Beispiel – Israelis und Palästinenser *seit sechzig Jahren*, werden nicht überleben, wenn sie sich nicht bald für eine friedvolle Lösung ihres Konfliktes entscheiden.

Auch eine Gemeinschaft (die man fast nicht als solche bezeichnen kann aufgrund ihrer großen sozialen und ethnischen Unterschiede, Vorurteile und Gegnerschaften) wie die, die wir in Simbabwe vorfinden, wird nicht überleben, wenn sie sich nicht ändert.

Auch eine Gesellschaft, die sich moralisch, wirtschaftlich und gesellschaftlich über eine andere erhebt und behauptet, ihre Lebensform sei *besser* als andere, wird es sehr schwer haben in ihrer Zukunft in materialisierter Form.

Auch Gesellschaften, die auf dem Neidprinzip aufbauen, auf Misstrauen, Missgunst, Bespitzelung und Ausbeutung jeder Art, sowie Wirtschaftsformen ohne jegliche soziale Bindungen und ohne moralischen Unterbau haben weltweit keinerlei Überlebenschance – und ich meine Ausbeutung jeglicher politischer wie auch wirtschaftlicher Couleur.

Ihr könnt selbstverständlich auch weiterträumen und behaupten, *politische* Maßnahmen – auf ein breites Fundament gestellt innerhalb der Weltgemeinschaft – würden Euch Euer zukünftiges Überleben auf diesem Planeten garantieren. Bislang habt Ihr mit den Folgen Eures Handelns nur leider eben *nicht* dazu beigetragen!

Ich prangere hier keine einzelne Gesellschaft, kein einzelnes Staatswesen, keine einzelne religiöse Gruppe an. Das hätte auch keinen Sinn und würde Euch nicht weiterhelfen.

Aber es ist vonnöten, dass Ihr Euch das Ergebnis Eurer Bemühungen einmal möglichst *vorurteilsfrei* betrachtet –

vielleicht am besten mit den Augen Eurer Kinder und Kindeskinder, oder, noch besser, mit den Augen der Tier- und Pflanzenwelt ...

Dann werdet Ihr feststellen, dass Eure Bemühungen, diesen Planeten zu erhalten (wenn sie denn überhaupt existieren), bislang fehlgeschlagen sind. Daher ist es höchste Zeit, sich *neue Bemühungen* auszudenken, sich *neue Wege* einfallen zu lassen, es auf eine *andere* Art und Weise zu versuchen!

Ja, meine lieben Leser, ich weiß, dass dieser Ausblick nicht eben zu Eurer Erheiterung beiträgt, aber ich wiederhole es noch einmal:

Ihr *habt* ja die Möglichkeit, einen *neuen* Weg zu gehen, ihn auszuprobieren, ihn an Eurer Realität zu messen, zu empfinden, ob er Euch hilft oder nicht! Ich hoffe, dass wir für dieses Buch *viele Leser* finden, die versuchen, diesen Weg mit uns zu gehen – *mit uns, den Seelenwesen*!

In diesem Sinne möchte ich mich jetzt von Euch verabschieden.

So, liebe Mira, lieber Conrad, das ist das Ende unseres gemeinsamen Buches! Mehr als drei Jahre haben wir darauf verwandt.

Ich danke Euch vielmals!

Ich danke Euch für Eure Aufmerksamkeit, für Eure Geduld, für die viele Zeit, die Ihr investiert habt, die viele Freizeit, die dabei »draufgegangen« ist, wenn Du, lieber Conrad, meine Texte hast schreiben müssen.

Und Dir, liebe Mira, danke ich für die Vorbereitungszeiten, für die Konzentration, für die Überwindung Deiner selbst und die Überwindung Deiner Zweifel!

Ich habe mit Euch eine sehr produktive Zeit verbracht, habe viel von Euch gelernt und hoffe, Ihr habt auch von mir einiges gelernt.

Ich bleibe in Eurer Nähe.

Ihr könnt mir jederzeit Fragen stellen, wenn Ihr Euer Manuskript korrigieren möchtet. Ich stehe dafür zur Verfügung, melde mich ansonsten von mir aus aber nicht.

Ich lasse Euch jetzt Zeit, um dieses Manuskript zu »verdauen«. Wenn *Ihr* bereit seid, dann sprechen wir uns wieder, um zu üben, den Kontakt auszuweiten.

Ich freue mich schon darauf und verbleibe bis dahin:
Euer Orimar!

Ja, nach vierzig Monaten beenden wir damit das 84. und letzte Buchdiktat zu » Die Botschaft der Seele«! Ich bedanke mich sehr herzlich bei Orimar für die klaren Informationen und die immense Geduld mit uns beiden – in meinem Fall besonders im Hinblick auf die Wut, die ich oft beim Schreiben empfunden habe, die Aggression, die für mich selbst schwer nachvollziehbar war – es sei denn als Sabotage meines Geistes, der sich von den Texten bedroht gefühlt hat, die er nicht kontrollieren konnte ... Vielen Dank für diese Sanftheit, die oft viel größer war als das, was wir von unseren eigenen Verwandten oder geliebten Menschen erwarten dürfen – eine wirklich übersinnliche Geduld ... und Liebe! Ganz herzlichen Dank für all das! Aber wir wollen uns diesmal nicht verabschieden, sondern uns, nachdem wir das Buch redigiert haben und hoffentlich auch bald veröffentlichen können, auf neue Impulse aus der Seelenwelt freuen. Dies ist also das »historische« Ende dieser letzten Buchdurchgabe!

Ende des 84. und letzten Buchdiktats von »Die Botschaft der Seele« vom 3. Januar 2009